齐文化与稷下学论丛

主　编/郑　开
副主编/任传斗

齊魯書社

稷下黄老学的兴起与其作为秦汉主要思潮的时代特色（代序）

陈鼓应
（北京大学哲学系教授）

一、稷下黄老学的兴起

春秋战国时期，随着贵族流落民间，使学术思想渐趋普及而造就热络的学术气氛，加上各国竞争日烈，才智之士争相提出治世之说，百家争鸣态势业已形成，而这尤其集中在齐国稷下学宫的学术活动中。据徐幹之言，稷下学宫乃齐桓公田午所设："昔齐桓公立稷下之官（宫），设大夫之号，招致贤人而尊崇之，自孟轲之徒皆游于齐。"（《中论·亡国》）至齐宣王、齐愍王时期，稷下学达到巅峰。《史记·田敬仲完世家》记载：

> 宣王喜文学游说之士，自如驺衍、淳于髡、田骈、接予、慎到、环渊之徒七十六人，皆赐列第，为上大夫，不治而议论。是以齐稷下学士复盛，且数百千人。

据《史记》所载，稷下先生有七十六人，其中有姓名可考者六人，而这六人中即有四人是“学黄老道德之术”，黄老学者在稷下学宫中占了主导的地位。

黄老学兴盛于齐有其历史渊源。所谓“黄”指黄帝，“老”指老子。① 姜齐是炎帝的后裔，故田齐取代姜齐后，齐威王便明确宣称是“高祖黄帝”，以和姜齐有所区别；田齐是陈国公子完的后人，老子亦为陈人，两者有相同的地域思想之背景。田齐与黄帝、老子的特殊渊源，提供了黄、老思想合流及黄老学成为稷下显学的有利因素。

稷下黄老思想的内容，大抵保存在稷下学宫汇编之作《管子》之中。其中，《管子》四篇（《内业》《白心》《心术上》《心术下》）可说是稷下黄老的代表作，此外，《形势》《宙合》《枢言》《水地》等篇也富有黄老色彩。《心术上》说：“心之在体，君之位也。九窍之有职，官之分也。”君臣分职、君逸臣劳，“无为而制窍”的统御术，是稷下黄老对老子“无为”概念的重要发展，并深远地影响着秦汉的统治思维。

黄老学在稷下先生们交相谈辩之际，也影响着各家的发展，并散播到三晋、秦、楚各地。例如，在稷下学宫“三为祭酒”

---

① 王充《论衡·自然》：“黄老之操……黄者，黄帝也；老者，老子也。”

的荀子，其学说中“虚壹而静”的“大清明”之心，就富有黄老思想的色彩，三晋法家人物更是多“学本于黄老”，秦国《吕氏春秋》更以黄老思想为主体，甚至对《易传》中的《彖传》《系辞》也有深刻的影响（可参考拙著《易传与道家思想》）。诚如蒙文通先生所言：“百家盛于战国，但后来却是黄老独盛，压倒百家。”①黄老学成为战国中后期真正的显学。

二、稷下黄老学作为秦汉主要思潮的时代特色

“不治而议论”的稷下先生，是向齐国君王献策的智囊团。因此，黄老学作为老子之后道家发展的重要分支，不同于追求个体精神自由的庄子学，展现出对政治的高度关怀。从黄老思潮的发展来看，在战国时代，《黄帝四经》道、法合流，《管子》四篇礼、法并重；至秦汉之际，从《吕氏春秋》到《淮南子》，将老子的“无为”发展成“主逸臣劳”君臣分职的君王南面之术，《十二纪》与《天文训》吸收阴阳家并具体化为明堂时令之学，群体汇编之作应合着秦汉大一统的时代需求。至汉初，司马谈在《论六家要旨》提到，六家“同归而殊涂”，“皆务为治者也”，但黄老学何以能在百家争鸣中压倒百家呢？司马谈总结黄老道家的特质为：“因阴阳之大顺，采儒墨之善，撮名法之要。”黄老思潮不断吸纳各家所长以因应时代所需，正是黄老学在秦汉之际一枝独秀的关键因素。

---

① 蒙文通：《古学甄微·略论黄老学》，巴蜀书社 1987 年版，第 276 页。

黄老思潮对老子学的发展，有几项独特之处。首先，从修身来看，主张“神本形具”，强调修身为治国之本，并以“君体心位”之说一理贯通了修身与治国之道。再者，由治国来看，主张“虚无为本，因循为用”，“与时迁移，应物变化”，具体来说，在典章制度上表现为礼法并用，在统御原则上采取“指约而易操”的策略，通过“君臣异道”（“君无为臣有为”）达致“无为而无不为”的实效。

黄老思潮的发展，通过“黄老之学”落实为汉初“黄老之治”，达到了最高峰。尔后，虽然因为汉武帝独尊儒术离开了政治舞台，但其思潮仍转入民间持续酝酿发酵，对东汉黄老道教的出现，乃至魏晋主张调和儒道的王弼与郭象之思想，都持续发挥着绵延不绝的影响力。

目　　录

稷下学宫在教育史上的创新与超越

王志民
（山东理工大学齐文化研究院院长）

稷下学宫是集学术、政治、教育为一体的思想文化中心。长期以来学术界十分注重对其学术贡献、地位的探讨和挖掘，从20世纪30年代钱穆在其成名作《先秦诸子系年》中，单列《稷下通考》，首句即云："扶植战国学术，使臻昌隆盛遂之境者，初推魏文，既则齐之稷下。"①其后对稷下的学术活动的研究，尤其是对其在诸子百家争鸣中地位、贡献的研究引起学术界的广泛关注，而且经过长期研究，在许多方面达成学界的共识，例如，认为稷下学宫是战国时期思想文化的中心，是诸子百家争鸣的主阵地，其相容并包、独立自由的学术精神是中国乃至世界的珍贵文化遗产等。稷下为满足齐国统治者的政治需要而设，历代学者对其政治性质也早有论述和关注。例如，《新序·杂事》中即说："稷下先生喜议政事。"《史记·孟子荀卿列

① 钱穆：《先秦诸子系年》，商务印书馆2005年版，第268页。

传》中则记载说:“自驺衍与齐之稷下先生……各著书言治乱之事,以干世主,岂可胜道哉!”然而,对稷下教育性质的探讨以及它在中国教育史上的贡献、地位的研究是薄弱的,既缺乏深入,也存在歧见。例如,在稷下研究史上影响巨大的郭沫若《稷下黄老学派的批判》中就说:“齐国在威、宣两代,还承继着春秋末年养士的风习,曾成为一时学者荟萃的中心,周、秦诸子的盛况是在这儿形成了一个最高峰的。”①他又说:“这稷下之学的设置,在中国文化史上实在是有划时代的意义,它似乎是一种研究院的性质,和一般的庠序学校不同。”②在这里,郭老在充分肯定了稷下学宫在战国诸子百家争鸣和中国文化史上的地位的同时对稷下的教育性质实际上提出了质疑。

一、对稷下学宫教育性质的再认识

笔者曾较多地查看过新中国成立以来关于中国教育史研究的专著与论文,所涉稷下学宫者很少,甚至有的教育史著作未曾提及稷下学宫③。近三十年来稷下学宫研究取得丰硕成果,大家逐渐关注到稷下学宫对教育史的贡献,但是,即使在对战国时代教育的研究中,关于稷下学宫的研究、探讨仍然是薄弱的,是与其地位不相称的。

---

① 郭沫若:《十批判书》,东方出版社1996年版,第157页。
② 郭沫若:《十批判书》,东方出版社1996年版,第158页。
③ 顾树森:《中国历代教育制度》,江苏人民出版社1984年版。

看来，要探讨稷下学宫在中国教育史上的地位，首先要深入探讨稷下学宫的教育功能。即对学宫社会历史功能主体的认定是大学堂，还是研究院或政治参议院？如果是大学堂，那么它与早于稷下一百余年孔子兴办私学的伟大创举相比，有什么意义和贡献？这就是本文要探讨的主要问题。

笔者认为，稷下学宫就其主体社会功能看，与后世对其称为“学宫”的认识是一致的，即主要为教育性质的机构，它是中国教育史上最早的高等教育大学堂；是在战国时代礼贤下士的文化背景下，将养士之风导向官办大学的伟大教育创举。从中国教育史的发展角度看，它传承、革新了传统的官学教育，与孔子创办私学一样，都是空前伟大的创举。而它与孔子私学相比较，既传承发展了孔子的教育思想、精神、方法甚至制度、规则，又在诸多方面实现了创新和超越。稷下学宫被建设成为中国教育史上最早的大学，并与学术研究创新和为政治现实服务紧密结合，成为后世大学最早的雏形。

应当承认，田齐统治者创办稷下学宫的目的，并不是大办教育，甚至也并不是为了推动学术发展。其意图正如《史记·孟子荀卿列传》中说的，是要“览天下诸侯宾客，言齐能致天下贤士也”，它是政治的需要。但稷下发展的历史过程和社会效能，使它实际上成为一座以教育功能为主体，将培养人才、学术研究争鸣、为现实政治服务融为一体的名副其实的大学堂。说其是以教育功能为主体，主要从以下几个方面来看：

（一）具有大学的基本要素和条件

1. 具有规模宏大的校舍和优越的基础设施。《史记·孟子荀卿列传》说学宫“开第康庄之衢，高门大屋，尊崇之”。该处记载虽简略，但透露出很多信息：一是学宫经过了精心的选址。《左传·昭公十年》记载：“五月庚辰，战于稷，栾、高败，又败诸庄。”杜预注：“稷，地名，六国时齐有稷下馆。庄，六轨之道。”《释宫》云：“六达谓之庄。”《史记·集解》引刘向《别录》云：“齐有稷门，城门也，谈说之士期会于稷下也。”可见，学宫是建在都城内直通稷门的最宽阔大道之上。二是有规模宏大、富丽堂皇的校舍建筑群。“高门大屋”所述虽简，已显建筑的宏伟；司马光《稷下赋》描述为：“筑钜馆，临康衢……高门横闶，夏屋长檐，樽罍明洁，几杖清严。”可见其设施的豪华。

2. 有众多师生居间教与学。《史记·田敬仲完世家》记载齐宣王时，“齐稷下学士复盛，且数百千人”；三进稷下，时长二十余年的孟子，周游列国时“后车数十乘，从者数百人”（《孟子·滕文公下》）；《战国策·齐策》中，齐人称田骈是“先生设为不宦，訾养千钟，徒百人”；而稷下的前辈学者淳于髡去世后，“诸弟子三千人为之缞绖”（《太平寰宇记》卷十九）。由此可见，各派学者生徒之多，学宫之中，师生人数之众。如此之多的师生济济一堂，讲学、讨论、研讨，其盛况是可以想见的。学宫也定期举行大型学术辩论会，刘向《别录》记载有“谈说之士期会于稷下也”。谈说之士，说明参加者广泛，并不限学派范围。

3. 有一定的管理系统和规章制度。虽然，由于历史数据的缺乏,我们很难系统描述学宫的管理情况,但荀卿曾在稷下“三为祭酒”,说明当时学宫不仅有总管之校长,而且,既然是“三为”,说明担任了三个任期,这就证明稷下学宫是有定期任命或考选制度的。上文所引“谈说之士期会于稷下也”,既说明有定期集会的规定,又显示出管理上的井井有条。根据郭沫若等学者的考订,认为《管子·弟子职》即稷下学宫的学生守则,① 其中从饮食起居到衣着服饰,从课堂纪律到课下温习,从尊敬师长到品德修养,都制定了具体严格的规定,可看作是一套较齐全的学生管理制度。这被称为“中国教育史上的第一个较完备的学生守则,它成为后世官学、私学、书院制定学则、学规的范本”②。由此可以想见,稷下学宫应该是有一套比较完整的教学管理制度的,只是由于历史久远,又加秦火的毁灭,我们今天难以见到全貌罢了。

(二)三位一体，以学为主

稷下学宫展现出了学术、政治、教育的多重功能。但教育教学应是其活动的主流和社会性质的主体,这是不难理解的。试想,各学派大师带领生徒而来,少者数十人,多者数百人,在这数千人汇聚的学宫,生徒是绝大的群体,教育活动若非主体是难以想象的。

---

① 郭沫若、闻一多、许维遹:《管子集校》,科学出版社 1956 年版,第 956 页。

② 毛礼锐、沈灌群主编:《中国教育通史》第一卷,山东教育出版社 1985 年版,第 181 页。

经过数千年岁月的淘涤，我们从有限的文献中所能看到的稷下学宫，主要是其学者留下的大量学术遗著及参与政治活动、学术争鸣的言行、事迹和故事，记载教学育人事迹的资料相对缺乏，但这并不能否定稷下的性质主要是“学宫”，是一个充分发挥着教育功能的机构。在这儿，我们要特别提到刘向对稷下学宫性质的见解。刘向是继孔子之后最伟大的古籍整理文献学家，他受汉成帝之命率领群儒对汉代中央馆所藏先秦至西汉的古籍进行的大规模典校整理，是对中华文明传承的巨大贡献。刘向领校群书，又具体负责诸子、经传、诗赋类的主校，因而，对战国诸子百家著作、事迹的考察研究尤为深入和精到。可以说，刘向是对稷下学宫和战国诸子百家做过最全面考察研究的人，他在为“辨章学术，考镜源流”而著的《别录》中对稷下学宫的性质曾作了很明晰的表述：“齐有稷门，齐之城西门也。外有学堂，即齐宣王立学所也。故称为稷下之学。”（《太平寰宇记》卷十八）从学宫所具有的教育因素看，无疑，刘向的见解是正确的。

（三）办学特点，游学为主

与传统的官、私学相比，稷下学宫的确有其特异之处，主要表现在它以游学为主，实行开放办学。所谓游学，就其内涵，主要包括两个方面：学生可以自由来稷下寻师求学，老师可以自由在稷下招生讲学，即容许教与学两个方面的充分自由。既可以像荀子那样“年十五始来游学”（《史记·孟子荀卿列传》），属独自一人来求学；又可以像孟子一样“后车数十乘，从者数百人”(《孟子·滕文公下》),即带领众多生徒同来游学。当然,像淳于髡、田骈以及到稷下之后的孟子、荀子等,在学宫内广招生徒,开展教学活动也是大有人在的。所谓开放办学则主要表现在:一是各家学派,来者不拒。不计立场,不以好恶,不论出身,愿者即来,一律欢迎;二是来去自由,不设藩篱。以博大胸怀,礼贤下士;以开放心态,管理学宫。这些特点,固然与战国之时礼贤下士、尊重知识分子的时代风气有关,也是田齐统治者创设稷下学宫时在理念和管理上的创新之举。

怎样理解学术、政治与学宫教育为主体的关系问题?笔者认为,三重功能是有机和谐地统一于一个整体的。首先,为政治服务是其教学目的。在那样一个政局瞬息万变、列国纷争异常激烈的时代,它的政治功能是以各派学者的教育实践和学术活动为主体,通过为统治者培养大量人才来实现的,而其学术功能,既有明确的政治目的,又与教学实践活动、思想的传承发展以及各派之间的教学相长、研讨交流有直接的关系,最终使稷下学宫成为兼具学术研讨争鸣及为现实政治服务功能的高等教育大学堂。

二、稷下学宫对官学的传承与革新

稷下学宫是战国时期田齐政权创设的官办大学堂,追根溯源,这应是对夏、商、周以来官学制度的传承,但又是在社会制度剧变、原有官学制度崩溃之后的革新与重生。

中国教育史上,官学的设置很早。在有关文献记载和传说中，史前的五帝时期就有了学校的设置。大量的文献记载证明，夏、商、周三代的官学是发达的，正如《孟子·滕文公上》所载："夏曰校，殷曰序，周曰庠；学则三代共之，皆所以明人伦也。""大学"之称，出现也很早。郑玄注《礼记·文王世子》引董仲舒的话说："五帝名大学曰成均。"而至迟到商代，就有"大学"的设置与冠名了。《礼记·明堂位》就有"殷人设右学为大学，左学为小学"。而且在甲骨文中发现了"大学"的名称及在其中致神事福活动的描述①；结合《礼记·王制》中记载"殷人养国老于右学，养庶老于左学"来看，商代的所谓大学，实际是培养贵族子弟习礼、习射及道德教育之所，也是敬老养老、敬神祈福之场。西周时期，官学制度继承商制，但较殷商时期更加完备，体系更全，有天子、诸侯所设之分，天子所设大学已有东、西、南、北、中五学或四学之设，科目也更多。《大戴礼记·保傅》记载说："帝入太学，承师问道，退习而端于太傅，太傅罚其不则而达其不及，则德智长而理道得矣！"可见，大学既是天子自学，也是承师问道之所、是培养高端人才和上层统治者的地方。

综合夏、商、周三代的教育情况，我们可以进行如下的概括：其一，三代时期的教育主要是官学，由官府举办，政教合一，教学目的是为统治者服务，招生培养对象都是面向贵族的。其二，至迟到商、周时期，已有大学、小学之分，科目既全，要求也

---

① 参看毛礼锐、沈灌群主编：《中国教育通史》第一卷，山东教育出版社 1985 年版，第 66 ~ 68 页。

高。但主要是培养上层统治者，甚至主要是天子、诸侯的学习问道之所。其三，大学的功能是多元的。既是教学之地，又是政治、宗教活动及习武训练之场，还是养老敬老、传承道德、讲习人生经验的场所。功能多具，还不是后来意义上的大学。

"春秋以降，礼崩乐坏，打破'学在官府'，知识下移，私学兴起，官学不昌。战国之世，七大国争雄，虽然人才争夺空前高涨，但风云变幻，战争频仍，并没有哪一国像齐国这样兴学招揽人才的。诚如《文心雕龙·时序》所载：'春秋以后，角战英雄，六经泥蟠，百家飙骇。方是时也，韩魏力政，燕赵任权；五蠹六虱，严于秦令；唯齐、楚两国，颇有文学……故稷下煽其清风，兰陵郁其茂俗。'"①文献记载兰陵之地兴起了良好的文气风俗，但并没有兴办国学的事迹。从现有的资料来看，在春秋战国五百余年间，并没有哪一个诸侯国曾像齐国一样如此大力兴办大学，稷下学宫的设置本身，就是一个空前绝后的创举。

将稷下学宫与商周时期的官办大学相联系、相比较，会发现其对历史上的"大学"制度是有传承和发展的。其一，稷下冠名为"学宫"，是对商周时期大学名称的沿用。根据杨树达先生《积微居金文说》所收西周"静簋"铭文中"丁卯，王令静司射，学宫小子眔服"②的话，可见，西周时期，即称学校为"学宫"。其二，商周时期大学是政教合一，官、师不分的。也就是

① 王志民：《稷下学宫：世界文明史上的奇观》，载《人文天下》2015 年第 55 期。

② 杨树达：《积微居金文说》，见中国科学院考古研究所编辑《考古学专刊甲种第一号》卷七，中国科学院 1952 年版，第 189 页。

说,为师者即官,大学中的教师大多也是国之重臣。如《大戴礼记·保傅》所载,周成王年幼时的老师即开国之三重臣:"召公为太保,周公为太傅,太公为太师。保,保其身体,傅,傅之德义,师,道之教训,此三公之职也。于是为置三少,皆上大夫也。"稷下学宫继承了历史传统,实行政教结合,不仅设立学宫是因政治的需要,而且,史书徐幹《中论》有载:"齐桓公(午)立稷下之宫,设大夫之号,招致贤人而尊崇之。"说明在学宫成立之始即实行官师结合。三是,在稷下学宫的创设上,也继承了大学以教为主,多元兼具的社会功能。这些使稷下学宫在社会性质上既传承历史又适应现实,大大增强了其深厚的历史蕴含。

然而,稷下学宫绝不是历史上官学的复归,而是在传承中创新,在变革中重生,使国办大学真正具有了国家意义。这种革命性革新最突出地体现在以下三个方面:

1. 官、私学结合,使官学走出官府,成为社会之大学。历史上的官学,实为宫廷、官府内设之学,所谓"学在官府",没有走出贵族府第的范围,以官为师,以官之子弟为生。而所谓大学,也主要是以师生的年资、政治身份的高低等来区分,并非后来真正意义上的大学。孔子创办私学的伟大之处就在于将学校办到了社会,使知识走向了下层。而稷下学宫以国家之力创办官学,则颠覆了官学办在官府,只为官府服务的性质,吸收、传承了私学的本质属性,面向整个社会,聘请各国学者来稷下学宫从教,招收各国学生来此学习,真正将稷下学宫办成了包括全体国民在内的国家意义上的国办大学,这在体制上,开启了后世国家办大学的先河。

2. 变“政教合一”为政教结合，从更高层次上提升了大学为国家政治服务的内涵。历史上的官学，是以官为师，官师不分，以培养贵族子弟来实现政教合一。稷下学宫的创新主要体现在以为齐国政治服务为目的，这主要表现为：其一，以学宫为平台，吸引天下英才齐集大学，使之成为齐国统治者最倚重的治国智库和政治参议院。其二，以任教学宫的著名学者为高官，奉之以厚禄，来实现官师结合；同时，又让学者不必处理与官职相应的具体政务，所谓“不治而议论”，这就为学者参政、议政提供了极好的平台和方便的条件，在更高层面上实现了政教的结合。其三，以尊重知识分子，尊重办学规律，不干涉学宫管理事务为前提，在让学者独立管理学宫中实现教育与政治服务的结合。这种由政教合一，到政教貌似“分离”的蜕变，就以独立、自主、自由、平等的政治生态环境，将知识分子的为政治服务提升到一个新的境地，稷下先生在向齐统治者进谏、出使、解困等活动中所表现出的不计个人得失、奋不顾身的超凡境界就与这种措施有关。

3. 稷下学宫学术的交流、争鸣，思想文化的发展、创新，哲学大师的不断涌现和成长，使其真正具有了后世所说的“所谓大学者，非谓有大楼也，有大师之谓也”的本质属性。这不仅是夏、商时代的大学所未曾有过的，也是同时代的官、私学，乃至中国两千年封建社会中的官学所不具备的景象。正是教育与学术的紧密结合，教育、学术与为现实服务的紧密结合，提升了人才培养的层次和质量，使大学教育在国家政体、社会发展乃至人的成长中具有了至高的地位。随着人类社会的不断发展进步，人们对大学教育所应具有属性的不可或缺性，认识得越来越清晰和坚定，而这，在两千年前的稷下学宫就已实现并获得巨大成功，这不能不说是一个奇迹。

三、稷下学宫对孔子私学的发展与超越

孔子创办私学，是中国教育史上的空前创举，也是孔子对中华文明最伟大的贡献之一。他不仅使教育走出了官府，知识走向了下层，开启了中华文明发展的一个新时代，而且，他与学生共同整理了三代以来的文献典籍，并借助教育的力量将这些经典文献传承、传播下来，使之虽经秦火，未能中绝，对五千年中华文明的传承发展贡献至大、至伟。孔子总结、发展、创新三代以来的思想文化，创始儒家学派，也靠了私学的教育和三千弟子及其后学的力量，使之发扬光大，最终成为中华民族思想文化的主干。

笔者认为，稷下学宫与孔子创办私学相比，它们都是中国教育史上空前的创举，在战国时代的新形势下，稷下学宫以国办官学的形式，继承、发展了孔子私学的本质属性和诸多优势，又以国家实力为后盾，从办学体制、教学形式、教育内涵等方面，创新、超越了孔子以来的私学教育，并积极主动地影响和导引了战国私学的发展方向。这种创新和超越，至少体现在以下几个方面：

（一）变一人之教的松散私学集团为大师云集、众人之教的大学堂

孔子私学，人数众多，从现有资料看：其一，在现有文献和考古探查中，并无孔子当年的学堂遗址所在。其教学基本居无定所，内部组织管理也相对松散，并不像后世之学校，更像讲座、讲堂性质。因而，在孔子的故里曲阜，我们要寻找当年孔子教学的场所，传统的解说就是“杏坛”。这是一个人工筑起的高台，便于孔子讲学时居高声远而已。其二，所有人都是孔子的学生，所有学生都在听孔子的讲学，传孔子一人之道。孔子“弟子盖三千焉，身通六艺者七十有二人”（《史记·孔子世家》），他自己则称“受业身通者七十有七人”（《史记·仲尼弟子列传》）。看来，尽管学生众多，学业程度也有“身通”与否的较大差异，并形成了以七十子为主体的很优秀的骨干群体，其内部却并没有形成分层级的传授系统，老师也只有孔子一人。所以，当孔子去世之后，弟子们就“三年心丧毕，相诀而去”（《史记·孔子世家》），散游诸侯了。稷下学宫较之孔子私学，有固定的校舍居处。从《史记》“高门大屋”的记载看，应该是一处规模宏大的建筑群，能同时容纳数百上千人，这已是此前官学所不具有，也是孔子的私学无法比拟的。与此同时，聘请众多大师来稷下从教，老师众多。《史记·田敬仲完世家》载：“宣王喜文学游说之士，自如驺衍、淳于髡、田骈、接予、慎到、环渊之徒七十六人，皆赐列第，为上大夫，不治而议论。”可见，至少有七十余名政治地位很高的学术大师在稷下学宫同时授课

讲学，大厦之空前、大师之空前，亦非此前官学之所具、孔子以来私学可比拟的。

（二）变一家之学的思想传承为百家之学的交流、争鸣与发展传播

这又是稷下对孔子以来私学的创新与超越。孔子私学，也可称为儒家教育集团，受孔子之教，传孔子思想。从孔子死后，“儒分为八”来看，其弟子及其后学也产生了不同的传授系统、不同观点的争论甚至新的思潮，但万变不离其宗，其思想并没有超出儒家之学传授的范围。孔子弟子及后学中，也有叛逆者或主流思想的反对者，但党同伐异，是会被逐出或者道不同不相与谋而主动离开这个私学集团的。墨子本“学儒者之业，受孔子之术”（《淮南子·要略》），后来成为儒家的激烈反动派；驺衍也是从儒家之徒分裂出来，创设阴阳五行家学派的。稷下学宫以海纳百川的博大气势、胸怀，容纳诸子百家学派，欢迎不同派别的学者都来稷下学宫长住讲学授徒，这就为各家学派提供了相互交流、争鸣、吸收、发展的绝好机会，正是稷下学宫的这样一种办学特点，才使稷下成为战国时代百家争鸣的学术中心与创新、发展新学派的丰沃土壤和基地。这是孔子私学无法实现，战国诸子各派私学都难以做到的。而正是这一点，不仅奠定了稷下学在中国学术史上的地位，也使稷下学宫为后来真正意义上的大学内涵发展作出榜样，奠定了基础。

（三）在教育内涵上，变孔子私学以教授历史知识、道德教化为主，而为以研究现实、喜议政事、面向未来为主

这是稷下之学对孔子私学在教育、办学内涵上的重大突破与超越。孔子教学的内容，主要有三方面：其一，“作为教师，他认为自己的首要任务是向青年学生解释古代的文化遗产”①，因而，主要教材是他整理的古代典籍，即《诗》《书》《礼》《乐》《易》《春秋》这“六经”；其二，知识传授主要是自古以来官学教授的礼、乐、射、御、书、数“六艺”；其三，所谓“子以四教：文、行、忠、信”（《论语·述而》），“甚至在政治领域，他仅宣称自己是古制的热心研究者以及过去知识的传播者”②。可见，其是以文化遗产、传统知识和道德教育为主。稷下学宫则实现了由历史教育为主向为现实服务转变的重大突破。限于数据缺乏，我们无法具体考定稷下学宫的教材内容和施教体系，甚至，由于是各派学者云集，自成一系，并不会有统一的教材。但是，我们从稷下之学的许多特点中，还是能够梳理出其教学的大概内涵：其一，“稷下先生喜议政事”（《新序·杂事》），“各著书言治乱之事，以干世主”（《史记·孟子荀卿列传》），说明现实政

---

① 冯友兰著，赵复三译：《中国哲学简史》，生活·读书·新知三联书店2009年版，第44页。

② 〔美〕费正清、〔美〕赖肖尔著，陈仲丹等译：《中国：传统与变革》，江苏人民出版社2012年版，第40页。

治是其主要教学内涵之一。其二,从孟子在稷下二十余年,有"得天下英才而教育之"(《孟子·尽心上》)的志向,以及其"治儒术之道,通五经,尤长于《诗》《书》"①看,历史文献或历史知识也应是稷下之学、至少是某些学派的教学内容之一。其三,稷下的学派众多,阴阳五行家、名家、农家等都有,从驺衍的"大九州岛"说、"五德终始"说,以及农家强调农时、农事来看,稷下之学中,地理、农业等自然科学知识,也应是教学内容之一。这就使稷下之学的内涵大大突破了原来官学及孔子私学的局限,成为后代真正意义上的大学教育最早的范式范本。其四,稷下实现了孔子以来私学教育体制的转型发展:由个体私学教育向私学教育联合体性质的高等教育实体发展。特别到了战国时期,随着诸子百家思想学派的涌现,私学教育与学派发展密切结合,学派,甚至不同观点,实际成为各家私学无形的藩篱。田齐统治者创办稷下学宫,打破了学派之间在教育教学上的界限,各派在稷下地位平等,相处兼容,从内部看,是一个各家学派私学聚居的场所;而从外部看,则是一个整体的大学堂,一个内部充满教育、学术、政治活力的实体。稷下的无限生机和活力在于此,其在中国乃至世界上的巨大影响和贡献也在于此。

① [汉]赵岐:《孟子题辞》,见[清]焦循撰、沈文倬点校《孟子正义》,中华书局 1987 年版,第 7 页。

驺衍在战国秦汉学术体系中的地位影响

葛志毅
（大连大学教授）

关于阴阳五行说起源问题的研究，学者们争议颇多，关于驺衍应是阴阳五行说的倡大发扬者这一点，却得到学者们的基本认同。至于驺衍究竟如何发扬倡大其说，则或语焉不详，或论说欠精。此固然是由于有关驺衍的史料甚少，此外则与研究视角之选择不无关系。本文欲以汉代阴阳五行说作为研究比证的切入点，深入考求驺衍阴阳五行说之大略。此或于问题之解决不无裨益，尚祈有识者鉴焉。

一、汉代天人灾异之学

汉代盛行天人之学，其学专讲天人感应，灾异变化。阴阳五行说乃其学的思想理论根基。或者说，其学专以阴阳五行说解释天变灾异现象，推论人事祸福。其学以《周易》《书·洪范》《春秋》为经典根据。其中《周易》以阴阳观念为本，天人感应乃其筮占原理所托，《系辞》曰："是故天生神物，圣人则之；天地变化，圣人效之；天垂象，见吉凶，圣人象之；河出图，洛出书，圣人则之。"朱子《周易本义》曰："此四者，圣人作《易》之所由也。"所以，天人感应实为《周易》筮占原理的基本依据，而筮占也正是借助天人感应交通的信念而取得世人相信的。此外，阴阳家法天而动、顺天而行，其思想理念根据也是天人感应。如《管子·五行》："人与天调，然后天地之美生。"这是以天人合和论表现出的天人感应说。《管子·四时》："故天曰信明，地曰信圣，四时曰正。其王信明圣，其臣乃正。何以知其王之信明信圣也？曰：慎使能而善听信之。使能之谓明，听信之谓圣。信明圣者，皆受天赏，使不能为惛，惛而忘也者，皆受天祸。"这段论述首先肯定天人相通之旨，即谓君臣道德规范与四时属性相应，其次又特别提出国君行为与天地感应相通，即谓国君若效法天地明圣之性而动，则应选择能臣而任用之，如此可受天赏，否则要受天罚。这是在天人感应说指导下的社会政治信念。战国时代的各种月令书都主张顺四时发政，其宗旨都在顺天地四时而动可得阴阳和美、政治休明之祥，亦即天人感应说在自然与社会体系中的综合贯彻。总之，汉代天人感应说一方面源自《周易》，另一方面则主要承自阴阳家思想，由于此二者本来相通，从而也更加强化天人感应说在汉代的影响势力。《洪范》九畴首言五行，其"敬用五事"与"验用庶征"因经师比附，也成为灾异祸福、天人感应说的经典根据，汉代阴阳五行学中称为《洪范》五行咎征。《洪范》所载"五事"为貌、言、视、听、思,“貌曰恭,言曰从,视曰明,听曰聪,思曰睿。恭作肃,从作乂,明作哲,聪作谋,睿作圣”。是五事与人的五种德行表现相关,它们作为德行修养以人的言行举止为表征。“庶征”指雨、旸、燠、寒、风五者。庶征又分为“休征”与“咎征”。其中休征:“曰肃,时雨若;曰乂,时旸若;曰哲,时燠若;曰谋,时寒若;曰圣,时风若。”又咎征:“曰狂,恒雨若;曰僭,恒旸若;曰豫,恒燠若;曰急,恒寒若;曰蒙,恒风若。”所谓休征,指受到肃、乂、哲、谋、圣五种美德的感应,表现为雨、旸、燠、寒、风五种正常自然气候,可带来休祥。相反所谓咎征,指受到狂、僭、豫、急、蒙五种恶行的感应,雨、旸、燠、寒、风五种自然气候将反常为害,会带来祸咎。汉儒就是如此理解五事与庶征,并且把二者与五行相联系。汉儒讲天变灾异,因而又偏重在庶征中的咎征,一般称之为《洪范》五行咎征。《尚书大传·洪范五行传》就是如此引申发挥五行说的。可以看出,以五行咎征说天变灾异,最终还是落实到天人感应说的基础上,即人的言行道德表现与天地自然变化之间具有感应交通的功能。《春秋》中记载了很多自然灾异现象,如星陨、雨螽、地震、山崩、昼晦、彗星现、鸟退飞、夏大雨水、冬大雨雪等。其实对自然灾异的关注由来已久,如在《史记》中记载殷周以来已有,《殷本记》:“帝太戊立伊陟为相,亳有祥桑谷共生于朝,一暮大拱。帝太戊惧,问伊陟。伊陟曰:‘臣闻妖不胜德,帝之政其有阙与?帝其修德。’太戊从之,而祥桑枯死而去。”又:“帝武丁祭成汤,明日,有飞雉登鼎耳而呴。武丁惧。祖己曰:‘王勿忧,先修政事。’……武丁修政行德……祖己嘉武丁之以祥雉为德。”这两则记载中的自然灾异都与人事相关,因而当灾异出现时,作为明智之举应采取措施,调整人事,如"修政行德"等,以求消释化解灾异。此外,至少在春秋之前,已有人用阴阳理论对自然灾异予以解释,如《国语·周语》载西周三川震,伯阳父说以阴阳失序。《左传》僖公十六年陨石于宋,六鹢退飞,周内史叔兴说"是阴阳之事"。但上文所言《春秋》所记诸多灾异,更多的却无人解释。《史记·天官书》曰:"孔子论六经,纪异而说不书。"所以汉人以阴阳五行推说天变灾异在某种意义上就相当于探究孔子的微言大义。《汉书·董仲舒传》:"故《春秋》之所讥,灾害之所加也;《春秋》之所恶,怪异之所施也。书邦家之过,兼灾异之变,以此见人之所为,其美恶之极,乃与天地流通而往来相应,此亦言天之一端也。"按此指出,《春秋》所讥恶者乃灾异所施加者,而灾异的产生乃国家失政所致,因而究明灾异可通天人感应之秘。汉人还认为,"《春秋》灾异以指象为言语"(《汉书·五行志》),即谓《春秋》所载灾异乃上帝以天象作为语言警示下民。《汉书·五行志》在对某件灾异解释之后,往往缀以"天戒若曰"。如《五行志上》解释《春秋》桓公十四年"八月壬申,御廪灾"后附:"天戒若曰:夫人不可以奉宗庙。"此"天戒若曰"皆释者据天象所示而翻译代宣的上帝警示之言,其性质颇类周代策命金文史官以"王若曰"代宣王命的意义。① 总之,为推见上帝的意志,灾异现象是必须研究的。这些都说明,汉人乃以天人关系为中心阐发《春秋》灾异现象。汉儒盛倡阴阳

---

① 陈梦家:《尚书通论》,中华书局1985年版,第146~170页。

五行天人之学,《春秋》之外,还以《周易》《洪范》为经典根据,这在汉代记载中已经指明。如《汉书·眭两夏侯京翼李传》赞曰:“幽赞神明,通合天人之道者,莫著乎《易》《春秋》……推阴阳言灾异者……假设经谊,依托象类。”《律历志上》曰:“故《易》与《春秋》,天人之道也。”《五行志》曰:“昔殷道弛,文王演《周易》;周道敝,孔子述《春秋》。则乾坤之阴阳,效《洪范》之咎征,天人之道灿然著矣。”据《五行志》所言,汉儒上承文王、孔子以来之说,以《周易》《洪范》《春秋》为依据宣倡其阴阳五行天人之学,其中要以董仲舒、刘向、刘歆为代表。三人各治《春秋》学,虽所宗有《公羊》《谷梁》《左传》之异,但同以结合《洪范》五行推说《春秋》灾异为宗旨。因为《春秋》灾异乃天人之学的核心,只有以《春秋》所载灾异为凭借,才可以究明孔子天道性命之说,从而认识天人相与之际的奥秘。察史官记载灾变,原本具有警示人君的实践参考意义,即人君应据天变所示,及时调整自己的行为,改正过失,祈福消灾。《汉书·五行志下》:“凡日所躔而有变,则分野之国失政者受之。人君能修政,共御厥罚,则灾消而福至;不能,则灾息而祸生。故经书灾而不论其故,盖吉凶亡常,随行而成祸福也。”此说可用于解释《春秋》“纪异而说不书”的现象。因此人君只需据天变所示作为自己行为的实践指导即可,不必再从理论上探赜索隐,深究其故。但汉儒则不然,他们专门研究《春秋》所载灾异变怪,逐一推其祸福应验,由此发展成为专门的天人之学,使儒学与阴阳五行之学结合而被巫术化、方士化,从而表现出汉代儒学思维方式的一大特征。具体说,汉儒认为,天地自然与社会人事之间以阴阳五行之气为媒介而具有相互感应的关系，即如果社会人事失当，会使阴阳五行之气的运行发生错谬，从而导致天地自然中灾异现象的产生。所以，天人感应乃通过阴阳五行之气的错谬乖乱而化生灾异现象表现出来。如《汉书·董仲舒传》载论妖孽灾异之起有谓："及至后世，淫佚衰微，不能统理群生，诸侯背叛，残贼良民以争壤土，废德教而任刑罚。刑罚不中，则生邪气；邪气积于下，怨恶畜于上。上下不和，则阴阳缪戾而妖孽生矣。此灾异所缘而起也。"即谓衰世失德使邪气怨恶积郁，君臣上下失和，于是导致阴阳错谬而产生妖孽灾异。所以，汉代天人之学为推说《春秋》灾异，必须援引《周易》阴阳及《洪范》五行为比附说解依据，但最终还要归结到天人感应这一根本点上。后来班固作《汉书·五行志》，综合董仲舒、刘向及其他五行大家之说于一炉，借此可窥见其说体旨大要。其说以《洪范》五行咎征为纲，《春秋》灾异为目（又附以汉代灾异），间引《周易》《京房易传》为说，比附天人，推说祯祥祸福，敷衍阴阳五行之义。《五行志》实集西汉阴阳五行说之大成。考汉儒据《周易》《洪范》《春秋》讲阴阳五行之学，具有渊源，即其学可上溯至战国末期之驺衍。但驺衍与汉儒阴阳五行说之间的关系，颇多待发之覆，人所罕及。下试论之，以期抉发阐示其学在汉儒中间的具体影响。

二、驺衍之学及其在战国秦汉之际的联系、影响

驺衍是阴阳五行之学的倡大发扬者，其著述多与之有关。

《史纪・封禅书》有谓:“驺子之徒论著终始五德之运。”《集解》引如淳曰:“今其书有《五德终始》。”《文选》卷六左太冲《魏都赋》李善注引《七略》亦曰:“邹子有《终始五德》。”是驺衍著书称《终始五德》。按“终始五德”即阴阳五德,阴阳五德即阴阳五行。关于终始即阴阳,其义保存于《鬼谷子・捭阖》中,其文曰:“捭之者,开也,言也,阳也;阖之者,闭也,默也,阴也。阴阳其和,终始其义。故言长生、安乐、富贵、尊荣、显名、爱好、财利、得意、喜欲为阳,曰始;故言死亡、忧患、贫贱、苦辱、弃损、亡利、失意、有害、刑戮、诛罚为阴,曰终。诸言法阳之类者皆曰始,言善以始其事;诸言法阴之类者皆曰终,言恶以终为谋。”这段文字把阴阳、终始两个概念间意义上的包容相通,论述得十分详尽,也为我们理解驺衍学说中的终始概念,保存了一则重要史料,只是前人多未注意及此。《史记・封禅书》又谓:“驺衍以阴阳主运显于诸侯。”按“主运”乃驺衍所作书名,见《史记・孟荀列传》及《索隐》引刘向《别录》。笔者考证“主运”乃“五运”之讹①,那么,“阴阳主(五)运”犹言阴阳五行。是则终始五德及阴阳五运皆为阴阳五行的不同表述方式,既为驺衍的著述之称,亦为标举驺衍学旨的重要概念。借此则驺衍与阴阳五行之说的关系益明。《史记・历书》亦谓驺衍:“明于五德之传而散消息之分。”按“消息”犹言阴阳。《史记・历书》谓黄帝:“起消息。”《正义》引皇侃曰:“乾者阳生为息,坤者阴死为

① 葛志毅:《孟子学统与战国文化》,载《陕西师范大学学报(哲学社会科学版)》1995 年第 2 期。

消也。”泷川资言《考证》亦曰：“消息以阴阳言。”那么，“明于五德之传而散消息之分”亦谓驺衍兼阴阳说及五行说而融贯之。驺衍学说核心为五行相克式的历史循环论，与之相关，其为阴阳五行之学的内容大要有二，一为天人感应，二为怪迂变化。《史记·孟荀列传》述驺衍学说内容有谓：“大并世盛衰，因载其禨祥度制”，“五德终始，治各有宜，而符应若兹”。所谓“禨祥”“符应”，皆乃因天人感应所生之祥异朕兆。考《吕氏春秋·应同》：“凡帝王者之将兴也，天必先见祥乎下民。黄帝之时，天先见大螾大蝼。黄帝曰土气胜。土气胜，故其色尚黄，其事则土。及禹之时，天先见草木秋冬不杀。禹曰木气胜。木气胜，故其色尚青，其事则木。及汤之时，天先见金刃生于水。汤曰金气胜。金气胜，故其色尚白，其事则金。及文王之时，天先见火赤乌衔丹书集于周社。文王曰火气胜。火气胜，故其色尚赤，其事则火。代火者必将水，天且先见水气胜。水气胜，故其色尚黑，其事则水。”学者多认为，此所述乃驺衍五德终始说大略，甚是。按其说，当某德将胜，天先以某种祥瑞示人，其祥瑞形式则按五行之气各从所宜。此与《史记》所言“禨祥度制”及“符应若兹”相合。因而可见天人感应乃其五德终始说之思想根基。其次，《史记·孟荀列传》谓驺衍作“怪迂之变”，《封禅书》谓燕齐方士传驺衍之术而不能通，“怪迂阿谀苟合之徒自此兴”，《盐铁论·论儒》谓驺衍：“以变化始终之论，卒以显名……邹子作变化之术。”《论邹》谓驺衍“作怪误”。归纳以上记载，即谓驺衍有怪迂变化思想。驺衍主张变化之道，因而他盛倡在政治上当因时变化而反对守一不变，如《汉书·严安传》引邹子曰:“政教文质者,所以云救也,当时则用,过则舍之,有易则易之,故守一而不变者,未睹治之至也。”但所谓怪迂变化,与此有异。一方面当如《史记·孟荀列传》所谓“其语闳大不经”“王公大人初见其术,惧然顾化”,即因其说怪诞宏侈,有耸动世主时君的效应。如其大九州岛说超出世人的知识想象,必被指为怪迂。另一方面所谓怪迂变化,应指驺衍具有可能下启汉儒天变灾异说那样的思想倾向,而此皆可由其天人感应说引申而出,如上所言“禨祥度制”“符应若兹”“天必先见祥乎下民”等皆可为证。汉儒认为天变灾异是阴阳错行、五行紊乱所致,《汉书·五行志》载有大量此类例证,如谓:“若乃贪欲恣睢,务立威胜,不重民命,则金失其性。盖工冶铸金铁,金铁冰滞涸坚,不成者众,及为变怪,是为金不从革。”又谓:“《史记》魏襄王十三年,魏有女子化为丈夫,京房《易传》曰:‘女子化为丈夫,兹谓阴昌,贱人为王;丈夫化为女子,兹谓阴胜,厥咎亡。”此二例所言“变怪”与“化”,皆由阴阳失常、五行失性所致。若此类阴阳五行“变怪”之例,《五行志》中多是。在驺衍的阴阳五行思想中,必包含此类与汉儒灾异说相通的怪迂变化之论,只是记载有缺,已难详考。在《荀子·天论》中有一段文字曰:“夫星之队、木之鸣,是天地之变,阴阳之化。”又曰:“勉力不时则牛马相生、六畜作祆,可怪也。”按驺衍与荀子俱到过稷下,两人活动年世相近,很可能互相有所闻。而且荀子三为稷下祭酒,使之成为集各家大成的稷下学者,因而对驺衍学说应该有所接触、了解。再审视《天论》这段文字,与阴阳怪迂变化之说颇为相近,不能排除其与驺衍的联系,即使与《汉书·五行志》相较,亦复相类。此外,考驺衍思想当受到《周易》的影响颇深,如《周易》讲阴阳变化,驺衍怪迂变化之术或许由之引申而出,而且从相关记载中也可见到这种迹象。《史记·孟荀列传》谓驺衍:“深观阴阳消息而作怪迂之变,《终始》《大圣》之篇。”所谓“阴阳消息”乃《周易》主旨。阴阳为《周易》根本固不必说,至于消息,如《剥·彖》:“君子尚消息盈虚,天行也。”《丰·彖》:“天地盈虚,与时消息。”汉儒深知阴阳消息之旨为易理根本所寄,于是有十二消息卦之说。又“终始”,前文已指出其与“阴阳”在概念意义间的包容相通,《易传》中亦屡见之,如《乾·彖》:“大明终始。”《蛊彖》:“终则有始,天行也。”《说卦》:“终万物,始万物者,莫盛乎艮。”《系辞》:“《易》之为书也,原始要终。”综上各条,可断言“终始”乃《周易》思想体系中的重要概念。从思想性质上看,终始概念既是对阴阳家四时循环理论的概括,也符合《易传》阴阳相生的循环变化观念。终始可视为驺衍作为阴阳家而与《周易》相联系的概念纽带。所以从上引《史记·孟荀列传》所言“深观阴阳消息”诸语可以推断,驺衍必谙熟《周易》,因而其思想受《周易》影响必然无疑。驺衍与《周易》的关系如此,加之他又是阴阳五行说的倡大者,所以汉代阴阳家《易》说的传承①,至少可以上溯至驺衍。

这里要附带讨论一个问题,即为什么会在《鬼谷子》中保存如前所言与驺衍有关的阴阳终始学说?这里提出一个假设,

---

① 葛志毅:《〈周易〉阴阳与〈洪范〉五行》,见吉林大学古籍研究所编《金景芳教授百年诞辰纪念文集》,吉林大学出版社 2002 年版。

即《鬼谷子》与驺衍相同，都与《周易》之间具有某种思想联系。《鬼谷子》首篇乃《捭阖》，相当于全书之大纲总论，其宗旨集中论述阴阳开合，而阴阳开合是其阐发言说之术的理论根据。如其中有曰："圣人之在天地间也，为众生之先。观阴阳之开阖以命物，知存亡之门户，筹策万类之终始，达人心之理，见变化之朕焉……变化无穷，各有所归，或阴或阳，或柔或刚，或开或闭，或弛或张，是故圣人一守司其门户……捭阖者，天地之道。捭阖者，以变动阴阳，四时开闭，以化万物……捭阖者，道之大化，说之变也，必豫审其变化。口者，心之门户也；心者，神之主也。志意、喜欲、思虑、智谋，此皆由门户出入。故关之以捭阖，制之以出入……捭阖之道，以阴阳试之……可以说人，可以说家，可以说国，可以说天下……阳动而行，阴止而藏，阳动而出，阴随而入，阳还终阴，阴极反阳……阴阳相求，由捭阖也。此天地阴阳之道而说人之法也。"《鬼谷子》是纵横家，纵横之学的根本是研究如何进说人主的游说之术。上面的引述表明，其游说之术是以阴阳开合之道为根本。抽绎《捭阖》通篇所言，不外乎反复推阐发明如何在游说之术中运用、贯彻阴阳开合之道的秘诀要领。其要义即"观阴阳之开阖以命物""此天地阴阳之道而说人之法也"。那么，阴阳开合之道由何而出？曰：《周易》。首先，《鬼谷子》作者熟悉《周易》，如阴阳、终始这类《易传》中的重要概念在《捭阖》中反复出现。《中经》篇又有曰："见形为容，象体为貌者，谓爻之生也。"此可与《易·系辞》中的下述文字相勘证："圣人有以见天下之赜而拟诸其形容，象其物宜，是故谓之象。"因而《鬼谷子》作者对《易传》是熟悉的。其次，《易传》中的一些内容对《鬼谷子》纵横家的游说之术不无启发意义。如《系辞》:“圣人设卦观象,系辞焉而明吉凶……君子居则观其象而玩其辞……是故列贵贱者存乎位,齐小大者存乎卦,辨吉凶者存乎辞……辞也者,各指其所之……易有圣人之道四焉:以言者尚其辞,以动者尚其变,以制器者尚其象,以卜筮者尚其占……极天下之赜者存乎卦,鼓天下动者存乎辞。”是《易》道多端而“以言者尚其辞”为其要义之一,而且吉凶变化之决全在乎“辞”,鼓天下之动也“存乎辞”。总之,“以言者尚其辞”必对《鬼谷子》纵横家的游说之术有所启发。《系辞》又有曰:“能说诸心,能研诸侯之虑,定天下之吉凶,成天下之亹亹者。”历来皆以“侯之”二字为衍文。此乃言《易》道之功效,亦可移用于概括《鬼谷子》游说之术。所谓“能说诸心,能研诸虑”,即谓言说之术重在揣度心理,推运谋虑,以求最大限度地发挥其政治影响。所谓“定天下之吉凶,成天下之亹亹者”可与《论语》“一言兴邦,一言丧邦”相较,即谓言说之术关乎天下吉凶安危大业,其作用亦当如《捭阖》所言:“捭阖者,道之大化,说之变也,必豫审其变化。”①最重要的一点是,阴阳开合之

---

① “能说诸心,能研诸虑,定天下之吉凶,成天下之亹亹者。”整段文义乃在极赞言说之术的功效。“说”旧读“悦”,不妥。“说诸心”与“研诸虑”对言,“说”自当为言说本字。“定天下之吉凶”即“辨吉凶者存乎辞”;“亹亹”指言辞优美动人者。整段文义与言说之术有关。又此段所属乃《系辞》末章,其章末又曰:“将叛者其辞惭,中心疑者其辞枝,吉人之辞寡,躁人之辞多,诬善之人其辞游,失其守者其辞屈。”细味其全章旨义,亦与言说辞义功效相关。谓纵横游说之术出于《周易》启发,于此又得一证。

道在《易传》中可得其根据,《系辞》曰:"是故阖户谓之坤,辟户谓之乾,一阖一辟谓之变,往来不穷谓之通。"又曰:"夫坤,其静也翕,其动也辟,是以广生焉。"试以此与前引《捭阖》论述阴阳开合的一大段文字相比,二者的联系一目了然。关于《鬼谷子》阴阳捭阖之术出于《周易》,前人曾予指出,如宋高似孙《子略》卷三曰:"《鬼谷子》书,其智谋,其数术,其变谲,其辞谈,盖出于战国诸人之表。夫一辟一阖,《易》之神也;一翕一张,老氏之几也。"即谓《鬼谷子》说术谋略乃糅合《周易》《老子》而成。察《鬼谷子》阴阳捭阖之术从《周易》接受的这种影响,或者是从驺衍受到的启发,因而连同驺衍的阴阳终始之说一并纳入自己的书中①,因而在《捭阖》中出现前引"捭之者,开也,言也,阳也"那一大段论说阴阳终始的文字。这虽然仅仅是一种推测,但《周易》对驺衍与《鬼谷子》二者的思想影响似不容轻否。总之,上面的论述同时提示出这样一个事实,即《周易》的阴阳变化之论在战国秦汉之际具有相当影响,这不仅在驺衍思想中有所反映,而且汉儒又上继驺衍演畅其绪。再若参考前文所论,汉人阴阳五行、天变灾异之学也应受到驺衍的启发、影响。此可再举一例,即阴阳终始本为驺衍学说中的代表概念,但又见于西汉阴阳五行说大成的《汉书·五行志》,《五行志上》曰:"十二月咸得其气,则阴阳调而终始成。"这是汉儒接受驺衍之学的语言思想痕迹。最后如笔者已指出者,《周易》的

① 即使《鬼谷子》真如某些论者所言,出于战国时鬼谷其人,但也不排除在流传中杂入后来附入者,这是先秦子书通例。

思想体系虽以阴阳概念为本，但其中已可见五行因素的若干影子，至驺衍的阴阳五行体系中，《周易》阴阳与《洪范》五行的关联已成既定事实，且已融为一体。汉儒沿其绪继续发展，于是依托《周易》《洪范》《春秋》等经典，构造其阴阳五行、天人之学的体系。而且相关证据进一步表明，阴阳五行说在驺衍那里已颇成体系。《周官·夏官·司爟》郑注引《邹子①》曰："春取榆柳之火，夏取枣杏之"火"，季夏取桑柘之火，秋取柞楢之火，冬取槐檀之火。"此乃说明四时改"火"之制，但是以四时配五行的体系。此《邹子》当即《汉书·五行志》所著录的阴阳家《邹子四十九篇》。后来何晏《论语集解》中马融所引《周书·月令》，与上引《邹子》全同。有学者据此推测，《周书·月令》可能与《礼记·月令》有关，《月令》当为驺衍所作。②《月令》究竟是否为驺衍所作，尚待研究③，但《周官》注所引《邹子》确为典型的阴阳五行说，与《礼记·月令》是一个系统无疑。

三、结语：应重新评价驺衍的学术地位

总之，可以认为，驺衍实为阴阳五行说发展过程中承前启

---

① 邹子，原作鄹子，鄹即邹。

② 容肇祖：《容肇祖集·〈月令〉的来源考》，齐鲁书社 1989 年版，第70～71页。

③ 徐复观认为，《吕氏春秋·十二纪》乃发展驺衍思想而组织成书，稍后有人将《十二纪》改为《月令》。见其著《两汉思想史》第二卷，华东师范大学出版社 2001 年版。

后的关键性人物。《汉书·五行志》曰:“汉兴,承秦灭学之后,景、武之世,董仲舒治《公羊春秋》,始推阴阳,为儒者宗。”即推尊董仲舒为汉代阴阳五行之学的创辟者,其实不然。汉初经学,以齐、鲁为两大宗派,董仲舒出齐学。马宗霍曾论齐学、鲁学异同,认为齐学尚恢奇,喜谈天人之理,并上溯其绪至战国驺衍。① 所论甚是,且所言齐学特征与本文所论驺衍之学相合。据《史记·孟荀列传》所载,战国时齐有三驺子,其中以驺衍、驺奭最为知名,人称“谈天衍,雕龙奭”。其中又以驺衍阴阳五行之学于齐学开启实多,即便驺奭“亦颇采驺衍之术以纪其文”。秦汉之际,燕齐方士亦多传驺衍之学,一时颇盛,乃至汉初犹沿其风。董仲舒就是在此学术背景下,开创汉代《春秋》灾异之学,如《史记·儒林传》所言:“以《春秋》灾异之变推阴阳所以错行……着灾异之记。”但若溯董仲舒学术渊源,则不得不上探驺衍。考董仲舒所传之《公羊春秋》也可能与驺衍具有某种关联。《汉书·艺文志》六艺略春秋类著录《邹氏传》十一卷,又称“邹氏无师”。《汉书·王吉传》谓王吉“能为《驺氏春秋》”,王先谦《补注》引何焯曰:“《驺氏春秋》至班史时已成绝学,有录无书。”是《驺氏春秋》在西汉时已传习不广。清儒考证《邹氏传》与齐之三驺子有关,钱穆则推其与《公羊春秋》同出于驺衍。他说:“凡汉儒治《公羊春秋》,言通三统,改制质文诸说,其实源自阴阳,与驺衍说合。今所谓《春秋邹氏传》,虽不知于三邹子中当何属,又不知其所论者何若,要之或亦与《公

① 马宗霍:《中国经学史》,上海书店1984年版,第46页。

羊》家言相近，渊源同自驺衍。”①那么，汉代《春秋》学与驺衍存在若干关联，或者因董仲舒《春秋公羊》学大行于世而致《驺氏春秋》学湮微不显？但无论如何，驺衍对汉代《春秋》学的影响都不容否定。总之，若论驺衍，关于其本身的学术思想，及其在阴阳五行说发展过程中的前后继承渊源关系，犹有待究微阐幽之处，亦颇多待发之覆。但仅就上文所论，已足以令人感到其与秦汉之际的学术演变关系至大。本文所论，冀能于此有补于万一，更愿借此引起更多学者的关注、留意。最后在文末还有意提出一个问题，即像驺衍这样在当时可谓学术上的风云人物，何以在身后其学术影响如此不甚彰显，必经今日阐微发覆才略明真相？笔者猜测大约是这样，即驺衍之学大盛于战国末，但接下去就经历了秦汉统一后的焚书禁学、秦末大乱乃至汉初之萧条与黄老之兴盛，使原有的学术传统被扰乱，几于中断。驺衍之学虽因此不显，但也不绝如缕，在隐微之中仍引导着西汉的学术发展统绪。司马谈犹明此学脉际会所在，故当黄老大盛之时，独于《论六家要旨》中首列阴阳家为第一，驺衍自当为其代表。

---

① 钱穆：《先秦诸子系年》，中华书局1985年版，下册，第440～441页。

齐文化与黄老思想的核心精神
——因循、时变、宜适

陈丽桂
（台湾师范大学教授）

前　言

黄老思想是《老子》哲学的外王应世之用。它因承《老子》虚无、定静、自然、柔弱的思想，因天道以论治道，循着天道的规律与轨则去提炼政道、人事之道，“因”是它最重要的核心精神。司马谈《论六家要旨》前后三次界定黄老“道家”是一种“术”，一种因阴阳，采儒墨，撮名法之“术”，明示了其应用的入世性质。他又说这种“术”：

> 以虚无为本，以因循为用。无成势，无常形，故能究万物之情。不为物先，不为物后，故能为万物主。有法无法，因时为业；有度无度，因物与合。①

① ［汉］司马迁撰：《史记·太史公自序》，艺文印书馆据清乾隆武英殿版影印（年代不详），第 1350 页。

三次强调这种“术”以“因(循)”为操作策略,“因时”“因物”,“因”一切该“因”的条件与事物,行事因能理想而有效。司马谈“习道论于黄子”,本身是黄老道家,清楚地告诉我们“虚无”与“因循”是黄老思想的两大纲领。“虚”是“本”,是“常”,是“体”;“因”是“术”,是“用”。《老子》哲学本尚“虚无”,“虚无”则不可闻见、捉摸,故曰:无“成势”“常形”。黄老既是“外王”之“术”,“为用”的“因(循)”,当然更被强调,此司马谈之所以三次叮嘱申说。

“因”什么?司马谈举“时”与“物”为说,显示它们是“因”的常态和大宗。时机的准确拿捏与掌握,对所处理事物自然之理的理解与尊重,黄老道家认为,这是决定事物成败的关键,是所要“因”的对象。尊重“自然”和崇尚“虚无”是《老子》学说的本旨,“因”与“时”则是黄老的提炼与转化。

黄老道家尽管崇功尚用,积极入世,认清时机的重要性,却不是现实的功利主义者;换言之,它务实、尚实,却不现实。它当然在乎绩效,却不只在乎绩效,而更在乎过程的恰当、质量的理想与结果的圆满。因此两次强调:治“术”的成败,不是“有法”“无法”,“有变”“无变”,甚至“先”“后”的问题,内容、质量、过程,都是它所在乎的。在重视实际成效的同时,它更冀求处理手法与过程的合理适切、普遍圆满。因此,与积极、尚用同时,它也审慎温厚,希望在诸多不同的需求中,取得一种和谐、稳定的共识,普遍能容受的“宜”“适”之道,以确保永世经营之可能。因此,需要多元参采,冀能提炼出一种人人称便的广应大通之道,司马谈因此说它“因阴阳之大顺,采儒墨之善,撮名法之要”。这就是“黄老”。

以下我们便循着“因”“时”“适”三义，观测黄老如何在高玄难及的《老子》哲学与刚硬严苛的法家理论中，挹取各家养分，淬炼出其既温润适切，却又不失矩度、高效的理论来。

一、因循

（一）从齐文化、稷下到黄老

《史记·齐世家》说：昔太公封齐，有鉴于境内族群多元，乃“因其俗，简其礼”；又见领地多“舄卤”，可耕地少，却近海，海洋资源丰富，乃“通工商之业，便渔盐之利”。《鲁世家》也说：太公治齐，“简其君臣之礼而从其俗”。在这样宽容博大、多元尊重的精神原则下，齐国果然在最短时间内，迅速稳定秩序，富饶起来，五月报政周廷。相较于齐国的简易博大，鲁国身为王室至亲，先天上有着宣扬王室礼乐文教责无旁贷的天职；周公治鲁，“变其礼而革其俗”，一切悉依王室规划，重新来过，故伯禽就国，三年报政。稍前于《史记》，《淮南子·齐俗训》也有相关的记载。这些记载说明了：1. 齐、鲁两国立国风教、言语文化歧分的因由。2. 无论是齐文化、齐国的立国风教，还是产业结构，基本上都是站在依循本然，多元尊重的原则下开展起来的，这就是“因”。

孕生于田齐稷下学宫的黄老学术思潮也就因为这样，承继了太公以来，历经姜、田数百年代代传承、多元尊重、顺势营功的传统,温厚平和,却又气象万千地流行于战国秦汉之际的学术、政治与社会,“因”是黄老思想的第一特质。

(二)从雌柔、和光同尘到静因

《老子》哲学原本尚雌柔、戒刚强,力忌与物抵牾,第四章说:“挫其锐,解其纷,和其光,同其尘。”告诫人们去除锐角,与物逶迤,和周遭事物、条件取得协调,同步无迕,以避免矛盾、冲突,减少无谓的耗损,方能平顺开展,久视长生。

因承《老子》的雌柔思维和与物逶迤的教诰,马王堆黄老帛书《十大经》也尚雌节而戒雄节。《十大经》有《雌雄节》专章阐述雌吉雄凶的道理,但《十大经·顺道》同时说:之所以“守弱节而坚之”,是为了“胥雄节之穷而因之”。守柔、守弱、守雌是为了待得一个可以顺势开展的契机。《十大经·兵容》说:

> 参□□□□□□□□□□□之,天地刑(形)之,圣人因而成之。圣人之功……因时秉□,□必有成功。圣人不达刑,不襦传,因天时,与之皆断。①

马王堆《经法》等四篇是战国以来的黄老思想在治国、治世方面的理论呈现。它积极正面而崇“功”,道法结合的理论倾向非常明显。《十大经》三次提及“圣人”的事功,都说要

---

① 河洛图书出版社:《帛书老子·十大经·兵容》,河洛图书出版社1975年版,第219页。

“因”，尤其是“因时”，才能成功。

继黄老帛书之后，《管子》四篇也以“因”为君术的核心纲领。《心术上》说“道贵因”，何谓“因”？《心术上》既简明扼要又入里地说：

因也者，舍己而以物为法者也。感而后应，非所设也；缘理而动，非所取也。①

因也者，无益无损也。以其形，因为之名，此因之术也。②

其应也，非所设也；其动也，非所取也。③

“因”是完全排除一己之主观，完全依“物”、缘“理”，尊重并依顺事物本然质性去处理，被动不主动，审慎不毛躁，客观不预设、不专断、不偏执，纯就事物之理，该怎么做，就怎么做。既虚心客观，又尊重本然。这样观测事物会比较正确而精准，处理起来为较省力、适切而有效。

作为统御纲领秘籍的《管子》四篇，将这种“因”的哲学有机地结合《老子》的“虚静”思维，完成了渊默高深君术的建构。

---

① 〔日〕安井衡：《管子纂诂·心术上》，河洛图书出版社1976年版，第7页。

② 〔日〕安井衡：《管子纂诂·心术上》，河洛图书出版社1976年版，第3页。

③ 〔日〕安井衡：《管子纂诂·心术上》，河洛图书出版社1976年版，第3页。

《心术上》说：

> 有道之君，其处也，若无知。其应物也，若偶之。[①]
>
> 慝人之言，不义不顾。不出于口，不见于色，四海之人，又庸知其则。[②]
>
> 不顾，言因也。因也者，非吾所顾，故无顾也。不出于口，不见于色，言无形也。四海之人，庸知其则，言深囿也。[③]

“慝人”就是“有道之君”，指政治上的领导高人，不应轻易号令发言，心意不轻形于色，令人觉其深沉，却无由揣测其真意。其所以不轻易发言，不绽露形色，是因为面对事物时，心中没有先定的是非判断，也没有拘执顾虑之念，完全放空心去面对所要管理的事物，因此说“不顾”就是“因”，是看事办事，就事论事，非心中先有念虑坚执。这样才能因物应物，因事应事，无限可能，因此说“深囿”。这就是司马谈所说的“虚者道之常，因者君之纲”，目的是通过处理者的沉稳淡定，静心耐性，让所要处理的人、事、物能充分展现其全貌，处理起来才能彻底完

---

① 〔日〕安井衡：《管子纂诂・心术上》，河洛图书出版社1976年版，第3页。

② 〔日〕安井衡：《管子纂诂・心术上》，河洛图书出版社1976年版，第2页。

③ 〔日〕安井衡：《管子纂诂・心术上》，河洛图书出版社1976年版，第6页。

整而有效,不致瞎子摸象。这是黄老外王治事之术的总纲。这种“因”而无设的君纲,最后所推衍出来的,就是因任授官,循名责实,绝对客观公道的“刑名”术。以后到了法家申、韩的“术”论中,这些“静因”的君纲,更往权谋方向转化,成为了法家督奸之术中最阴鸷厉害的招数——人君必须高度隐藏自己的一切言语、形色、情绪、好恶、举止,让臣下无由捉摸,造成一种神秘莫测的情境与效果,他则由暗窥明,让一切奸欺无缝可插针,才能保全至高无上的统御尊威,这是法家的无为“因(阴)”术,黄老“因”术却不如此。

(三)依顺情势,自然开展

黄老的“因”术稍早在法家一系学者的思维中,固然很难避免地成为无限神秘的统御权术;它在黄老理论中却不如此阴鸷;在后期黄老道家如《吕氏春秋》《淮南子》的理论中,它也始终是一种随物、顺势以理物、应物,尊重自然而力求客观的治事法则。《吕氏春秋·任数》论“君道”说:

> 君人者……至智弃智,至仁忘仁,至德不德。无言无思,静以待时,时至而应,心暇者胜……无唱有和,无先有随。①

① 许维遹:《吕氏春秋集释等五书·任数》,鼎文书局1977年版,第758页。

又说：

古之王者，其所为少，其所因多。因者，君术也；为者，臣道也。为则扰矣，因则静矣。因冬为寒，因夏为暑，君奚事哉？①

和《管子·心术》一样，上两则讲的也是“静因”的君术。成功的君道要知“弃”、能“忘”，放下自己的思虑才干，不思不言，保持一颗沉稳淡定的心，听任臣下去作为，而勿加干扰，再“因冬为寒，因夏为暑”，就事论事，做出合理的裁决（贬黜或赏罚），这就是黄老的无为“君术”。通过这种静“因”的原则去处理事物，最后必然落实在“因”任臣下之能、之德而“循名责实”的“刑名”督核方案上。但《吕氏春秋》和《管子》四篇一样，都只言清静省事，无为无主，虚心因应的操作法则，与因任核实的“刑名”方案，并不涉及尖刻阴鸷的窥伺、查奸之术。黄老重视政治，却不只是政治。在黄老思潮普遍推演开展后的《吕氏春秋》与《淮南子》中，“因”术被推阐得更为多面向，成为一种治事、应世的普遍通则。

《吕氏春秋》有《贵因》，专篇讨论“因”的功能与妙用，又有《任数》，推“因”为国君治政的要领。《贵因》说，做任何事都要有凭借的条件与切入的关键点，对于这些条件与关键点，我们必须了解、重视与配合，才能确保后续作为之准确有效。比如，

① 许维遹：《吕氏春秋集释等五书·任数》，鼎文书局 1977 年版，第 758 页。

通过“察列星、知四时”，才能知道什么叫“天道”；“视日月、知晦朔”，才能推得“历数”。这都是“因”。古来圣贤立功行事没有不“因”而能成的，冠盖大圣禹入裸国，也随俗“裸入衣出”；墨子尚俭非乐，见楚王则“锦衣吹笙”；孔子好德而不好色，为见卫君，仍不得不“道弥子瑕，见釐夫人”；汤武遭乱世，也“临苦民，扬其义”。这些在在都是“因”。换言之，要莅事成功，没有个人喜不喜欢的主观问题，这叫“虚”；客观情势该怎么做，就怎么做，这叫“因”。做任何事，只有审慎评估客观情势，该从哪儿下手，就从哪儿下手。才能圆满成功。《贵因》说：

因则功，专则拙，因者无敌。①

这样的管理，明爽利落，轻松高效，这是黄老治政上的“无为”。

到了《淮南子》，黄老推阐得更为丰富了。集黄老理论大成的《淮南子》论“因”，详尽而彻底，极其根源性地从“自然”启论。《原道》说，天地万物莫不有其本然之性与自然之理，“萍树根于水，木树根于土，鸟排虚而飞，兽跖实而走，蛟龙水居，虎豹山处”。万物各自有其先天不可改易的质性。“橘树之江北则化而为枳；鸲鹆不过济；貈渡汶而死。形性不可易，势居不可移。”是万物这些绝对不可改易的天性，成就了缤纷多彩的宇

① 许维遹：《吕氏春秋集释等五书·贵因》，鼎文书局1977年版，第663～664页。

宙。它不可改,也不应改,只能依顺、尊重,这叫“因”。这个“因”事实上也是万物在与他物共处的状态下,天生自然就能的,与外物、外境妥合的利己遂生本能,它是极自然而不待费力学知的。《原道训》说:

> 禽兽有艽,人民有室,陆处宜牛马,舟行宜多水,匈奴出秽裘,于、越生葛絺。各生所急以备燥湿;各因所处,以御寒暑。①

什么样的自然条件与天生质性,就自然能蕴生出什么样的应对本能,动物、植物、人类都一样,天生具备“因”的本能。按《原道训》的说法,“因”不只是万物后天人为的调整和适应,也是先天生具的本能展现,一点也不勉强。透过“因”,可以把人类应对外物的本能发挥到极致,“因”是处理事物最自然而必然的法则。从积极面说,只有因顺人性、物性,才能真正看清人、物的真相而有效应对处理,获致无抵无迕、皆大欢喜的圆满结果。《淮南子》各篇章随处充满这种对“因”道的推阐和叮嘱。

《精神训》说,做事要“循道理之数”“因天地之资而与之和同”。《诠言训》说:“三代之所道者,因也。”“天下之事不可为也,其可因也。”大禹治水,“因”水性而成功;后稷播谷,也“因地之势”;先王制礼之教,也“因民之欲”。“因其好色”,制婚

① 刘文典:《淮南鸿烈集解·原道》,文史哲出版社 1984 年版,第 12 页。

姻;“因其喜音”,制雅颂;“因”其乐友,教以悌。即使冶匠锻铁铸刀,车匠驾马服牛,也都须“因其可”“因其然”。政治上,《主术训》说:主道员者,“虚无因循,常后而不先”。应该乘众人之智,用众人之力。这是《管子》和吕览的“静因”之术。《齐俗训》说:“先王之法籍,非所作也,其所因也。”在兵道上,《兵略训》说:要隐形持静,“因形而与之化”“视其所为,因与之化”“因资而成功”,因乘一切可趁之条件以出击。《修务训》在诠释道家的“无为”之义时说,“无为”不是“寂然无声,漠然不动,引之不来,推之不往”,而是顺情势作为,“因高为山,因下为池”,“循理而举事,因资而立功,推自然之势,而曲故不得容”。

总之,宇宙世间无物不“因”,无事不“因”,“因”是天经地义、随处遍在的自然之理,也是无与伦比的人事法则。作为集黄老思想理论大成的《淮南子》把黄老第一核心精神——“因”的真谛,发挥得淋漓尽致,推阐到了最全面、周遍的高峰。

二、时变

马王堆黄老帛书与传世的黄老文献尽管都重视“因”,推崇“因”,但在众多可“因”、当“因”的对象与事物条件中,各家最重视的是“时”。《论六家要旨》说,黄老道家“以因循为用”,要“因时为业”“因物与合”。“因物”是与所要处理的事物同步、协调,不抵牾;“因时”是要相准时机,经营事功,“时”是建立事功所需“因”的第一要项。这样的思维被认为是黄老道家结合法家的明显印记。因为“时”与“变”是现实感强烈的法家最在乎的，从商鞅到韩非，没有法家不重“时”，不求“变”的。时机的恰当与否被认为是决定事物成败的关键。黄老道家在外王上“因道全法”，“因”是“道”家虚无、雌柔“道”思维的延伸与发展，“时”的叮嘱与关切则被视为是对法家元素的参采。《老子》第八章虽然也说过“动善时”之类的话，但《老子》尚“柔”守“后”，戒躁动，追求永恒，始终憧憬一种周行不殆、久视长生的真理，而不争先，不抢“时”，不喜若飘风、暴雨之“不终”。因此，除第八章外，我们不大看到《老子》对“时”的重视与强调。黄老则不同，它既崇功尚用，机动性也是不可忽略的特质，与现实的条件同步配合变成了必要的条件，“因循”的第一对象因此是“时”。“归本于黄老”的法家申、韩重“时”就不用说了，从马王堆黄老帛书、《管子》到后期（秦汉）传世的黄老文献《吕氏春秋》《淮南子》中都充满着对“时”的积极强调与叮嘱。

（一）以时为断，动静当时

马王堆黄老帛书《经法》《十大经》中，尤其是《十大经》，充满了对“时”的关切与重视。《经法·道法》说：

> 生必动，动有害，曰不时。①

---

① 河洛图书出版社：《帛书老子·经法·道法》，河洛图书出版社1975年版，第193页。

《十大经》说:“圣人不朽,时反是守。”“为人主者,并时以养民功。”所谓“并时”就是“顺时”、与时俱行,春教耕,夏教芸,农忙时节,不征调民力。《十大经·兵容》说:

> 圣人之功,时为之用,因时秉□,□必有成功……圣人……因天时,与之皆断。①

理想的领导者行事要看“时机”;行事成败,决定在时机。而“时机”是自然的,其到来,在黄老道家看来,有其一定的发展过程,无法催熟,故曰“天时”。其未到来,黄老帛书说,当“柔身以待之时”(《十大经·前道》),要耐心等待。《称》也说:

> 时若可行,亟□勿言;〔时〕若未可,涂其门,毋见其端。②

在最理想的关键时刻尚未到来之前,当韬讳潜隐,“隐于德”,以德守之;一旦时机成熟,《十大经》说,当迅速出击,因为时不可再,机不可失,一旦错失良机,追悔莫及:

---

① 河洛图书出版社:《帛书老子·十大经·兵容》,河洛图书出版社1975年版,第219页。

② 河洛图书出版社:《帛书老子·十大经·称》,河洛图书出版社1975年版,第228页。

圣人当天时，与之皆断；当断不断，反受其乱。①

静作得时，天地与之；静作失时，天地夺之。②

《十大经》并举黄帝战蚩尤为例，说明“时”的关键与重要：当蚩尤乱逆出现时，大臣阉冉告黄帝：“今天下大争，时至矣，后能慎勿争乎？”黄帝于是审慎评估，做了充分准备，然后“出其锵钺，奋其戎兵”，一举灭了蚩尤。值得注意的是，黄老帛书一再称“时”为“天时”，显见帛书作者视“时”为一种自然发展之机，这正是黄老道家的观点。

（二）以备待时，以时兴事

到了《管子》四篇，虽不似商、申、韩之强势，到底也被归为尚实派的法家之作。法家讲时效，《管子》上承姜齐桓公、管仲霸业之遗风，下开田齐东帝与稷下大业，也重视对“时机”的掌握。在《心术下》《白心》乃至《牧民》《霸言》《宙合》中我们都可清楚看到对“时”的重视。《牧民》说：“知时者可以为长。”《宙合》说：

成功之术……必周于德，审于时，时德之遇，事之会也，若合符然，故曰是唯时德之节……圣人之动静开阖，诎

① 河洛图书出版社：《帛书老子·十大经·观》，河洛图书出版社1975年版，第213页。

② 河洛图书出版社：《帛书老子·十大经·姓争》，河洛图书出版社1975年版，第217页。

信涅儒,取与之必因于时也。时则动,不时则静。①

成功的事业需要“时”“德”密切吻合。“德”是从事者本身的内在条件,“时”是外在客观的机宜,两种条件兼备齐全,事情就没有做不成的。因此,圣人的一切言行举止,悉皆因时而为,顺时而动。换言之,成功事业不仅有赖自我内在条件的齐备,外在客观的时机更是决定成败的关键。《霸言》说得更明白:

圣人能辅时,不能违时,知者善谋,不如当时,精时者日少而功多……违时易形,无不败者也。②

时机的关键远比智虑强得多,圣人做事只能顺时、因时,不能违时、逆时,懂得充分掌握时机,才能精简省力地奏功。不因顺时机、错失时机,只有走上衰败一途。将时机对事情成败的决定性,说得肯定而绝对。但所谓“辅时”“因时”“不违时”并不是全然被动地做时间的奴隶,随时间的波浪浮沉,而是因趁时机,乘风破浪,《心术下》说:

圣人之道……与时变而不化,应物而不移,日用之而

① 〔日〕安井衡:《管子纂诂·宙合》,河洛图书出版社1976年版,第4~5页。

② 〔日〕安井衡:《管子纂诂·霸言》,河洛图书出版社1976年版,第11~12页。

不化。①

所谓"不移""不化",都充分说明了在因时顺势作为的过程中,其实仍不失自我积极清明的裁度。换言之,是"我"在观测、审度、驾驭时间,乘载时间以成事,不是时间在凌驾"我",差役"我"。静与做的主权仍操之在"我",《白心》说:

圣人之治也……不可常居也,不可废舍也,随变断事也,知时以为度。②

可见黄老所谓"因",所谓"应而不设",被动而不主动,并不是消极偷惰,放逸闲散,而是严密关切、相时机变、灵动回应。这些都把黄老积极化《老子》雌后哲学的真谛清楚地凸显出来,《山至数》因此说:"王者乘时。"

其实在先秦,慎到也尚"因",在后世所辑佚的《慎子》文献中,知其有《因循》篇。《四库提要》归其为道家转入法家的桥梁,因为它依循道家排除主观、弃己去智的思想精神,彻底地尊重外在客观事物;《庄子·天下》说它无我无主,全然被动,"缘不得已","椎拍輐断,与物宛转"。全然因循外物的结果,"块不失道",认定土块、石块之道都远比吾心之道客观。过度重外

① 〔日〕安井衡:《管子纂诂·心术下》,河洛图书出版社 1976 年版,第12 页。

② 〔日〕安井衡:《管子纂诂·白心》,河洛图书出版社 1976 年版,第 15 页。

遗内，主体弃尽，其“因循”终究变成“若飘风之还”，一任外物，不知所止；其所追寻之道，亦因此而被讥为“死人之道”，而非“生人之道”。其关键就在能“因”而不知“时变”，故无由做妥适之裁量与机动的调适创造。

（三）法与时变，遇合在时

到了秦汉以下，后期黄老文献《吕氏春秋》与《淮南子》中，又不同了。《吕氏春秋》不但有《贵因》《任数》专篇敷论“因”的重要，也有《审时》《首时》专篇阐述“因时”“适时”的重要，又有《遇合》论述人的际遇与时机的密切关系。《不广》说：“智者之举事必因时。”《首时》说：“圣人之所贵唯时。”事情的难易、大小、缓急、利害都不是问题，关键在于“知时”“待时”，准确了解什么时候是适当的切入时机。《首时》说：

> 圣人之见时，若步之与影不可离。故有道之士未遇时，隐匿分窜，勤以待时。①
>
> 天不再与，时不久留，能不两工，事在当之。②

要成功立业，“时”机的准确掌握与切入是关键。

但《吕氏春秋》对于“时”的重视与推阐，更加聚焦于“法”的兴革与人事的遇合问题上，尤其是后者。《察今》说：

---

① 许维遹：《吕氏春秋集释等五书·首时》，鼎文书局1977年版，第552页。

② 许维遹：《吕氏春秋集释等五书·首时》，鼎文书局1977年版，第552页。

世易时移……变法者，因时而化……因时变法者，贤主也……时已徙矣，而法不徙，以此为治，岂不难哉。①

凡先王之法，有要于时也。时不与法俱至……时已与先王之法亏矣……而法之，以此为治，岂不悲哉。②

“法”是处理人事问题的依据，人与事会随着时空条件而改变，“法”的适效性因此也会相应产生变化，必须配合调整，这是“因”；但什么时候调整最适切，则是“时”的问题。各派法家都如此说，这样的观点也为黄老道家所吸收继承，《吕氏春秋》正是这个意思。

“时”的关键性既然是处理人世事物的普遍胜因，则小至个人际遇的穷通，大至社会、国家的治乱安危，都与“时”有关，《长攻》《遇合》专篇讨论这类问题。《遇合》说：

凡遇，合也；时不合，必待合而后行。③

《长攻》说：“凡治乱、存亡、安危、强弱，必有其遇，然后可成。”《吕氏春秋》说，一个人要成功胜出，一个社会、国家的优

---

① 许维遹：《吕氏春秋集释等五书·察今》，鼎文书局1977年版，第669～670页。

② 许维遹：《吕氏春秋集释等五书·察今》，鼎文书局1977年版，第665，668页。

③ 许维遹：《吕氏春秋集释等五书·遇合》，鼎文书局1977年版，第584页。

劣状况,都有一定的机遇、而机遇的到来是时间的自然发展的演变,时间没发展到那个阶段,机遇就不会显现,事情便不会发生。桀纣虽暴虐,汤武未出现前,桀纣不会亡;反之,汤武虽贤圣,桀纣的暴虐不出现,汤武也不王。而汤武贤圣的出现和桀纣暴虐的发展都是"天",都是自然的机运;机运不来,成败事件是不会发生的。这样的说法把黄老审时、因时以致功的积极义弱化了不少。1993 年,上海博物馆购自香港古董店的战国儒简《穷达以时》,亦有类似的思维,它把人的际遇穷通相当无奈地委诸"时"的际遇问题,而充满了无限低回的喟叹。

到了东汉,批判思想大家王充在《论衡》中更写了《逢遇》《适偶》,把人世间诸多因果事件,都看成非因果的适时偶然交错,亦即发生时间点的巧合,完成其适偶的自然论。王充自己说,自己的言论"违儒家之说,合黄、老之义"①。事实上黄老虽重自然,却是呼吁积极审慎地掌握、观察"时机",去兴功立业,并不消极刻板。

但或许是基于黄老的外王崇功宗旨,或许是怕人待时过度,消极偷怠,《吕氏春秋·首时》最后还是提点人"汤遇桀,武遇纣"乃至舜遇尧,虽然是"天",需要"待时""遇时",未"遇时"之前与"遇时"之后截然不同:未"遇时"时,"以其徒属堀地财,取水利,编蒲苇,结罘网,手足胼胝",辛苦备尝;"遇时"之

① 王充说:"夫寒温、谴告、变动、招致,四疑皆已论矣。谴告于天道尤诡,故重论之,论之所以难别也。说合于人事,不入于道意。从道不随事,虽违儒家之说,合黄、老之义也。"(《论衡·自然》,见刘盼遂:《论衡集解》,世界书局 1967 年版,第 371 页。

后,“登为天子,贤士归之,万民誉之,丈夫女子、振振殷殷,无不戴说”。前后状况判若云泥;但“为是故,因不慎其人,不可”。也就是说,遇“时”与否,固然是“天”,是“自然”而无可奈何。然而,一旦有了“天时”,也要人为的努力配合,“汤武修身积善为义”,忧苦于民;舜耕历山、陶河滨、钓雷泽,也都积极努力,才能换得正果。这一说总算回复了黄老积极正向的精神。

（三）时之反侧，间不容息

到了《淮南子》,除了因承前此黄老诸说外,更把黄老转化自《老子》的崇功尚用的积极义淋漓尽致地推阐开来。

它承认“时”机对于决定事物成败的关键性,也认定时机是事物发展的客观规律,是自然的,亦即《吕氏春秋·首时》所谓“天”。但它不朝消极无奈方面去陈述,而从用心观察、积极把握方面去叮嘱和提醒。它说,古来确实有许多“所行同而利害异”,造成穷达不均的案例(《人间训》)。太公、比干同德,太公封,比干剖(《缪称训》),关键当然在“时机”的遇合问题,可见“仕鄙在时不在行”(《齐俗训》)、“逆顺在时”(《人间训》)。但它更关切的是“功所与时成”(《诠言训》)的道理,深切感受到“事周于事则功成,务合于时则名立”(《齐俗训》)。“得在时,不在争;治在道,不在圣。”(《原道训》)成功不能专靠才性与智慧,时机是很重要的因素。但正因如此,才更需审慎地盯准时机,掌握时机,把精力用在该用的关键处,不虚耗不必要的精力,做无谓的争斗,方能精简省力以成事,这是智慧。要之,成功不专恃才干与努力,要在审时应变,把握时机。它更把“时

机”的可贵与难能捉摸铺写得淋漓尽致,它说:

时之至,不可迎而反也,要遮而求合;时之去,不可进而援也。①

时之反侧,间不容息,先之则太过,后之则不逮。夫日回而月周,时不与人游。故圣人不贵尺之璧,而重寸之阴,时难得而易失也。②

时机稍纵即逝不等人,也极难掌握,必须密切关注,一毫不可轻忽。

与此同时,自《管子》《吕览》以来,源自商、韩法家的“法与时变”观点,《淮南子》也有所依承,不但在讨论政治的专章《主术训》中有正面表述,在《泛论训》《齐俗训》中都作了同样的阐述。《齐俗训》说:

世异则事变,时移则俗易。故圣人论世而立法,随时而举事。③

法令是用来管理人事的,人事行为常因时空换转而有所改变,管理人事的“法”也需相应调整,才能适切有效,在因应时

---

① 刘文典:《淮南鸿烈集解·诠言》,文史哲出版社1984年版,第47页。
② 刘文典:《淮南鸿烈集解·原道》,文史哲出版社1984年版,第17页。
③ 刘文典:《淮南鸿烈集解·齐俗》,文史哲出版社1984年版,第69页。

机时,“变”成为不可避免之事。“时”变,事当然需相应以变。“因”“时”“变”往往成为连续事件。《泛论训》说:“圣人法与时变,礼与俗化。”“知法治之所由生,则应时而变。”它们都是和法家一样,承认法令应该同步时空条件,机动调整,才能适切有效。对时机的重视与强调是黄老道家转化《老子》柔后之“道”为积极应世之“术”的新元素。

三、宜、适

无论是立国之初,姜太公体谅境内多元族群不同文化、礼俗、风教所采取的“因其俗而简其礼”策略,还是司马谈提挈黄老道家核心思想的“因时为业,因物与合”,都是基于尊重的原则,希望营造出一种普遍接受的局面,与共存共荣皆大欢喜的结果。这其间洋溢的是宽大的胸襟与温厚的情怀,希望把不方便、不适合的因素降到最低。从“因循”到“时变”之间,有着不断观察、思考、反省、调整、改进的机制,目标都在通向一个人人称适的结果。分寸的拿捏与手法的恰当合宜,是“因”“时”有效与否的关键,较早的马王堆黄老帛书已关切到这个问题了。

(一)刑德相养,文重于武

黄老帛书论证的焦点尽管集中在兵道、政道当因顺天道、文武、顺逆、兴亡、祸福、刑德、刑名等议题上,但在敷论因天道为政道时,不止一次地叮嘱“失当”与否的问题,也一再关切文、武、刑、德的适切调配问题。《经法·国次》说："过极失当，天将灾殃。"《十大经·正乱》说："过极失当，擅制更爽。"最后的下场"视蚩尤共工"，都强调行事的适切不过度，才能无有灾殃。"过极"不过极、"失当"不失当，指的是什么？依《经法》等四篇来看，是文、武、刑、德的实施问题。

> 天有死生之时，国有死生之政。因天之生也以养生，谓之文；因天之杀也以伐死，谓之武：〔文〕武并行，则天下从矣。①
>
> 动静参于天地谓之"文"……因天时，伐天毁谓之武。②

《四度》说：

> 文则明，武则强……文武并立……可以定天下，可安一国。③
>
> 用二文一武者强。④

---

① 河洛图书出版社:《帛书老子·经法·君正》，河洛图书出版社 1975 年版，第 196 页。

② 河洛图书出版社:《帛书老子·经法·论约》，河洛图书出版社 1975 年版，第 200，201 页。

③ 河洛图书出版社:《帛书老子·经法·四度》，河洛图书出版社 1975 年版，第 200 页。

④ 河洛图书出版社:《帛书老子·经法·四度》，河洛图书出版社 1975 年版，第 201 页。

“文”“武”指的是人事,尤其是政治行为配合自然节令的生长、肃杀来运作。自然节候长养之时,下长养之令,施长养之政,行文教,谓之“文”;节候凋零肃杀之际,下肃杀之令,施肃杀之政,行诛伐,谓之“武”。[1]“文”“武”因此是配合节令所调整的各种宽严合度的政治措施。自然节候有生、有杀,政治措施不能独宽不严,或独严不宽,要文教、诛伐并行共施,这叫“天当”——一种自然合宜的成功之理。《论约》说:

> 始于文而卒于武,天地之道也……三时成功,一时刑杀,天地之道也。[2]

自然规律以春生始,冬杀终,叫做“始于文,卒于武”;一年四季中,春、夏、秋三季分主生、长、成,只有冬季主肃杀,因此是三“文”一“武”。自然节令的循环与安排如此,人事政治“因”天道、天时也当如此。按照《论约》说法,先“生”后“杀”,三“生”一“杀”是天理、天道、天当,人政的安排与操作也当三“文”一“武”(《四度》说是“二文一武”),终归是多文教,少诛伐,先文教,后诛伐,才不致“过极失当”。“刑”“德”意思也一

---

① 陈鼓应先生以为,“文”指的是“文教”,“武”指的是“诛伐”。见陈鼓应:《黄帝四经今注今译》,台湾商务印书馆 1995 年版,第 279 页。

② 河洛图书出版社:《帛书老子·经法·论约》,河洛图书出版社 1975 年版,第 206 页。

样。《十大经》说：

> 赢阴布德……宿阳修刑……春夏为德，秋冬为刑。先德后刑以养生……凡谌之极，在刑与德。刑德皇皇，日月相望，以明其当……先德后刑，顺于天。①

《姓争》又重复了一次类似的论述，说：

> 凡谌之极，在刑与德。刑德皇皇，日月相望，以明其当。望失其当，环视其殃。天德皇皇，非刑不行；缪（穆）缪（穆）天刑，非德必倾。刑德相养，逆顺若成。刑晦而德明，刑阴而德阳，刑微而德章。②

二者所说都是同一个道理：政道当从天道中去体悟、提炼。天道阴盈则阳生、德布，阳积则阴生、刑蕴，二者交递衍生。春夏"德"先呈，秋冬"刑"后生，两者轮替相辅，以成岁功。其体现于人事政道上的，也应该是先文教，后诛伐；春作农，夏劝学，秋冬修武备。唯依《观》的说法，似乎只在强调"刑德相养""先德后刑"，对于"刑"与"德"之间的轻重分配并无着墨。《论约》则不同，它把自然节候的"秋"也纳入生、养的"文"中，若基

---

① 河洛图书出版社：《帛书老子·十大经·观》，河洛图书出版社 1975 年版，第 212～213 页。

② 河洛图书出版社：《帛书老子·十大经·姓争》，河洛图书出版社 1975 年版，第 217 页。

于万物“秋”熟成的观点，这样的说法并无不妥。然其目的显然是要论证三“文”一“武”，多“德”少“刑”的比率分配。其于人事上的实践，因此自然是多文教，少诛伐，充分透显了黄老慈惠宽厚之精神。换言之，黄老道家虽务实尚功，也撷取法家积极的元素，却始终不忘在诸多不免对立的人世事物中，力求一个合理的平衡点。这个平衡点，不论是在刑德相养的二分之一处，“二文一武”的三分之二处，还是“三时成功，一时刑杀”的四分之三处，都是指的一个温润宜人的理想点，一个能合适大众的普遍容受点，黄老帛书称之为“当”。落实在政道上就是一个教化优于诛伐的适切点。这种“文”多于“武”，“德”先于“刑”的精神以后在《吕氏春秋》与《淮南子》里，都得到充分的推阐与诠释。

（二）以身先行，令尊于君

这样温润的平衡精神，在稷下之作的《管子》中，充分显现为其对法家苛硬法论的改造。《管子》被列为“尚实派”法家，关键就在它宏大包容，在尚法、重法的理论中多了不少温润的元素。在“法”的尊严下，将统治者与被统治者做了平等考虑。《版法解》说：

> 明君兼爱以亲之，明教顺以道之……兼爱无遗，是谓君心。必先顺教万民乡风，旦暮利之，众乃胜任。①

---

① 〔日〕安井衡：《管子纂诂·版法解》，河洛图书出版社1976年版，第8页。

“明教顺以道之”“顺教万民乡风”就是《经法》《十大经》所说的“文教”与“德恩”，也就是对民心接受度的培成与考虑，因为它关系着法令执行的成效，希望“众乃胜任”。

这样的思维尤其显现在对法令根源与执行的讨论上。商、申、韩都一致认为，法令是官定的，它象征着公权力与人君的尊威，以人君为代表的政府，就是法令的制定、执行与推动者。在法家尊君的前提下，君威与公权力几乎是画等号的。立法的宗旨，固在断是非、持公道，也在维护君权、君威，保障人君的利益。因此，法家尽管强调王子犯法与庶民同罪，却从来不谈人君犯法的问题。《管子》却不同，它不但说“不为爱民亏其法，法爱于民”，也同时说：

明君……置法以自治，立仪以自正也。①

不为君欲变其令，令尊于君。②

法令的尊严高于人君。又说，赏罚如果“信而不行”，那一定是立法、执法者“不以身先之”。在《法法》作者看来，法令的制定，当然来自以人君为代表的官方政府，但其制定，首先是用来管理立法者自己的，人君应该是法令约束的第一对象。《法法》说：“明君……置法以自治，立仪以自正也。”立法者应率先奉循法令，法令的推行才有说服力与公信力，其成效也才能得

① 〔日〕安井衡：《管子纂诂·法法》，河洛图书出版社1976年版，第13页。

② 〔日〕安井衡：《管子纂诂·法法》，河洛图书出版社1976年版，第17页。

到保证,“令胜于身,则禁行于民”。把人君也纳入法令的管辖范围之内,清楚讲明,也彻底宣示了法令的尊严高于人君,法令也管理人君,而不只是管理臣民或维护人君的尊严与权益。这类思维以后到了集黄老思想大成的《淮南子》中,有了更坚定的继承与更进一步的开展,此容后述。

其实,不止法家,各家涉及公共纪律与规章的时候,都一致认定公平、公道的必要性。但黄老道家对于“法”的公道性,有更温厚、适切的界定。

(三)文武有常,政必“和”“适”

承继马王堆黄老帛书的始文终武、重德轻刑说,《吕氏春秋·召类》说:

> 文者爱之征也,武者恶之表也。爱恶循义,文武有常,圣人之元也。①

《适威》说:

> 古之君民者,仁义以治之,爱利以安之,忠信以导之,务除其灾,思致其福。②

---

① 许维遹:《吕氏春秋集释等五书·召类》,鼎文书局 1977 年版,第 949 页。

② 许维遹:《吕氏春秋集释等五书·适威》,鼎文书局 1977 年版,第 896 页。

篇名“适威”，明白显示了其所讨论的是合理的统治权威该如何建立的问题，而依其表述内容来看，指的正是以仁义、爱利、忠信的文教为先导。而不论是《经法》的三文一武，二文一武，还是刑德相养，都在求得一个“恩”“威”相适的范式。《适威》的表述应合了黄老帛书的文武、刑德观。在《大乐》与《适音》篇里，作者更借音乐的“和适”之理，论述了治国的宜适之道。《大乐》说：

声出于和，和出于适。和适，先王定乐由此而生。①

作为移风化俗、治国安邦的“乐”，其形成的基本条件是“适”。《侈乐》说：“音亦有适”，何谓“适”？《适音》说：“衷，音之适也……衷也者适也。”音乐之“适”须是由衷、发乎“衷”，也就是内在本“情”。可见“适”与“衷”都指“乐”内在之“情”的平和妥适。如果“不知乐之情”，“以侈为务”，必然导致过分失当，导致“其民必怨，其生必伤。乐不乐者，失乐之情，其乐不乐”（《侈乐》）。《侈乐》又以养生作喻，说“寒、温、劳、逸、饥、饱”六种状况都不是“适”，善养生就必须：

瞻非适而以之适者也。能以久处其适，则生长矣。②

---

① 许维遹：《吕氏春秋集释等五书·大乐》，鼎文书局 1977 年版，第 208 页。

② 许维遹：《吕氏春秋集释等五书·侈乐》，鼎文书局 1977 年版，第 215 页。

也就是说，眼见各种不理想的生存状况，必须想办法让它理想化，若能使之长久处于理想状况，生命便能久长。这是以乐理喻证治身之道。治国之道，其理相通。乐音放佚失“适”，便当“以之适”，设法调整回来，使之“适”，才是能使人乐的先王正“乐”。《适音》并分析了“以侈为务”之“乐”所以令人“不乐”的因由，乃在“心”之不“和”。可见“失乐之情”，指的是“乐”的放佚失适，导致心不“和”；心不“和”，听乐因此不“乐”，兴不起接受的欲望与欢愉之情。《适音》说：

> 心必和平，然后乐；心必乐，然后耳目鼻口有以欲之，故乐之务在于和心，和心在于行适。夫乐有适，心亦有适。人之情，欲寿而恶夭，欲安而恶危，欲荣而恶辱，欲逸而恶劳。四欲得，四恶除，则心适矣。四欲之得也，在于胜理。①

音乐要纾解人心，必须通解人情，顺乎人情，使人心“和”“适”。而要顺乎人情，和适人心，就必须“胜理”，在人心、人性的需求上，能够适切恰当，不侈、不逸。《适音》说音乐的侈佚是“太钜”“太小”“太清”“太浊”，皆“非适”，只有“衷”才“和”“适”。这不但是乐理、乐道，更是政理、政道。《适音》说：

---

① 许维遹：《吕氏春秋集释等五书·适音》，鼎文书局 1977 年版，第 217 页。

有道之世，观其音而知其俗矣，观其政而知其主矣，故先王必托于音乐以论其教。①

养生之道、定乐之理与治国之道是相通的，定乐之理在“和”“适”，治国之道亦在“和”“适”，因为它们都循“心”以治。前述的二文一武、先德后刑、刑德相养，目的也都在求得一个“和”“适”不“侈”的“当”度。

（四）法出众适，因宜用世

承继马王堆黄老帛书、《管子·法法》《吕氏春秋》以来刑德相养、不违天当、平衡和适的观点，《淮南子》做了整体而全面的推阐，将黄老公平公正与多元尊重的精神发挥到了极致。

首先，对于《管子·法法》纳君入“法”的管辖之下，《淮南子·主术训》不但继承，而且采入儒家“民本”思维，将其做更高度的发挥。《主术训》不但承继《法法》“人君立仪以自正”的观点，说：

人主之立法，先自为检式仪表，令胜于身，则禁行于民。②

---

① 许维遹：《吕氏春秋集释等五书·适音》，鼎文书局1977年版，第220～221页。

② 〔日〕安井衡：管子纂诂·主术》，河洛图书出版社1976年版，第20页。

法者，天下之度量，而人主之准绳也。①

更将法令制定的依据与根源回归到“人心”之需求上，说：

法生于义，义生于众适，众适合于人心。②

法者，非天堕，非地生，发于人间，而反以自正。是故有诸己不非诸人，无诸己不求诸人。③

法令的制定，以人心之需求，所谓“众适”为依归，考虑的也是接受度与执行成效的问题，这就是“因”，因民之所需、所欲去立法。

此外，在《齐俗训》里，《淮南子》更提出一种圆满而周遍的新价值观，作为处理事务的普遍依据。《庄子》有《齐物论》，《淮南子》有《齐俗训》篇，统一不同事物的价值判断。循着《庄子·齐物论》万物平等的基本观点，《齐俗训》说：

飞鸟主巢，狐狸主穴……各乐其安，致其所跖……故以道论者，总而齐之。④

百家之言，指凑相反，其合道一体也。⑤

---

① 〔日〕安井衡：《管子纂诂·主术》，河洛图书出版社1976年版，第19页。
② 〔日〕安井衡：《管子纂诂·主术》，河洛图书出版社1976年版，第20页。
③ 〔日〕安井衡：《管子纂诂·主术》，河洛图书出版社1976年版，第20页。
④ 刘文典：《淮南鸿烈集解·齐俗》，文史哲出版社1984年版，第74页。
⑤ 刘文典：《淮南鸿烈集解·齐俗》，文史哲出版社1984年版，第67页。

万物莫不各有其性,各有其是,处理天下事物,应该站在“道”的较高角度,普遍兼顾,一体重视,相容而并重。它说:

伊尹之兴土功也,修胫者使之跖镢,强脊者使之负土,眇者使之准,伛者使之涂,各有所宜,而人性齐矣。胡人便于马,越人便于舟,异形殊类,易事而悖,失处而贱,得势而贵,圣人总而用之。①

面对歧异殊分的各行各色的人力资源与现实条件,如何统合出一种普遍适用的均衡原则,一直是尚用崇功的黄老学家共同努力的方向。《齐俗训》的作者认为,亦不过就是一个多元尊重的问题。应该普遍认可其各别的价值,使其各自展现功能,以组成一个和谐分工、齐同并进的有机体。它说:

尧之治天下也,舜为司徒,契为司马,禹为司空,后稷为大田师,奚仲为工。其导万民也,水处者渔,山处者木,谷处者牧,陆处者农。地宜其事,事宜其械,械宜其用,用宜其人……各从其所安。②

这就是“因”,让不同人性、人才的个体,各自有其恰当的

---

① 刘文典:《淮南鸿烈集解·齐俗》,文史哲出版社1984年版,第70~71页。
② 刘文典:《淮南鸿烈集解·齐俗》,文史哲出版社1984年版,第58页。

安顿,去充分展现其功能价值。如此,则天下皆安而无不适,这正是黄老承袭前贤《庄子》的“齐物”思维,所开出的“立俗施世”“以道通物”的平宽大道。

结　论

黄老思想源于田齐稷下学宫,重因循、讲时变,力求通过兼糅各家,多元尊重,开展出既普遍适用,又机动灵活、精简省力,能广应大通的治世通则。他以田齐乡先贤——老子的思想为基础,上承姜齐太公以来,尊贤容众、简便平易、崇功尚用的立国风教与文化传统,以及齐国因顺地理条件而发展的渔盐工商产业结构所形成的与时俱进、积极机动的族群性格,下继稷下百余年群英荟萃、华山论剑所蔚成的宏阔气象,酝酿出博采综纳、相容并包,却又不失温润宽厚的学术思潮。

它以《老子》的虚静、自然、柔后、无私等思想元素为基础,糅采法家重时求变、积极进取的精神,与儒家尚德本民的思维有机地结合,转化成为一种尊重客观、顺势发展,却又精简省力、成效圆满的“因”术,灵动且强化了慎到“因循”说的积极性,使之成为一种既自然客观,又沉稳淡定,既能普遍适应,也富创造力的通则。

在其所“因”的各类客观事物中,对“时机”的掌握被列为第一要素。从马王堆黄老帛书对“动”“静”应“天时”,“静”“作”当“时”的强调,与《管子》四篇圣人“精时”“辅时”“知时”“乘时”“不违时”的反复论述,《吕氏春秋》对“法与时变”与“遇合在时”的重视,下至《淮南子》大事铺衍“时”之迅疾切要来看，都可见黄老对“时”的重视。而依《管子·心术下》与《淮南子·齐俗训》的观点，所谓“因”与“时”的被动、等待，并不是消极地接受安排，而是细心、用心的观测，与耐心的等待，希望获得一个可以积极驾驭或挺进的条件与机会，去乘风破浪，大展宏图，甚或旋乾转坤。

黄老之所以尚“因”重“时”，无非在力求一种过程平顺、易入，内容适切、公道，成果普遍可期的成效。从黄老帛书对“过极失当”的再三告诫，对刑德、文武政风的匀称叮嘱，《吕氏春秋》对人心“和适”的重视，《淮南子》“法出众适”“因宜”“用适”新价值观的提出，都可见黄老学术思潮在强权交征，百家争鸣难衷一是的战国时代，如何顺应时代潮流，以《老子》思想为主轴，务要虚纳各家，提炼出一种能应“众适”的均衡、和谐之道之努力；又是如何地萃取姜、田两齐优良的风教与文化，暨姜齐桓公霸业的温厚风华，①滤除霸气，铺垫出一条可以千年万代广应大通的治世坦途。

从前太史公说管仲：

> 下令如流水，令顺民心，故论卑而易行。俗之所欲，因而与之；俗之所否，因而去之。其为教也，善因祸而为福，转败而为功。②

---

① 《论语·宪问》载孔子说：“晋文公谲而不正，齐桓公正而不谲。”［宋］朱熹注：《四书集注》，学海出版社1988年版，第153页。

② ［汉］司马迁撰：《史记·管晏列传》，艺文印书馆据清乾隆武英殿版影印（年代不详），第855页。

管仲不但深谙“因”术三昧，也深知“时变”“用宜”“和适”的道理，多方尊重体谅，一如太公治齐之初的因俗简礼，宽厚包容，把《老子》海纳百川的精神发挥到了极致，终能成就桓公温厚大器而不粗暴嚣张的霸业。

如今我们通过对上述先秦、秦汉间黄老相关文献的了解、分析，可以更清楚地看到，其所呈现的核心思维，正和司马迁所提挈的管仲佐霸精神完全吻合。这不但是黄老思想的主轴精神，也是太公、桓公以来宏博大器齐文化之充分展现，无怪乎在其战国秦汉间能成为百川汇海、广为接受的时代思潮。事实上，它也成为两千年以下中国人治政理务温厚风格的典范。其辐射所及，内圣、外王之理无不周遍照应。本文由于时间、篇幅所限，仅抽绎其外王部分，概说其核心精神；至其“内圣”治身部分之通则，过去已分别论述于拙著先秦各家养生说中，其整体提挈，则待他日专文细说。

试论齐文化在当今公共财政体系构建中的启迪意义

宣兆琦
（山东理工大学齐文化研究院原院长、教授）

建立公共财政体系既是我国社会发展和进步提出的必然要求，又是新时期我国财政改革的重要目标。那么，怎样构建这一财政体系呢？换言之，怎样使公共财政体系的构建工作做得又好又快一些呢？我们认为，借鉴历史经验、吸收传统文化中的智慧是很有必要的。基于这一思考，本文试从以下三个方面探讨齐文化在当今公共财政体系构建中的启迪意义，以之请教于方家。

一、发展经济、增强国力是构建公共财政体系的经济基础

发展经济，广开财源，富国富民是齐文化的重要内容。《管子》认为，治国理财必须善于广开财源，使国家富裕。

《牧民》说:“凡有地牧民者, 务在四时,守在仓廪。国多财则远者来,地辟举则可留处。”《治国》又说:“国富者兵强,兵强者战胜,战胜者地广……此王之道也。”在《管子》看来,发展生产,使国家富裕,不仅能使本国的人民安居乐业,还能吸引远方的人民归顺。

为保证国家的利益和经济的稳定,齐桓公、管仲推行了“官山海”的政策。

所谓“官山海”,就是国家垄断山与海的重要资源盐和铁。盐和铁是人们生活、生产中所必不可少的,在国民经济发展中具有举足轻重的地位和作用。国家掌握、控制盐、铁等山海自然资源,就牢牢地控制国家的经济命脉,甚至可以不用税敛百姓而用度自足。如果将这些关系国计民生的产业完全交给私人经营,则利益必为私人所得,而国家受损。鉴于这种原因,管仲主张国家控制盐、铁等的生产与销售。其具体做法是:

对于盐,实行国家全部专卖和部分专卖两种制度。全部专卖是制、收、销全部由国家经营;部分专卖是收、销由国家负责,而盐由民自制。

对于铁,实行开矿冶铁交由民众,国家根据自然资源属于国有的原则面向生产者征收租税,然后再实行统一收购和销售。

对于森林等其他自然资源,国家也要加以控制。山林之地生产的木材是国家和人民共同所需的,国家要谨守山林、川泽、草莱等自然资源,既能满足人民对木材的需要,又能增加国家的财政收入。

管仲十分重视商品流通的作用。他认为,“聚者有市”,“无市则民乏”。这是因为人民的日常生活必需品都必须依赖于市场交换,没有市场就无法满足人民的需求。他进一步认为,市场又是标示万物价格的场所,所以“市者可以知治乱”。管仲甚至把商贸提高到“御天下之道”的高度来看待。《管子·国蓄》说:“凡将为国,不通于轻重,不可为笼以守民。不能调通民利,不可以语制为大治。”

既然商业贸易在国民经济中具有如此重要的地位,为了富国富民,就必须重视商业贸易的发展。管仲不但重视国内贸易,而且重视对外贸易,因为通过对外贸易,可以调节货物的奇缺,可以解决缺粮地区的粮食问题,可以解决皮、干、筋、角之类的物资收购问题,可以招揽外商、聚集天下的财源,从而为国家谋取收入。

为了发展商业,鼓励贸易,管仲制订了一系列优商惠贾的政策和措施。比如,实行对商业贸易的减税或免税政策。复如,设立驿站,接待过往的外国使节和商人。再如,建设宾馆,为外国商人提供优质优惠的服务。

管仲高度重视货币在经济发展中的重要作用。他主张国家掌握货币的铸造与发行权,然后通过货币的收放来调整主要商品的价格,从而间接影响其他商品的价格。如果国家不注意运用货币进行宏观调控,而听任市场物价的大起大落,暴涨暴跌,将会导致直接损害生产者和消费者的利益,甚至影响人民的生活和社会的安定。

管仲既重视工商经济的发展,也重视农业生产的发展。对此,《管子·治国》说:"昔者,七十九代之君,法制不一,号令不同,然俱王天下者,何也? 必国富而粟多也。夫富国多粟,生于农,故先王贵之。"

众所周知,土地是农业生产的基础和先决条件,是农民赖以为生的根本。正因如此,土地是关乎民生、关乎政事、关乎整个社会的大问题。因此,管仲的农业改革首先从土地制度切入。

当时,齐国土地存在的最大问题是井田的疆界遭到了破坏,农民占有土地出现了不均,农民实际占有土地与田簿登记土地严重不符,并由此带来田税征收不公,因而影响了国家的财政收入。

为了解决上述问题,管仲毅然推行了"均田""授田"制度。所谓"均田",就是《管子》中所说的"井田畴均",又叫做"均田分力"。均,就是公平折算;力,就是致力于农事。它是在重新丈量、规划土地疆界的前提下,根据土质的好坏,公平合理地折算后,把土地直接分给农民耕种,又称为"授田"。这种"授田",除了把"私田""份田"以及新开垦的田地分给农民外,还把一部分"公田"分给新增农户。

土地问题解决后,管仲又推行了"相地而衰征"的新租税制。

所谓"相地",就是观测、评定土地,以区分土地的肥瘠优劣;所谓"衰征",就是以土地等级而征收不同额度的赋税。

在管仲改革之前,土地不分好坏,一律按田亩征收同等税额,很不公平,不仅挫伤了农民的生产积极性,同时也给国家的税收带来困难。因此,管仲推行这一新的税收制度。新税制的税收标准和征收措施是依据具体情况而定的,在一定程度上是合理的。

农业生产有着与其他行业不同的特点,即季节性强。另外,农业生产还具有产出率低的特点。依据这两个特点,齐国统治者采取了“勿夺农时”“赋役有度”的政策,以保证农业生产的正常进行和农民的生产积极性。

管仲还进一步提出,为了配合农民适时播种,国家要在春耕到来之际准备好各种农耕器具,以供贫穷农户租借,即所谓“力出于民,而用出于上”,以帮助贫困农户进行春耕生产,并且要向农民发放贷款,确保春耕的顺利进行。

为了保证不误农时,使百姓安心农业生产,管仲强调,国家还必须对采伐山林、下水捕鱼等做出规定,颁布禁令。《管子·八观》中说:山林虽广,草木生长虽好,封禁开发必须有定时;国虽富裕,金玉虽多,宫室兴建必须有节制;江海虽宽,池泽虽大,鱼鳖虽多,捕鱼之业必须有官管理,船网之民不可只依靠单一财路来维持生活。这并不是对草木、鱼鳖有偏爱,而是怕人民荒废了粮食的生产。所以说,先王限制上山采伐、下水捕鱼的活动,为的就是使人民专务农业生产。

高度发达的经济为齐国争霸称雄提供了坚实的物质基础。

齐国的历史经验充分说明:经济是财政的基础,一个国家的财政状况如何,最终要取决于这个国家的经济发展和政治状况。同时,财政活动本身也是国家政权活动的一个重要方面,是国家推动经济发展和社会进步的重要手段。因此,要想建立

21世纪中国特色的公共财政体系,必须坚持以经济建设为中心。正如胡锦涛同志《在纪念党的十一届三中全会召开三十周年大会上的讲话》中所说,"离开经济建设这个中心,社会主义社会一切发展和进步就会失去物质基础"。发展经济、增强国力是构建公共财政体系的经济基础,这是齐文化给予今人的又一重要启迪。

二、立党为公、执政为民是构建公共财政体系的思想基础

商代的最高统治者王自称"余一人",或"予一人"。在商王看来:国即家,家即国,天下是他一人的天下,君权神授,天经地义。

针对商王家天下的思想,姜太公第一次提出了天下为公的思想。这无疑喊出了时代进步的强音。对此,《六韬·文韬·文师》中有十分详细的记载:"文王曰:'树敛何若而天下归之?'太公曰:'天下非一人之天下,乃天下之天下也。同天下之利者则得天下,擅天下之利者则失天下。天有时,地有财,能与人共之者,仁也;仁之所在,天下归之。免人之死,解人之难,救人之患,济人之急者,德也;德之所在,天下归之。与人同忧同乐,同好同恶,义也;义之所在,天下赴之。凡人恶死而乐生,好德而归利,能生利者,道也;道之所在,天下归之。'文王再拜曰:'允哉,敢不受天之诏命乎!'乃载与俱归,立为师。"文义是:姬昌问姜太公,用什么方法凝聚人心,才能使天下人归顺?

姜太公说：天下不是一人一家的天下，而是天下人所共有的天下。能和天下人共享天下之利的，就可得天下；而独占天下之利的，就必定失天下。天有四时以生长万物，地有山海财富之积，能和天下人共有天地福利的，才称得上仁爱；行施仁爱的，就得天下人归顺。免除人的死亡，排解人的困难，拯救人的祸患，扶济人的危急，才称得上施行恩德；善于施行恩德的，就得天下人归顺。能和天下人同忧、同乐、同好、同恶的，才称得上行义；能行义的，就会使天下人归附。人无不厌惧死亡而乐于生存，欢迎给予德惠并获得利益；能保障人的生存平安，满足人的利益需要，才称得上有道；凡治国安民有道的，就必得天下人归顺。

天下为公思想的深层基础是民本思想。

先秦时期，民本思想的出现开启了我国文化史上的一个新时代。

民本思想的首倡者是管仲，对这一思想的深刻论述保存在《管子》一书中。

《管子》认为，民是国家的基石，是争霸天下的根本。对此，《君臣下》说："国之所以为国者，民体以为国。"《霸言》说："夫霸王之所始也，以人为本。"《霸形》说："齐国百姓，公（齐桓公）之本也。"《小匡》说："士、农、工、商四民者，国之石民也。"所谓石民，也就是基础、根基之民。可见，"以人为本"的"人"，指的是士、农、工、商等普通百姓。

为什么人的地位在《管子》书中受到这般重视？

首先，《管子》认为，人的生命是高天厚土赐予的，理应受到尊重,这是民本思想的哲学基础。《内业》说:“人之生也,天出其精,地出其形,合此以为人。”在天、地、人中,《管子》甚至把人放在天的地位视之,把人比作天。《说苑·建本》记载了这样一个故事:一天,“(齐)桓公问管仲曰:‘王者何贵?’曰:‘贵天。’桓公仰而视天。管仲曰:‘所谓天者,非苍苍莽莽之天也,君人者以百姓为天。’”

其次,《管子》认为,民既然是国家的根本,那么国家的治与乱、兴与亡都取决于民心向背,取决于统治者和国家的政策是否得到民的拥护和支持,取决于民是否得到应有的地位和权利。民安则国安,民治则国治;民乱则国乱,民危则国危。这是民本思想的政治学基础。对此,《霸言》说:“以人为本,本治则国固,本乱则国危。”《说苑·建本》载:“管仲曰:‘百姓与之则安,辅之则强,非之则危,背之则亡。《诗》曰:人而无良,相怨一方。民怨其上,不遂亡者,未之有也。’”反之,如果不以人为“本”,则“小者兵挫而地削,大者身死而国亡”(《五辅》)。

再次,《管子》认为,既然民是公室和君主的立足之本,那么,公室是否安然,君主的统治是否稳固,民将起着至关重要的作用,这是民本思想的社会学基础。对此,《五辅》说:作为一个英明的治国者,“所以取明名广誉,厚功大业显于天下,不忘于后世,非得人者,未之尝闻”。而“暴王所以失国家,危社稷,覆宗庙,灭于天下,非失人者,未之尝闻”。因而,《管子》认为:“争天下者,必先争人。”(《霸言》)并进一步认为:“一年之计莫如树谷,十年之计莫如树木,终身之计莫如树人,一树一获者,谷也。一树十获者,木也。一树百获者,人也。”(《权修》)

管仲以一树所获为喻,说明了人的地位的重要。更具体地说,管子认识到了人在社会生产中的重大作用。

把民本思想应用到国家管理中去,这就使我国古代管理思想发生了一次深刻的革命。因为,此前,国家的统治者从不把民当作人看待,而以民为本的国家管理思想的基础是重视人的价值、尊严、需要和情感。这一新的国家管理思想和模式势必要求统治者至少做到以下诸项:

一是爱民。《管子》认为,管理国家"始于爱民"。何谓爱民?《管子》说:公修公族,家修家族,使他们的事业互相联系,俸禄互相补充,人民就相亲了。宽放旧罪,救助旧宗,为无后者立嗣,人口就增殖了。减少刑罚,薄收赋税,人民就富裕了。各乡选用贤士,使之施教于国,人民就有礼了。出令不改,人民就务正了。这就是爱民之道。(《小匡》)管子进一步认为,爱民而无偏私叫做"德",合乎众民所宜叫做"道"。(《正》)

二是富民。《管子》认为,"善为国者,必先富民"(《治国》)。那么,怎样才能富民呢?重农方可富民。《五辅》说:"明王之务,在于强本事,去无用,然后民可使富。"君主掌握财源,不扰民方可富民。《禁藏》说:善治国者,掌握住利源之所在,人民就自然羡慕而心向往之;无需推动,他们也会前进;无需引导,他们也会跟从;不烦不扰,人民就会富裕。这就像鸟孵卵一样,不见其形,不闻其声,小鸟就破巢而出了。

《管子》进一步提出了藏富于民的主张。《权修》说:"野不积草,农事先也;府不积货,藏于民也。"不可否认的是,《管子》主张富民不是目的,只是管理国家的手段。《治国》开宗明义说:“凡治国之道,必先富民,民富则易治也,民贫则难治也。奚以知其然也?民富则安乡重家,安乡重家则敬上畏罪,敬上畏罪则易治也。民贫则危乡轻家,危乡轻家则敢凌上犯禁,凌上犯禁则难治也。故治国常富,而乱国必贫。是以善为国者,必先富民。”这又表现出《管子》的富民思想具有很大的时代局限性。

三是利民。《管子》认为,人之常情,见利没有不追求的,见害没有不躲避的。商人做买卖,一天赶两天的路,夜以继日,千里迢迢而不以为远,是因为利在市场;渔人下海,迎风冒险,航行百里,昼夜踏波逐浪,是因为利在水中。所以,利之所在,即使有千仞的高山,人们也要爬;即使有万丈的深渊,人们也愿下。(《禁藏》)根据人的这一自然本性,神农氏教民耕作、生产粮食,以利人民;大禹亲身疏浚河道、铲高就低,以利人民;商汤王和周武王征伐无道、诛杀暴君,以利人民。他们的行动虽然有所不同,但有利于人民则是共同的。所以说“万事之任也,异起而同归,古今一也”(《形势解》)。因此,爱护人民,生育人民,教养人民,化育人民,做有利于人民的事情而不居功自傲,天下人都亲之、爱之,这就是有德的表现。(《正》)也是管理国家的良方。

四是顺民。《管子》认为,政令所以推行,在于顺应民心;政令所以废弛,在于违背民心。人民怕忧劳,我便使他安乐;人民怕贫贱,我便使他富贵;人民怕危难,我便使他安定;人民怕灭绝,我便使他生育繁息。满足了上述四种人民的愿望,疏远的也会亲近;强行上述四种人民厌恶的事情,亲近的也会叛离。

(《牧民》)因此,顺民心、合民意是管理国家的法宝。

五是赢得民心。《管子》认为,管理国家的根本所在是:掌握天时叫做“经”,赢得民心叫做“纪”,法令好比网罟的大纲,官吏好比网和罟,居民的什伍编制好比军队的行列,赏罚好比进退的金鼓。(《禁藏》)其明显突出了民心向背在管理国家中的重要作用。那么怎样才能赢得民心呢? 只能靠爱民、富民、利民、顺民,因为,“刑罚不足以畏其意,杀戮不足以服其心”(《牧民》)。

管子的民本思想,的确为我国的文化史和古代管理思想史谱写了光辉的一页,这是值得我们民族引为骄傲和自豪的一页。

党的十七大报告指出,科学发展观第一要义是发展,核心是以人为本。因此,深入贯彻落实科学发展观,必须坚持以人为本。全心全意为人民服务是党的根本宗旨,党的一切奋斗和工作都是为了造福人民。要始终把实现好、维护好、发展好最广大人民的根本利益作为党和国家一切工作的出发点和落脚点,尊重人民主体地位,发挥人民首创精神,保障人民各项权益,走共同富裕道路,促进人的全面发展,做到发展为了人民、发展依靠人民、发展成果由人民共享。胡锦涛同志《在纪念党的十一届三中全会召开三十周年大会上的讲话》中再次指出,“我们把人民拥护不拥护、赞成不赞成、高兴不高兴、答应不答应作为制定各项方针政策的出发点和落脚点……我们坚持全心全意为人民服务的根本宗旨,坚持立党为公、执政为民”。由此可知,立党为公、执政为民是构建公共财政体系的思想基础,这是齐文化给予今人的又一重要启迪。

三、全面小康、社会和谐是构建公共财政体系的目的所在

建设和谐社会是齐人所追求的国家管理目标。

“和谐”一词最早出现于《管子》。该书《兵法》篇说：“畜之以道则民和，养之以德，则民合，和合故能谐，谐故能辑，谐辑以悉，莫之能伤。”意思是说，用“道”养民，人民就能和睦；用“德”养民，人民就能团结。和睦团结就能协调，协调就能一致，协调一致就无敌于天下了。《立政》说：“令则行，禁则止，宪之所及，俗之所被，如百体之从心，政之所期也。”意思是说，有令则行，有禁则止。凡是法令和风俗所影响到的地方，就像四肢百体和内心一样和谐，这才是行政所期望的最高目标。

《管子》的和谐思想还有更深层次的思考。老子说，道生一，一生二，二生三，三生万物。这里只是说出了道至万物的派生现象，却没有说出派生的原因和原理，这不能不说是老子留下的遗憾。老子的遗憾被《管子》弥补了。《管子》认为只有人事与天道相互协调，天地间的美好事物才会产生出来。(《五行》)不仅如此，《管子》进一步认为，人也是天地精华和谐结合后产生出来的新生命，并且人的寿命也决定于和谐状态。对此，《内业》说：“凡人之生也，天出其精，地出其形，合此以为人。和乃生，不和不生。察和之道，其精不见，其徵不丑。平正擅匈，论治在心，此以长寿。”意思是说，人的生命，是由天给他

精气，地给他形体，两者和谐地结合产生出来的。两者和谐地结合就有生命，反之，不和谐结合就没有生命。考察“和”的规律，它的真实情况是不可能看得见的，它表现出来的征象是不能类比的。但能使平和中正占据胸怀，融化在心里，就是长寿的根源。

《管子》把和谐生万物的哲学思想推演到政治学中去，便产生了和谐国家、和谐社会的建设和管理哲学思想。

《管子》认为，只有和谐，国家才能安定，政令才能贯彻，社会才能长治久安。对此，《形势解》说：“君臣亲，上下和，万民辑，故主有令则民行之，上有禁则民不犯。君臣不亲，上下不和，万民不辑，故令则不行，禁则不止。故曰：‘上下不和，令乃不行。’”《四称》说：“外内均和，诸侯臣服，国家安宁，不用兵革。”《五辅》说：“和调乃能处安，处安然后动威，动威乃可以战胜而守固。”《白心》说：“和则能久。”《度地》说：“天地和调，日有长久。”

那么，怎样才能使国家达致和谐呢？《管子》认为特殊的情况还得需要特殊的方法处理。于是，从国家管理的角度出发，在特定的背景下，《管子》设计了“四民分业定居”的国家管理模式。具体做法是：

士人相聚而居，居于宁静之地。士人闲时父与父言义，子与子言孝，事君者言敬，长者言爱，幼者言悌。朝夕从事于此，以教其子弟。

农民相聚而居，居于田野。农民依照四季，安排农具，置备器械。在天气还冷的时候，就修整土地，农时到来耕耘播种。

在降雨之前就铲除杂草，等待时雨。时雨一来，就带上各种农具，早晚在地里干活。这时，农人脱下常服，头戴草笠，身披蓑衣，露出发肤，一身泥水，竭尽四肢之力，从事农作。

工匠相聚而居，居于官府附近。工匠们察看好的木材，考虑四时的活路，分辨质量优劣，安排各种用具。在评定等级、审计规格、裁断器物的时候，无不注意是否齐全和精致。这样，工匠们之间，互相谈论工事，展示成品，比赛技巧，提高工艺水平。

商人相聚而居，居于市场。商贾们观察年景丰歉，了解国内外情况，掌握四时需要，注意本乡货物，预测市场价格。他们负任担荷，赶牛驾马，周游四方；料定物质多寡，估计商品贵贱，以其所有，易其所无，贱买贵卖。所以，雉羽和旄尾一类的珍品，不必远集而自至；竹箭一类的产品，国内就有富余。奇怪的商品经常运来，珍异的东西也有储备。他们互相谈论赢利，互相告知商机，互相陈说物价知识。

士、农、工、商这些不同职业的人们，各自从事特定的工作，并以之教育子弟，他们从小就习惯了这种生活，思想安定，不会见异思迁。因此，父兄的教导，不严格也能教好；子弟的本领，不劳苦也能学会。所以士人的子弟世代为士人，农民的子弟世代为农民，工匠的子弟世代为工匠，商贾的子弟世代为商贾。（《管子·小匡》）

这一国家管理模式的问世，稳定了当时人们的身份、地位和社会等级结构，对安定国家起到了积极的作用。

可见，《管子》追求的是建设和谐国家的远大目标，为了实现这一目标提出的相关国家管理主张是非常深邃的。

总而言之,齐文化拥有丰富的内涵,今之公共财政是一个全面、完整的体系,齐文化的精神对今天的公共财政体系建设具有良多启示。诸如发展经济、增强国力是构建公共财政体系的经济基础,立党为公、执政为民是构建公共财政体系的思想基础,全面小康、社会和谐是构建公共财政体系的目的……凡此,都是齐文化在当今公共财政体系构建中的主要启迪意义。

论齐学的超地域性

——以《管子》为中心

苗润田
（山东大学哲学与社会发展学院教授）

齐国在先秦是一个伟大的国家，这不仅因为它曾经有过辽阔的疆域，春秋首霸、战国七雄之一的辉煌，更重要的是它曾经是举世无双的文化大国。气势恢宏、色彩斑斓、内容丰富的齐国文化，是中国历史博物馆中的一颗璀璨明珠，但它并不只是一件鲜艳夺目的展品，其中蕴含着超地域、超越它曾经辉煌的那个时代的文化精神和文化力量，特别是其中的学术思想具有不可忽视的超地域性和超时代性，具有巨大的普适意义和普世价值。

一

"齐学"即齐国的学术思想。齐国的学术思想是中国古代学术思想的源泉之一，在整个先秦学术史上居于主干地位，是先秦学术思想中主要的组成部分。

齐学孕育于西周之初,成熟于春秋时代,昌盛于战国时期,在长期的传承、拓展、嬗变、演进中发展到极致。自姜太公封疆营丘始建齐国起,就揭开了齐学发展的历史。姜太公"举贤尚功""因俗简礼""通商工之业,便渔盐之利"的立国之策,为齐学的发展奠定了坚实的基础。春秋时期,经过管仲、晏婴、孙武等人的补充、修正、发展,齐学已具有丰富的思想内容和完备的理论体系,形成了举贤尚功、礼法兼重、刑德相养、王霸一体、农工商并举、义利兼顾的思想传统。由于它在学术思想领域实行了一种早期民主原则,使它具有涵容性、开放性、进取与求实、改革与创新的思想特征。进入战国时代,以淳于髡、驺衍、田骈、尹文、荀子等为代表的稷下学者,在新的社会历史条件下,各自从不同的方面继承和发展了已有的学术思想,使齐学得以发扬光大。

齐学是由姜尚思想、管晏之学、孙武孙膑兵法、稷下学等许多不同思想理论体系构成的庞大的学术思想系统。它汇集了道、法、儒、墨、刑名、阴阳五行、兵家、方技、术数、方士等诸家之学,孕育了足以代表先秦军事理论水平的兵学、先秦道家重要流派的黄老学派、先秦阴阳五行学派的集大成者驺衍、先秦哲学的集大成者荀况等一批先秦思想史上著名的学术流派和学术巨匠,产生了《孙子兵法》《管子》《黄老帛书》《孙膑兵法》《晏子春秋》《荀子》等一大批内容丰富、理论价值极高的学术著作。就学术思想内容的丰富性、深刻性、系统性来看,都是当时其他封国望尘莫及的。一部齐国学术史,几乎可以说也就是一部先秦学术思想史。齐学中的政治、经济、军事、哲学、道德伦理等优秀的思想内容，是中华传统文化、中国智慧的重要组成部分。

二

齐学虽然是齐国的学术思想，具有鲜明的地域特色和时代意义，但它又具有超地域性、超时代性，具有非常丰富的普适性的思想内容。

首先，齐学所涉及的问题具有超地域性和超时代性。齐学所涉及的问题非常广泛，以现代学科分类看，其中既有政治、经济、法律、军事、外交、哲学、道德伦理、教育、文学艺术、社会学、民俗学、心理学、宗教学等社会科学方面的问题，也有天文、历法、地理、建筑、医学、农学、物理、数学、冶金等自然科学方面的问题。从先秦学术派别所关注的问题看，其中既有道家所关心的问题（如道、天道、人道、道法、有为与无为等）、儒家所关心的问题（礼法、王霸、义利、心性等），也有墨家所关心的问题（俭与奢、战争与和平等）、法家所关心的问题（法律的起源、本质、作用以及法律同社会经济、时代要求、国家政权、伦理道德、风俗习惯、自然环境以及人口、人性的关系等）、兵家所关心的问题（如何对待战争、战争的策略与战术、军民关系、军政关系、将帅的选拔、治军的方式与方法等），更有名家所关心的问题（名实、同异等）、阴阳五行学派所关心的问题（阴阳五行与人的生产和生活的关系、阴阳五行与王朝的兴废及社会历史发展的关系）。这些问题几乎可以说都是当时的社会精英们普遍关注的问题，而非只是齐国学者、齐地学者所关心的问题，也不只是那个时代所独有的问题，比如社会的治与乱、战争与和平、生产与消费、天道与人道、礼与法、王与霸、义与利、心与身、善与恶、情与欲、荣与辱、法律与人情、人治与法治、君与臣、君与民、公与私、取与予、名与实、同与异，等等，都是一些带有超地域性和超时代性的社会问题，差别只是不同地域、不同时代的社会精英对这些问题的关注度不同而已。

《管子》一书是齐学的经典著作，其中既有地域性、时代性的思想内容，更有超地域、超时代性的思想内容。《牧民》篇所讨论的如何“牧民”问题，《形势》篇所讨论的天道与人道、得道与失道、古与今的关系等问题。《权修》篇关于国力、民力与权力的关系问题，《立政》篇关于人君治国理政的用人原则和政策，[①]经济方面应该注意解决的主要问题，[②]政令的颁布与实施问题，[③]官吏是否尽职尽责的检查问题，[④]器服制度问题，[⑤]思

① “三本”：“一曰德不当其位，二曰功不当其禄，三曰能不当其官。此三本者，治乱之原也。”“四固”：“一曰大德不至仁，不可以授国柄。二曰见贤不能让，不可与尊位。三曰罚避亲贵，不可使主兵。四曰不好本事，不务地利而轻赋敛，不可与都邑。此四务者，安危之本也。”

② “五事”：“一曰山泽不救于火，草木不殖成，国之贫也。二曰沟渎不遂于隘，障水不安其藏，国之贫也。三曰桑麻不殖于野，五谷不宜其地，国之贫也。四曰六畜不育于家，瓜瓠荤菜百果不备具，国之贫也。五曰工事竞于刻镂，女事繁于文章，国之贫也。”

③ “首宪”“首事”。“首宪”是指国君于岁首颁布法令。“正月之朔，百吏在朝，君乃出令，布宪于国。”“首事”即首要之事：“凡将举事，令必先出，曰事将为，其赏罚之数必先明之。”

④ “省官”：检查官吏是否尽职尽责。

⑤ “服制”：按身份等级规定的器服制度。“度爵而制服，量禄而用财。饮食有量，衣服有制，宫室有度，六畜人徒有数，舟车陈器有禁。”

想意识形态的管控问题,[1]以及如何观察治国成效问题。[2]《乘马》篇关于如何营建都城、如何为政、如何安排爵位、如何调控市场等关乎国计民生的重大问题,以及所关涉的君道与臣道、有道与无道、有为与无为、王与霸、阴与阳、损与益、侈与俭、智与愚等。《七法》篇所讨论治国、治军的基本原则问题,《版法》篇关于人君治国理政的重大原则,《兵法》篇的军事理论,《轻重》篇所讨论的财政、经济与国家控制市场问题,等等,所有这些问题不仅是齐国的当政者所要关注的,它同时也是其他国家、其他时代的当政者所必须关注的问题。可以毫不夸张地说,《管子》的每篇文章所讨论的问题都具有超地域、超时代性。

其次,齐学所阐发的思想具有超地域性和超时代性。《管子·牧民》有言:“国有四维,一维绝则倾,二维绝则危,三维绝则覆,四维绝则灭。倾可正也,危可安也,覆可起也,灭不可复错也。何谓四维?一曰礼,二曰义,三曰廉,四曰耻。礼不逾节,义不自进,廉不蔽恶,耻不从枉。故不逾节则上位安,不自进则民无巧诈,不蔽恶则行自全,不从枉则邪事不生。”在作者看来,礼、义、廉、耻是关系一个国家存亡的关键之所在,不独齐国如此,其他国家同样“四维不张,国乃灭亡”。这种“四维”论既是对过往历史经验教训的理论总结,是一种反思理论,同时

① “九败”:败坏国家安定的九种异端邪说,它们是“寝兵”“兼爱”“全生”“私议自贵”“群徒比周”“金玉货财”“观乐玩好”“请谒任举”“谄谀饰过”之说。

② “七观”:观察治国成效的七个方面。

也是对现实社会治理问题的理论说明,是一种指导性、前瞻性的理论。历史上,尽管有人对此提出质疑,但不可否认的是,任何当政者都不能忽视礼、义、廉、耻在国家治理中的重大作用。与之相类似,《牧民》又说:“政之所兴,在顺民心;政之所废,在逆民心。民恶忧劳,我佚乐之;民恶贫贱,我富贵之;民恶危坠,我存安之;民恶灭绝,我生育之。能佚乐之,则民为之忧劳;能富贵之,则民为之贫贱;能存安之,则民为之危坠;能生育之,则民为之灭绝。”政令所以能推行,在于顺应民心;政令所以废弛,在于违背民心。基于同样的理由,孟子说:“得天下有道,得其民,斯得天下矣。得其民有道,得其心,斯得民矣。得其心有道,所欲与之聚之,所恶勿施,尔也。”(《孟子·离娄上》)要想获得整个天下的办法只有一个,那就是获得民众的支持;要获得民众的支持最好的办法就是赢得民心;赢得民心的根本途径是最大限度地满足民众的物质和精神需要。显然,无论是政令的推行还是谋求号令天下,都不能与民心、民意相悖逆,这是对有权阶级的提点和忠告。《牧民》说:“仓廪实则知礼节,衣食足则知荣辱。”百姓的粮仓充足,丰衣足食,才能顾及礼仪,也才能在人际交往中懂得遵守社会规范,重视荣誉和耻辱。这种看法显然并不仅仅对《牧民》作者所处时代具有理论和实践价值,对于其他时代的社会生活,对于人们正确认识和处理精神生活与物质生活的关系,也具有普遍的指导意义。这种普遍地适用于同类对象或事物的性质也就是本文所说的“普适性”。

《管子·形势》篇关于“道往者,其人莫来;道来者,其人莫往”(失道者,人民不肯来投;得道者,人民不肯离去),关于“欲王天下而失天之道,天下不可得而王也。得天之道。其事若自然。失天之道,虽立不安”的天道与人道关系论,关于“天不变其常,地不易其则,春秋冬夏不更其节,古今一也”“疑今者察之古,不知来者视之往……万事之任也,异趣而同归,古今一也”的古今同理论等,对人们的认识和实践活动具有普遍的指导意义。《权修》篇说:“地博而国贫者,野不辟也;民众而兵弱者,民无取也。故末产不禁则野不辟;赏罚不信则民无取。野不辟,民无取,外不可以应敌,内不可以固守,故曰:有万乘之号而无千乘之用,而求权之无轻,不可得也。”这里分析、说明了国家贫穷、兵力薄弱的原因,提出辟荒野、“禁末产”(禁止奢侈品产业)、严赏罚的解决之道。“欲为天下者,必重用其国。欲为其国者,必重用其民。欲为其民者,必重尽其民力。”“地之生财有时,民之用力有倦,而人君之欲无穷。以有时与有倦,养无穷之君,而度量不生于其间,则上下相疾也。是以臣有弑其君,子有杀其父者矣。故取于民有度,用之有止,国虽小必安。取于民无度,用之不止,国虽大必危。”(《权修》)这种既要“尽其民力”又“取民有度”的思想对任何国家都具有提点、警示意义,它是超地域、超时代的。《权修》篇论述的“一年之计莫如树谷,十年之计莫如树木,终身之计莫如树人”的人才理论,既说明了人才培养的长期性、艰巨性,也说明了人才培养的重大意义。《海王》篇讲的是如何充分利用齐国滨海的资源优势成就王业的问题,看起来具有很强的地域性和时代性特点,尽管如此,其中所蕴含的因地制宜思想对其他国家也是适用的,从而也具有一定的普适意义。《管子》中类似这种具有超地域、超时代性的思想内容不胜枚举,这里不一一列举。

第三,齐学的兼容性充分体现了它的超地域性。《管子·牧民》说:“毋曰不同生(姓),远者不听;毋曰不同乡,远者不行;毋曰不同国,远者不从。如地如天,何私何亲,如日如月,唯君之节。”不要因为不同姓,不听取外姓人的意见;不要因为不同乡,不采纳外乡人的办法;诸侯国不要因为不同国度,而不听从别国人的主张。像天地对待万物,没有什么偏私偏爱,像日月普照一切,才算得上君主的气度。正是这种宽容、开放的心态以及各种适宜的思想文化政策,齐国吸引了诸侯列国的许多政治家、思想家。先秦诸子百家都可以这样或那样活跃在齐国的学术舞台上,在齐国学术史上都获得了自己的一席之地。而在《管子》《晏子春秋》等最具代表意义的齐学著作中,也就融会了诸子百家之学思想精华的学术内容,从而体现出齐学的超地域性。

第四,齐学的影响是超地域和超时代的。齐学是先秦学术思想的重要源泉之一。姜太公的兵权与奇计为先秦兵学的思想渊源。孙武、孙膑兵法为中国古代军事科学的发展提供了坚实基础,是世界军事理论宝库中的重要组成部分,其影响力是世界性的。管仲的政治思想、经济思想、军事思想,晏婴的无神论思想、和同思想、义利思想、廉政思想,都深刻地影响了春秋战国时期及后代的思想界。孔子对管、晏都给予了极高的评价。值得一提的是,晏婴实际上也是名家的先驱者之一,他关于“和与同异”的和同论实开名家“同异”之辩的先河，[①]与后世辩者“将以明是非之分，审治乱之纪，明同异之处，察名实之理，处利害，决嫌疑。焉摹略万物之然。论求群言之比，以名举实，以辞抒意，以说出故，以类取，以类予。有诸己不非诸人；无诸己不求诸人”(《墨子·小取》)的论辩宗旨相一致。《晏子春秋·杂下》所述：“婴闻之：橘生淮南则为橘，生于淮北则为枳，叶徒相似，其实味不同，所以然者何？水土异也。”对橘因生存环境的差异而出现“味不同”、称谓有别现象的说明，也带有“别同异”的名学意味。晏子作为齐国的政治家、思想家、外交家，其辩名析理的超强论辩能力和方法对后来名辩思潮的兴起产生重大影响是无可怀疑的。战国时期的稷下学宫，诸子荟萃，百家云集；通过长期的百家争鸣，稷下学者的理论创造和学术建树不仅极大地丰富了齐国学术思想的内容，而且也使齐学得到广泛传播，从而促进了整个战国时代的思想解放和文化繁

① 《左传·昭公二十年》：(齐) 侯至自田，晏子待于遄台，子犹驰而造焉。公曰：“唯据与我和夫！”晏子对曰：“据亦同也，焉得为和?”公曰：“和与同异乎?”对曰：“异。和如羹焉，水、火、醯、醢、盐、梅，以烹鱼肉，燀之以薪。宰夫和之，齐之以味，济其不及，以泄其过。君子食之，以平其心。君臣亦然。君所谓可，而有否焉，臣献其可，以成其可；君所谓否，而有可焉，臣献其可，以去其否。是以政平而不干，民无争心。故《诗》曰：‘亦有和羹，既戒既平。鬷嘏无言。时靡有争。’先王之济五味，和五声也，以平其心，成其政也。声亦如味，一气、二体、三类、四物、五声、六律、七音、八风、九歌，以相成也；清浊、小大、短长、疾徐、哀乐、刚柔、迟速、高下、出入、周疏，以相济也。君子听之，以平其心。心平，德和。故《诗》曰：‘德音不瑕。’今据不然。君所谓可，据亦曰可；君所谓否，据亦曰否。若以水济水。谁能食之？若琴瑟之一专，谁能听之？同之不可也如是。”

荣，推动了先秦学术思想的发展。秦、汉以降，齐国的法治思想、道法理论（黄老思想）、阴阳五行之学、轻重之术、经学见识等都曾给社会需要以极大的满足，给当时的社会生活以深刻的影响。此后，齐学以其顽强的生命力，对历代的政治、经济、军事、民俗等各个层次和层面都产生了广泛而深远的影响，对民族精神、性格和心理的塑造发挥了不可估量的作用。

三

齐学的超地域性和超时代性使它在当今时代仍然具有现代意义和价值。因此，我们看到许多当代学者着力阐发《管子》治国理政思想的现代意义、《管子》经济理论的现代价值、《管子》法律思想的现代意义、《管子》农学思想的现代价值，以及《孙子兵法》的现代意义等诸多关于齐学现代价值的论著。其所以如此，根源于它所涉及问题的超地域、超时代性，它包含着许多人生和社会常理、常道，是人类认识和实践经验的总结，是人类文明、人类智慧的结晶，具有不可忽视的普适意义和普世价值。

齐学是历史的产物，自有其地域性、时代性、历史性。孟子有言："物之不齐，物之情也。"（《孟子·滕文公上》）世界上的事物千差万别，这是万物存在的实情。不同国家、不同地域、不同历史境遇下的人们，都有各种各样的问题，这也是客观的实情。齐国有齐国的问题，鲁国有鲁国的问题，秦、楚、燕、赵、魏、韩等诸侯国均有自己不同于他国的社会问题；大国有大国的问题，小国有小国的问题；强国有强国的问题，弱国有弱国的问题;内陆国家有自己的问题,沿海国家有沿海国家的问题;古代社会有古代社会的问题,现代社会有现代社会的问题。古代的思想家、理论家,都是面对他们那个时代的问题,为了解决他们那个时代的矛盾而提出自己的思想主张和理论学说的,因而其思想、理论不可避免地具有地域性、时代性和历史的局限性。齐学是活跃于齐国学术舞台上的思想家、理论家们在特定历史环境、境遇下以特有的话语形式来面对和思考他们那个时代的问题,表达他们的思想主张、解决之道的,它必然具有自己的地域性、时代性和历史局限性。这是毋庸讳言的。

不过,这只是问题的一个方面。《管子》有云:“万事之生也,异趣而同归,古今一也。”(《形势》)万事万物的性质、途径虽有不同,但总是同归一理,从古到今都是一样的。这也就是说,异中有同,变中有常,千差万别的事物有其共同性、一致性。古代与现代、历史与未来是如此,不同国家、不同地域、不同历史境遇下的人们都有一些共同性、普遍性的问题,诸如生老病死、衣食住行、物质生活与精神追求、战争与和平、荣与辱、痛苦与欢乐……虽然这些问题在不同国家、不同地域、不同时代具有非常不同的内容和表现形式,但无论生活在哪个国家、地域,是古代、现代或是将来,它们都普遍存在,都是人们无法回避、应当面对和必须面对的问题。不同时代、不同历史境遇下的人们对人类所共同面对的矛盾和问题的认识与思考,为此所提出的各种解决方法、措施、理论,既具有具体性、历史性,又具有一定的普遍性和超时代性。即使是那些在后人看来是错误的认识,它也并非全是人类精神的垃圾,仍具有一定的思想价值,因为它可以为人们正确认识那些问题提供必要的思想数据，而人们对于客观事物及其规律的正确认识更具有超时代的价值，包含着恒久、恒常的生命力。人类对自然的认识是如此，对社会的认识是如此，对自身的认识也是如此。自然科学中各种定理、规律的发现是如此，人文社会科学中各种原理、规律的发现也是如此。从这个意义上说，任何基于人类共同面对的问题与矛盾而形成的思想、理论都有其普遍的和超时空价值的一面。

荀子把那种“古今异情，其以治乱者异道”的说法称之为“妄人”之言，认为完全是无知而胡言乱语。在他看来，“圣人者，以己度者也。故以人度人，以情度情，以类度类，以说度功，以道观尽，古今一度也。类不悖，虽久同理”(《荀子·非相》)，只要是同类而不互相违背的事物，即使相隔久远，它们的道理还是相同的。因此，智者可以以人度人，以情度情，以类度类。稷下先生田骈曾以“变化应求而皆有章，因性任物而莫不宜当”的“道术”谏说齐宣王，齐宣王不想听他的虚玄之论，很恳切地提出：“寡人所有者，齐国也，愿闻齐国之政。”(《吕氏春秋·执一》)希望田骈不要说那些抽象、玄虚的理论，谈点治理天下、国家的具体问题。田骈则认为，他的说辞虽然没有涉及治国理政的具体方略，但指明了治国理政的根本原则和方法：只要充分认识和把握万物变化应和的内在规律，根据事物的本性来使用万物，就没有不适当的。《管子》的“万事之生也，异趣而同归”论、荀子的“类不悖，虽久同理”论、田骈的“变化应求而皆有章”论，都强调了事物的异中之同、多样性的同一性。正是基于这一认识，而使他们对“牧民”“治国”“形势”“立政”

“君臣”“心术”“修身”“轻重”“兵法”等问题的理论获得了超越的意义。质言之,问题的普遍性奠定了思想超越性、普适性的理论基础;齐学充分论及了不同国家、不同地域、不同历史境遇下人们所面对的一些普遍性问题,并为人们正确认识、处理这些问题提供了必要的、充分的理论指导,因而才有可能使之具有超越性、普适性的意义。齐学所揭示的政治原则、经济法则、战争规律、道德准则、人生价值理论等,在今天仍然能够满足人们的精神需求,对人们的认识和实践活动具有重要的指导意义,从而充分显现了它的现代价值和生命力。

《汉书·艺文志》《管子》入道家辨

巩曰国
(山东理工大学齐文化研究院教授)

《管子》在《汉书·艺文志》中列道家,《隋书·经籍志》列为法家之首,此后公私书目多依其例。也有的将《管子》列入杂家,如宋代尤袤《遂初堂书目》。严可均、梁启超、吕思勉、韦政通以及潘俊杰等也认为《管子》应属杂家。近些年来,有学者提出,《管子》的主导思想为"齐法家",如张岱年、胡家聪、白奚等;还有学者认为《管子》不属于任何一家,如王德敏、宣兆琦、尹清忠等。[①] 实际上,考诸汉代学术背景,《汉书·艺文志》将《管子》列入道家是完全合理的。后人不明道家的发展流变,不明汉代学者对道家的认识,由此产生种种异说。

一、汉代学者对道家的认识

《汉书·艺文志》分先秦汉代诸子为儒、道、阴阳、法、名、

① 各家所论,详见论文第三部分。

墨、纵横、杂、农、小说十家,《管子》入道家。欲明《汉书·艺文志》何以将《管子》归入道家,需明汉代学者对道家的认识。

《汉书·艺文志·诸子略》所列道家著作共三十七种,李零将其分为六类。第一类道家排头书五种:《伊尹》五十一篇、《太公》二百三十七篇(包括《谋》八十一篇、《言》七十一篇、《兵》八十五篇)、《辛甲》二十九篇、《鬻子》二十二篇、《筦(管)子》八十六篇。第二类《老子》书四种:《老子邻氏经传》四篇、《老子傅氏经说》三十七篇、《老子徐氏经说》六篇、《刘向说老子》四篇。第三类先秦道家书十五种:《文子》九篇、《蜎子》十三篇、《关尹子》九篇、《庄子》五十二篇、《列子》八篇、《老成子》十八篇、《长卢子》九篇、《王狄子》一篇、《公子牟》四篇、《田子》二十五篇、《老莱子》十六篇、《黔娄子》四篇、《宫孙子》二篇、《鹖冠子》一篇、《周训》十四篇。第四类黄帝书五种:《黄帝四经》四篇、《黄帝铭》六篇、《黄帝君臣》十篇、《杂黄帝》五十八篇、《力牧》二十二篇(力牧为黄帝相)。第五类其他道家书七种:《孙子》十六篇、《捷子》二篇、《曹羽》二篇、《郎中婴齐》十二篇、《臣君子》二篇、《郑长者》一篇、《楚子》三篇。第六类道家杂著一种:《道家言》二篇。①

长期以来,我们以老庄为道家正宗,但《汉书·艺文志》所收道家著作中,老庄著作所占比例并不很大,而且也不是主流。道家小序云:"道家者流,盖出于史官,历记成败存亡祸福古今

① 李零:《兰台万卷——读〈汉书·艺文志〉》,生活·读书·新知三联书店2011年版,第84~92页。

之道，然后知秉要执本，清虚以自守，卑弱以自持，此君人南面之术也……及放者为之，则欲绝去礼学，兼弃仁义，曰独任清虚可以为治。”①这里说的“放者”，无疑当是庄子，《史记·老子韩非列传》云：“庄子散道德，放论。”②而“绝去礼学，兼弃仁义”也是老子的一贯主张。《汉书·艺文志》中，老庄不是道家的主流，道家的主流是“知秉要执本”的“君人南面之术”，包括《管子》在内的道家排头书五种以及其他诸多道家著作。

《汉书·艺文志》文辞简约，司马迁《史记·太史公自序》中保存的司马谈的《论六家要旨》，可以帮助我们更好地了解汉代学者心目中的道家。《论六家要旨》中，司马谈对阴阳、儒、墨、名、法五家多有批评，对道家则无一微词，最为推崇，所论也最为详细。他说：

> 道家使人精神专一，动合无形，赡足万物。其为术也，因阴阳之大顺，采儒墨之善，撮名法之要，与时迁移，应物变化，立俗施事，无所不宜，指约而易操，事少而功多。儒者则不然。以为人主天下之仪表也，主倡而臣和，主先而臣随。如此则主劳而臣逸。至于大道之要，去健羡，绌聪明，释此而任术。夫神大用则竭，形大劳则敝。形神骚动，欲与天地长久，非所闻也。
>
> ……

① ［汉］班固撰：《汉书》，中华书局1962年版，第1732页。
② ［汉］司马迁撰：《史记》，中华书局1982年版，第2156页。

道家无为,又曰无不为,其实易行,其辞难知。其术以虚无为本,以因循为用。无成埶,无常形,故能究万物之情。不为物先,不为物后,故能为万物主。有法无法,因时为业;有度无度,因物与合。故曰"圣人不朽,时变是守。虚者道之常也,因者君之纲"也。群臣并至,使各自明也。其实中其声者谓之端,实不中其声者谓之窾。窾言不听,奸乃不生,贤不肖自分,白黑乃形。在所欲用耳,何事不成。乃合大道,混混冥冥。光耀天下,复反无名。凡人所生者神也,所托者形也。神大用则竭,形大劳则敝,形神离则死。死者不可复生,离者不可复反,故圣人重之。由是观之,神者生之本也,形者生之具也。不先定其神,而曰"我有以治天下",何由哉?①

《史记》等汉代文献中,道家往往与黄老混用,如《史记·魏其武安侯列传》:"太后好黄老之言,而魏其、武安、赵绾、王臧等务隆推儒术,贬道家言,是以窦太后滋不说魏其等。"②再如《史记·礼书》:"孝文好道家之学。"③而《风俗通义·正失》载刘向云:"文帝本修黄老之言,不甚好儒术。"④在这里,"黄老之言""道家言""道家之学"是一回事。司马谈

① [汉]司马迁撰:《史记》,中华书局1982年版,第3289,3292页。
② [汉]司马迁撰:《史记》,中华书局1982年版,第2843页。
③ [汉]司马迁撰:《史记》,中华书局1982年版,第1160页。
④ [汉]应劭撰,王利器校注:《风俗通义校注》,中华书局2010年版,第96页。

《论六家要旨》所讲的道家,实际上也就是黄老。熊铁基说:“提出道家的是司马谈的《论六家要指》,或曰‘道家’或曰‘道德家’,他所概括的特点主要是黄老道家。”①

汉代初年,黄老之学非常兴盛。在官方,汉文帝、汉景帝、窦太后、刘德、曹参、陈平、张良、汲黯、郑当时、直不疑等,皆奉行黄老治国;在民间,盖公、邓当、王生、黄子、杨王孙、安丘望之等,皆传习黄老之术。司马谈曾“习道论于黄子”,向黄子学习黄老之道,深得道家(黄老)精髓,故能在《论六家要旨》中畅叙其旨。所以,《论六家要旨》是我们了解汉代特别是西汉时期道家面貌的钥匙,正如张舜徽所说:“必由此入门,而后能窥见道家之阃奥。”②

根据《论六家要指》,我们可以看到,司马谈所说的道家(黄老)与老庄道家有很大不同。它以老子思想为基础,而又有很大发展。其一,以“道”为基础,由“道”而“术”,将老子高深的理论发展成一种具有现实操作性的君主乐于接受和运用的“君人南面之术”。其二,以“无为”为基础,发展为君道无为,臣道有为,反对儒家“主劳臣逸”,主张君逸臣劳。其三,以“虚无”为基础,发展为因循天道人情,顺应时变,“与时迁移,应物变化”,“圣人不朽,时变是守”。其四,兼综百家,吸收阴阳家、儒家、墨家、名家、法家各家之长,“因阴阳之大顺,采儒墨之善,撮名法之要”,更具有社会适应性。这种道家可称作“新道家”或“黄老道家”,是汉代道家的主流。裘锡圭说:“西汉时代流行的道家思想,或

---

① 熊铁基:《秦汉新道家》,上海人民出版社 2001 年版,第 11 页。
② 张舜徽:《周秦道论发微》,中华书局 1982 年版,第 309 页。

者说当时道家思想的主流，不是后人所熟悉的老庄一派的思想（实际上老和庄也有很大的差异），而是一种以道、法为主，兼包阴阳、儒、墨等家思想的庞杂体系。”①

二、《管子》的思想体系

《管子》在先秦诸子中堪称巨帙，其思想内容非常丰富，按现代学科划分，它涉及政治、经济、军事、哲学、法律、管理、教育以及自然科学等方面的内容；以传统学派而论，它包含有儒家、道家、法家、兵家、阴阳家、农家、名家等派的学说。《管子》思想内容虽然复杂，但并非杂凑之作，它有一个统一的思想体系。张岱年指出：“《管子》书虽然比较庞杂，但是也有一贯的中心思想”，“《管子》书表面上类似‘杂家’，而其主要部分事实上是自成一家”。② 厉以平说：“《管子》体系是多元外观与整体性的统一”，“《管子》从横向看是一个以道家学说为核心，以法儒杂糅的政治经济学说为主体，并由阴阳、兵、农诸家的若干论点缘饰而成的多元一体思想体系”。③

---

① 裘锡圭：《马王堆〈老子〉甲乙本卷前后佚书与“道法家”——兼论〈心术上〉〈白心〉为慎到田骈学派作品》，见裘锡圭著《文史丛稿》，上海远东出版社1996年版。

② 张岱年：《中国哲学史史料学》，生活·读书·新知三联书店1982年版，第46,47页。

③ 厉以平：《〈管子〉体系及经济思想》，香港大学出版印务公司1987年版，第1页。

《管子》思想体系以道论为理论基础。《管子》的《心术上》《心术下》《白心》《内业》被称作"《管子》四篇",是公认的稷下道家代表作;其他各篇,也多处论"道"。在《管子》中,道是客观的存在,"道在天地之间也,其大无外,其小无内"(《心术上》)。道是万物的本源,"凡道无根无茎,无叶无荣。万物以生,万物以成,命之曰道"(《内业》)。道是礼、法的基础,"礼出乎义,义出乎理,理因乎宜者也","事督乎法,法出乎权,权出乎道"(《心术上》)。道是需遵循的规律,"小取焉则小得福,大取焉则大得福,尽行之而天下服"(《白心》),"得天之道,其事若自然;失天之道,虽立不安"(《形势》)。道是君主的统御之术,"心之在体,君之位也;九窍之有职,官之分也……上离其道,下失其事。毋代马走,使尽其力;毋代鸟飞,使弊其羽翼;毋先物动,以观其则。动则失位,静乃自得"(《心术上》)。《管子》道论与老子道论有密切关系。胡家聪指出,《管子》的"经言"各篇"渗透着老子道家思想"。[①] 陈鼓应曾举出《管子》引用《老子》的重要概念和文句三十一例。[②]《管子》道论来自老子,而又有所发展。张岱年说:"《管子》书中的道论,受老子的影响,是对老子道论的改造。"[③]《管子》认为"礼"与"法"都是"道"派生出来的,将以法治国和以德治国融入以道治国,是对老子道论的发展和修正。

---

① 胡家聪:《管子新探》,中国社会科学出版社 2003 年版,第 10 页。

② 陈鼓应:《中国哲学的创始者——老子新论》,中华书局 2015 年版,第 221 ~ 225 页。

③ 张岱年:《中国古典哲学概念范畴要论》,中华书局 2017 年版,第 31 页。

《管子》思想体系融会吸收了诸子各家思想的精华。《牧民》篇讲礼义廉耻,国之四维,"四维不张,国乃灭亡",此为儒家之言。《任法》篇讲"法者,天下之至道也,圣君之宝用也",《明法》讲"威不两错,政不二门。以法治国,则举错而已",此为法家之言。《兵法》篇讲"至善不战,其次一之","善者之为兵也,使敌若据虚,若抟景",此为兵家之言。《枢言》篇讲"有名则治,无名则乱。治者以其名",《心术上》篇讲"姑形以形,以形务名,督言正名,故曰圣人",此为名家之言。《地员》篇专论土壤与物产,《度地》篇专论水利,是古代农家的重要文献。《幼官》《四时》《五行》《轻重己》等篇,以"五行配物"为基本原理,要求统治者"务时而寄政",实现了阴阳说与五行说的融合。正如戴濬所说:"其书并蓄兼包,举凡九流之奥义,兵书、术数、医家之要旨,靡不道及……诚百家之总汇,子部之渊薮。"①

《管子》吸收各家思想,并不是将各家简单拼凑在一起,"杂盛于一篮",②而是围绕着富国安民的目标将各家思想融为一体。刘蔚华说:"熟读《管子》,细细品味,不难发现其中虽有道、法、儒、名、兵、农、阴阳各家的思想要素,但又不同于典型意义上的各家,而是有所交汇、贯通、结合和变形的一种思想体系。"这一思想体系是为了"服务于力兴霸业的需要"。③ 刘向

---

① 戴濬:《管子学案》,学林出版社 1994 年版,第 123 页。

② 郭沫若:《管子集校叙录》,见郭沫若编辑出版委员会编《郭沫若全集·历史编》第五卷,人民出版社 1984 年版,第 18 页。

③ 刘蔚华:《管子研究·序》,见赵宗正、王德敏编《管子研究》第一辑,山东人民出版社 1987 年版。

在《管子叙录》里说《管子》“务富国安民,道约言要”,正是抓住了《管子》思想的本质。

《管子》思想体系以“融通”为基本特征。融通表现为顺因。“不慕古,不留今,与时变,与俗化”(《正世》),是顺因时事;“政治所兴,在顺民心;政之所废,在逆民心”(《牧民》),是顺因人情。融通也表现为包容。《管子》强调法治但不排斥德治与礼治,重视军事但又主张至善不战,经济上农工商并举,消费观上侈俭相济,价值观上义利并重,思想上多元一体,都是包容的体现。“海不辞水,故能成其大;山不辞土石,故能成其高”(《形势解》),是《管子》包容精神的集中写照。

《管子》的思想体系形成与《管子》的成书背景有直接关系。《管子》的成书问题历来多有争议。近些年来,随着研究的深入,《管子》一书的思想导源于管仲,《管子》的大部分篇章产生于战国时期齐国的稷下学宫,已成为学界的共识。管仲是一位实践政治家,他“不修小节而耻功名不显于天下”,“与俗同好恶”,“善因祸而为福,转败而为功”。[①]《管子》思想体系富国安民的目标和“融通”的特征,均与此有关。稷下学宫是战国诸子百家争鸣的中心,这使得《管子》的作者们能够利用各派大师云集的有利条件,吸收融会各家思想的精华,为齐国统治者提供现实可行的治国理政学说。胡家聪说,《管子》书是稷下“‘百家争鸣’的投影”,“其思想内涵具有综合性、系统性特征:法家、道家、儒家、阴阳家、名家、农家、轻重家等思想学

① [汉]司马迁撰:《史记》,中华书局1982年版,第2132,2133页。

说，相互影响，互补趋同”，“体现着稷下学百家争鸣的开放性、现实性的特点及其互补、趋同、创新的规律性”。①

三、《管子》是黄老道家的代表著作

《管子》全书有一个统一的思想体系，这一体系以道论为理论基础，以富国安民为目标，吸收儒、法、兵、名、农、阴阳各家思想精华，顺应时变人情，融会众家学说。司马谈说道家：“其为术也，因阴阳之大顺，采儒墨之善，撮名法之要，与时迁移，应物变化，立俗施事，无所不宜。”《管子》与之完全符合。《汉书·艺文志》系删节刘歆《七略》而成，《七略》又来自刘向的《别录》。刘向的父亲刘德“少修黄老术，有智略”②，刘向、刘歆传承家学，深明汉代道家主旨。班固依刘向、刘歆之例，在《汉书·艺文志》中将《管子》列入道家，是完全合适的。张舜徽说：“今观《管子》书中，多言无为之理，详于人君南面之术，班《志》列之于道家，即以此耳。”③

汉代道家，黄老是主流。黄老是与老庄并列的道家重要派别。清人魏源在《老子本义序》中说：“有黄老之学，有老庄之学。”④郭沫若《稷下黄老学派的批判》、蒙文通《略论黄老学》

---

① 胡家聪：《管子新探》，中国社会科学出版社 2003 年版，第 439 页。
② ［汉］班固撰：《汉书》，中华书局 1962 年版，第 1927 页。
③ 张舜徽：《汉书艺文志通释》，湖北教育出版社 1990 年版，第 132 页。
④ ［清］魏源撰，魏源全集编辑委员会编：《魏源全集》（十二），岳麓书社 2011 年版，第 202 页。

对黄老学的形成、发展及特点有深入发掘。1973 年,长沙马王堆汉墓出土了一批黄老学佚书,包括《老子》乙本卷前的《经法》《十大经》《称》《道原》和《老子》甲本卷后的《九主》。其中《经法》等四篇,唐兰认为是《汉书·艺文志》道家类的《黄帝四经》,尤为引人注目。这些出土文献为我们全面了解黄老的特征及地位提供了最直接的文献资料,也让我们对道家的发展演变有了更清晰的认识。熊铁基说:"自老子之死后,道别为二,有黄老道家,有老庄道家。"①陈鼓应说得更为具体:"道家思想由老子创立之后,进一步有两条思想发展的路线,其一是庄子学派在心灵境界层面对老子思想的承继与发挥;其次则是黄老学派侧重现实社会层面的关注,而将老子的道论结合形名、法术等内容以展现出新的思想面貌。"黄老学说起源于何处,目前学界尚有不同意见。不过黄老学发展成熟于稷下,则是大家的共识。黄老学派在稷下诸子争鸣中占主导地位,《管子》形成于稷下学宫,是黄老道家的代表性著作。李学勤说:"今传本《管子》一书,学者常以为内容驳杂,仔细考虑尚有其脉理可寻……齐国追随于管子之后的学者,在不同时期受了一些学派的影响,特别是黄老道家一派的作用甚大,致使《管子》在《汉书·艺文志》列入道家。"②

魏晋时期,玄学兴起,人们崇尚老庄。老庄成为人们心中道家的正宗,而黄老著作大量亡佚,逐渐淡出了人们的视野。

---

① 熊铁基:《秦汉新道家》,上海人民出版社 2001 年版,第 27 页。

② 李学勤:《多采的古代地区文化》,载《文史知识》1989 年第 3 期。

正如熊铁基所说："（汉人）所尊奉的又主要是黄老道家，有意无意地忽略了庄子。魏晋以后，又不怎么提黄老了，而以老庄道家作为道家的正宗。"①老庄重在形而上的道，《管子》属于黄老道家，重在形而下的术，二者旨趣不同。魏晋以后，人们心中的道家只有老庄一派，以老庄衡量《管子》，《管子》自然难以归入道家。《韩非子·五蠹》说："今境内之人皆言治，藏商、管之法者家有之。"②《韩非子》中，"商、管之法"与"孙、吴之书"对举，"商、管之法"即商鞅、管仲学派的著作。后人不明此义，看到"商、管之法"，又加以《管子》书中多论法言论，就以管仲和商鞅并为法家代表人物。刘劭《人物志》："建法立制，强国富人，是谓法家，管仲、商鞅是也。"③南朝梁代阮孝绪著《七录》，将《管子》列入法家。④《隋书·经籍志》列《管子》为法家之首，当沿袭《七录》。后世历代书目因之。

《管子》虽然多法家言论，但同时也吸收了其他诸家的思想，呈现出复杂的面貌。清人陈澧认为，《管子》书中有"法家语""名家之言""老子之说""告子之说""农家者流"，"一家之

---

① 熊铁基：《秦汉新道家》，上海人民出版社 2001 年版，第 15 ~ 16 页。

② ［清］王先慎撰，钟哲点校：《韩非子集解》，中华书局 1998 年版，第 451 页。

③ ［三国］刘劭著，王水枝注：《人物志》，黄山书社 2010 年版，第 29 页。

④ 《史记·管晏列传》张守节《正义》引《七略》云："《管子》十八篇，在法家。"姚振宗、章太炎等学者指出，"《七略》"当为"《七录》"，"十八篇"当为"十八卷"，《史记正义》所引《七略》云"《管子》十八篇，在法家"，实为《七录》云"《管子》十八卷，在法家"。详见章太炎《七略别录佚文征》、姚振宗《七略佚文叙》。

书,而有五家之学”。[①] 宋代尤袤的《遂初堂书目》将《管子》归入杂家,正是着眼于此。严可均说:“《七略》,《管子》在‘法家’,引见《史记·管晏传》正义。隋、唐《志》已下,著录皆同,惟《汉志》在‘道家’。余观《内业篇》,盖《参同契》所自出,实是道家。余篇则儒家、阴阳家、法家、名家、农家、兵家,无所不赅。今若改入杂家,尚为允当。”[②]吕思勉说:“此书错杂特甚,与其隶之道法,毋宁称为杂家。”[③]梁启超说:“其中一小部分当为春秋末年传说,其大部分则战国至汉初递为增益,一种无系统的类书而已。《志》以入道家,殆因《心术》《内业》等篇其语有近老、庄者。阮孝绪《七录》以入法家,《史记》本传正义引。《隋志》《唐志》以下皆因之,实则援《吕氏春秋》例入杂家,或较适耳。”[④]韦政通说:“《管子》一书,《汉志》列入道家,其实也是一部典型杂家的书,陈澧所谓‘管子一家之书,而有五家之学’是。”[⑤]潘俊杰说:“只有先秦杂家才能概括《管子》全书。”[⑥]前文已论,《管子》内容虽然涉及各家各派,但有着统一的思想体

① [清]陈澧著,钟旭元、魏达纯校点:《东塾读书记》,上海古籍出版社 2012 年版,第 220 页。

② [清]严可均著,孙宝点校:《严可均集》,浙江古籍出版社 2013 年版,第 268 页。

③ 吕思勉:《经子解题》,华东师范大学出版社 1995 年版,第 151 页。

④ 梁启超:《〈汉书·艺文志·诸子略〉考释》,见王承略、刘心明主编《二十五史艺文经籍志考补萃编》第五卷,清华大学出版社 2012 年版,第 287 页。

⑤ 韦政通:《中国哲学辞典》,吉林出版集团有限责任公司 2009 年版,第 297 页。

⑥ 潘俊杰:《〈管子〉为杂家著作考》,载《管子学刊》2007 年第 3 期。

系。将《管子》归入杂家者，只看到了《管子》内容复杂的一面。他们如果看到《管子》有着多元一体的思想体系，明了黄老道家"因阴阳之大顺，采儒墨之善，撮名法之要"的特点，自然会认可《汉书·艺文志》的归类。

《管子》书中虽然多有论法的言论，但其主张与商鞅、韩非等法家又有明显不同；《管子》书内容虽然复杂，但又有其主导思想。所以有人提出"齐法家"的概念。张岱年说："《管子》学说是'齐法家'的学说，有别于'三晋法家'。"①又说："《管子》书包容虽广，但实以齐法家政治思想为主导。齐法家以'法、术'思想为主，兼综'道、儒'等家学说。"②胡家聪也认为《管子》"以齐法家政治思想为主导"，齐法家具有"法、道、儒融合的特色"，"它吸收了道家、儒家学说与法家学说融为一体"。③白奚说："《管子》书中的法家思想人们习惯上称之为'齐法家'，它同作为法家主流的三晋法家有两点明显不同：第一，它吸收了流行于齐国已久的道家思想，用道家哲理论说法家政治，为法治找到了形而上学的依据，从而以其较强的理论性而有别于刀笔式的三晋法家。第二，它受到了来自近邻邹鲁之地的儒、墨等思想影响，吸收了它们的长处，论证了礼法并用的必要性，从而以其较为温和的面目而有别于冷冰冰、阴森森的三

① 张岱年：《〈管子〉学说的历史价值》，载《管子学刊》1987年创刊号。

② 张岱年：《管子新探·序》，见胡家聪著《管子新探》，中国社会科学出版社2003年版。

③ 胡家聪：《管子新探》，中国社会科学出版社2003年版，第439～440页。

晋法家。”①以上各家注意到了《管子》法家思想与三晋法家思想的不同,注意到了《管子》思想的兼容性,比起将《管子》简单归入法家或说成杂家,无疑更为合理一些。但是,“齐法家”的落脚点还是法家,它可以作为今天我们解读《管子》的一个视角,揆诸道家发展历史与汉代的学术背景,我们就会发现有明显的隔膜。

说《管子》不属于任何一家,是基于《管子》思想的复杂性与兼容性。王德敏说:“《管子》乃是古代统治者经纬国家、治理人民的大经大法之集成,是以管仲为代表的谋略家治国实践经验的全面总结,是一部经邦治国的百科全书”,“像这样一部涉及方方面面的治理国家的百科全书,绝非一人一时之作,也不是先秦‘六家’或‘九流十家’中任何各执一端的学术派别能够写得出来的,它只能是继承和发展管仲经略理论的管仲学派历经几百年相继完成的”。② 宣兆琦也说:“(《管子》)兼容百家为一家,融合各派为一派,此非九流十家者可比。”宣兆琦还认为,“《管子》产生于九流十家之前”,“不宜以九流十家划分之标准硬性规范之”。③ 兼综百家是黄老道家的突出特点,以《管子》思想的复杂、兼容否定其学派归属是不应该的,因为“兼容百家为一家”,正是其应该归入道家的理由。以“《管子》

---

① 白奚:《稷下学研究——中国古代的思想自由与百家争鸣》,生活·读书·新知三联书店 1998 年版,第 219 ~ 220 页。

② 王德敏、刘斌等:《管子十日谈》,安徽文艺出版社 1997 年版,第 16 页。

③ 宣兆琦、王雁:《〈管子〉三论》,载《管子学刊》2002 年第 2 期。尹清忠与宣兆琦所论大致相同,见尹清忠:《论〈管子〉的学派归属》,载《中共济南市委党校学报》2009 年第 2 期。

产生于九流十家之前”论证《管子》不属于九流十家中的任何一家,也是不成立的。“九流十家”是刘向、刘歆父子在整理皇家图书的基础上对先秦诸子百家做出的总结分类。《管子》与《老子》《墨子》《庄子》等同在刘向、刘歆的学术视野之内,不论它的产生年代多早,都不能排除在九流十家之外。

余　论

目录之学,在于“辨章学术,考镜源流”。《汉书·艺文志》是古代目录的经典之作,是研究古代学术思想特别是先秦学术思想最重要的门径和桥梁,其中的诸子略分诸子为九流十家,为我们提供了先秦汉代诸子学的基本图景。近世以来,有人对《汉书·艺文志》提出质疑,试图推翻或抛弃九流十家的学派划分。胡适曾宣称自己“根本就不承认司马谈把古代思想分作‘六家’的办法”,“至于刘向、刘歆父子分的‘九流’,我当然更不认承了”,并说“这样推翻‘六家’‘九流’的旧说,而直接回到可靠的史料,依据史料重新寻出古代思想的渊源流变”。[①] 李锐认为,司马谈的“六家”、刘歆的“九流十家”,这些描述、这些把握先秦乃至秦汉时期思想界的基础话语,“实际上给我们的研究工作带来了巨大的混乱”,并提出“期望跳出‘九流’这个虚构的历史构建,在今后的学术史、思想史、哲学史描述中,探索新的写法”。[②] 否定九流十家者,往往指责九流十家学派划

---

① 胡适:《〈中国古代哲学史〉台北版自记》,见姜义华主编《胡适学术文集·中国哲学史》,中华书局1991年版,第6~7页。

② 李锐:《战国秦汉时期的学派问题研究》,北京师范大学出版社2011年版,第3,41页。

分的不合理，但有些指责实际是不应该的，如《管子》的学派归属，《汉书·艺文志》归入道家，遭到后人的批评。但分析《管子》的思想体系，考察汉代的学术背景，我们会发现，《汉书·艺文志》将《管子》列为道家是完全合理的。后人不明了道家的发展演变，不清楚汉代的学术背景，以后世对道家的理解衡量《管子》，而指责《汉书·艺文志》学派归属不合理，这是很不应该的。同时我们还应该看到，抛弃九流十家去研究先秦秦汉思想史，我们将会无所适从。只有解构而没有建构，各家的师承关系将很难理清，先秦秦汉学术会成为一盘散沙。因此，古代学术研究，不能抛开《汉书·艺文志》。正如梁启超所说："生百世之后而欲研治先秦道术之遗文，观其流别，则其粲然之迹，固未有能逾本志者，此则五尺童子所同认也。"①

① 梁启超：《〈汉书艺文志诸子略〉考释·序》，见王承略、刘心明主编《二十五史艺文经籍志考补萃编》第五卷，清华大学出版社2012年版，第272页。

《礼记·月令》与"齐学"的关系
——《礼记·月令》的作者与成篇时代再探讨

丁　鼎
（中国孔子研究院"尼山学者"特聘专家，山东师范大学
齐鲁文化研究院教授、博士生导师）

《月令》是《礼记》第六篇。本篇依一年四季十二月为序，逐月记载每月的天文、气象和物候特征，以及每月所主之神，天子所宜的居处、车马、衣服、饮食和器具，并记述了天子根据天文时令的变化，所当施行的祭祀、政令等，以指导民众安排农业生产，达到治国安民的目的。故郑玄《三礼目录》曰："名曰《月令》者，以其纪十二月政之所行也。"①

《礼记·月令》与《吕氏春秋·十二纪》之首章、《淮南子·时则训》的内容大致相同，唯文字略有出入。此外，《逸周

① ［汉］郑玄著，［唐］孔颖达等正义：《礼记正义》卷十四，影印《十三经注疏》本，中华书局1980年版，第1352页。

书》中有同名文献《月令》一篇，惜已佚，内容不可详考；《逸周书》中还有《时训解》一篇，保存了一些与《礼记·月令》类似的内容。因此，自汉代以来，人们对于《礼记·月令》的作者、成篇年代及其与《吕氏春秋·十二纪》之首章、《淮南子·时则训》等相似文献的关系，众说纷纭，莫衷一是。有鉴于此，笔者拟在本文中对《礼记·月令》的作者与成篇年代加以重新探讨，并根据其思想内容对《礼记·月令》与齐文化的关系加以论述。

一、《礼记·月令》的作者与成篇年代研究综述

关于《礼记·月令》的作者与成篇年代这一问题，从古迄今，学术界一直智者见智、仁者见仁，异见纷呈。约略说来，主要有如下八种不同的观点：

（一）《月令》为周公或周代所作说，或以为即《逸周书·月令》篇

贾逵、马融、鲁恭、蔡邕、王肃、戴震、孙星衍、黄以周等主张此说。《礼记·月令》孔疏曰："贾逵、马融之徒，皆云《月令》周公所作，故王肃用焉。"①《后汉书·鲁恭传》载鲁恭曾上疏云："《月令》周世所造，而所据皆夏之时也，所变

① ［汉］郑玄著，［唐］孔颖达等正义：《礼记正义》卷十五，影印《十三经注疏》本，中华书局1980年版，第1365页。

者唯正朔、服色、牺牲、徽号、器械而已。”①东汉蔡邕《明堂月令论》则认为《礼记·月令》就是《逸周书》的《月令》篇，他说：“文义所说，博衍深远，宜周公之所著也。官号职司与《周官》合。《周书》七十二篇，而《月令》第五十三。”“秦相吕不韦著书，取《月令》为纪号，淮南王安亦取以为第四篇，改名曰《时则》。故偏见之徒或云《月令》吕不韦作，或云《淮南》。皆非也。”②

（二）《月令》出于《吕氏春秋》说

郑玄、孔颖达、任铭善等均持此说。郑玄《礼记目录》曰：“（《月令》）本《吕氏春秋》十二月纪之首章也。以礼家好事抄合之，后人因题之，名曰《礼记》，言周公所作，其中官名时事多不合周法。”③《礼记·月令》孔颖达疏曰：“按吕不韦集诸儒士著为《十二月纪》，合十余万言，名为《吕氏春秋》，篇首皆有《月令》，与此文同，是一证也。又周无大尉，唯秦官有大尉，而此《月令》云‘乃命大尉’，此是官名不合周法，二证也。又秦以十月建亥为岁首，而《月令》云‘为来岁授朔日’，即是九月为岁终，十月为授朔，此是时不合周法，三证也。又周有六冕，郊天迎气则用大裘，乘玉辂，建大常日月之章，而《月令》服饰车旗

① ［宋］范晔撰：《后汉书·鲁恭传》，中华书局1965年版，第881页。

② ［汉］蔡邕撰：《蔡中郎集·明堂月令论》，影印文渊阁《四库全书》本，台北商务印书馆1983年版。

③ ［汉］郑玄著，［唐］孔颖达等正义：《礼记正义》卷十四孔疏所引，影印《十三经注疏》本，中华书局1980年版，第1352页。

并依时色,此是事不合周法,四证也。"①近人任铭善《礼记目录后案》也非常赞同郑玄、孔颖达的说法。②

(三)夏代所作说

西晋束皙主张此说。《隋书·牛弘传》载牛弘上疏云:"《明堂月令》者……束皙以为夏时之书。"③

(四)杂有虞、夏、殷、周之法说

《隋书·牛弘传》载牛弘上疏云:"《明堂月令》者,郑玄云:'是吕不韦著,《春秋》十二纪之首章,礼家钞合为记。'蔡邕、王肃云:'周公所作。'《周书》内有《月令》第五十三,即此也……刘瓛云:'不韦鸠集儒者,寻于圣王月令之事而记之,不韦安能独为此记?'今案,不得全称《周书》,亦未可即为秦典,其内杂有虞、夏、殷、周之法,皆圣王仁恕之政也。"④

(五)《月令》因《夏小正》,《吕氏春秋》因《月令》

明方以智《通雅》卷十二《天文》"月令"条认为,"周公《月令》因《夏小正》,《吕览》因《月令》,《淮南》因《吕览》,记有异

① [汉]郑玄著,[唐]孔颖达等正义:《礼记正义》卷十四,影印《十三经注疏》本,中华书局1980年版,第1352页。

② 任铭善:《礼记目录后案·月令第六》,齐鲁书社1982年版,第15~19页。

③ [唐]魏徵、令狐德棻撰:《隋书·牛弘传》,中华书局1973年版,第1302页。

④ [唐]魏徵、令狐德棻撰:《隋书·牛弘传》,中华书局1973年版,第1302页。

同,非后人笔也。”①

(六)秦汉人所作说

清代学者汪鋆《十二砚斋随录》认为《月令》“强半秦汉人笔”,亦即认为《月令》基本上是秦汉人所作。证据之一是汉代始有太尉之官,而《月令》中有“孟冬令太尉赞俊杰”之语;证据之二是《月令》有“孟冬命太史衅龟策”之语,与《周礼·春官·龟人》“上春衅龟”不合。②

(七)战国时期齐人驺衍所作说

容肇祖于1935年发表《〈月令〉的来源考》,以为《吕氏春秋·十二纪》与《礼记·月令》均渊源于战国时期齐国阴阳家驺衍的遗作《月令》,并说:“我以为《邹子》中是有说《月令》的,为一切《月令》的原始。由《邹子·月令》遂有《周书·月令》……《吕氏春秋》多采各家之说,据《邹子·月令》中分月的话,以为十二纪的首章。《淮南王书》又采《吕氏春秋》以为《时则训》。据郑玄所考证,《小戴礼记·月令》……在刘向《别录》中则属于《明堂阴阳》。”③胡适虽然认为“现存的《月令》出于《吕氏春秋》”,但他认为《吕氏春秋·月令》是《吕氏春秋》采

---

① [明]方以智:《通雅·天文》,影印清康熙姚文燮浮山此藏轩刻本,中国书店1990年版,第161页。

② [清]汪鋆:《十二砚斋随录》卷三,见《清人说荟》二集,1928年石印本,第2页。

③ 容肇祖:《〈月令〉的来源考》,载《燕京学报》1935年第18期。

自驺衍的"机祥度制",他说:"《吕氏春秋》采驺衍的五德终始论,不提他的姓名;采'月令'全部,也不提及来源:这大概是因为吕氏的宾客曾做过一番删繁摘要的工作。从邹子的十余万言里撷取出一点精华来,也许还稍稍改造过,故不须提出原来的作者了……更到后来,这分月的机祥度制竟成了中国思想界的公共产业,《淮南王书》收作'时则训',《礼记》收入'明堂阴阳记'一类,即名为《月令》,而伪造的《逸周书》又收作'时训解',于是蔡邕、王肃诸人竟认为此书是周公所作了。从此以后,'月令'便成了中国正统思想的一部分,很少人承认它是秦时作品,更无人敢说它出于'齐学'了。"①

(八)战国时期晋人之作说

杨宽《月令考》认为:"《吕氏春秋》本杂采群说而成,《十二纪》之首章本非作自吕不韦宾客也。《月令》一篇,当早有成说,吕不韦宾客乃割裂十二月以为《十二纪》之首章耳。"②"《吕氏春秋》一书,本出吕不韦宾客各著所闻,集合众说加以系统组织而成。吕不韦晋人,其宾客亦多晋人,晋人行夏正,而《十二纪》所用者全为夏正(《吕氏春秋·开春论》云:'开春始雷,则蛰虫动矣。'亦同《孟春纪》),当即抄合晋人之旧作也。"③《淮南子·时则训》也是据晋人旧《月令》而来。

---

① 胡适:《中国中古思想史长编》,上海古籍出版社 2014 年版,第 13 页。

② 杨宽:《月令考》,原载《齐鲁学报》1941 年第 2 期,后收录于《杨宽古史论文选集》,上海人民出版社 2003 年版,第 493 ~ 494 页。

③ 杨宽:《杨宽古史论文选集·月令考》,上海人民出版社 2003 年版,第 484 ~ 485 页。

杨宽《月令考》一文,不仅提出了《月令》为战国晋人所作之说,而且认为上述前六种观点均不可信据,其理由略如下述:

第一,对于"《月令》为周公(或周代)所作说",杨宽辩驳说:《周书·月令》已散佚,无由详考,但其佚文与《吕氏春秋·十二纪》首章、《礼记·月令》不同,若因《周书》有《月令》,遂谓《吕氏春秋·十二纪》首章及《礼记·月令》亦周世所作,宁非武断!且《逸周书》之《周月解》,亦与《吕氏春秋·十二纪》首章、《礼记·月令》不相合……《周书·周月解》之天文,与《礼记·月令》既不同,当非同时之作品,安见《周书·月令》必与《礼记·月令》相同耶?

第二,对于孔疏等以为《月令》"为来岁授朔日"即以十月为岁首,不合周法,因而断定《月令》出于《吕氏春秋》之说,杨宽论述说:"王肃等以'始皇二十六年秦并天下,然后以十月为岁首,不韦已死十五年',实为《吕纪》不得用十月为岁首之铁证。""《月令》以十月为岁首之说,反证有二:(1)孟冬'祈来年于天宗',季冬'与大夫共饬国典,论时令以待来岁之宜',若季秋为岁终,孟冬之'来年',季冬之'来岁',将何以解乎?(2)据史,秦王政二十六年兼并天下,始以十月为岁首,吕不韦已死十四五年矣,其宾客所著之《吕氏春秋》安得预知?"

杨宽还认为《礼记·月令》中所出现的"太尉"官名,虽然是秦汉官职名,但"太尉"应该就是春秋时期晋国职官"元尉""中尉",因而不能据以论定《礼记·月令》出于秦人著作《吕氏春秋》之后。

第三,对于"夏代所作说",杨宽论述说:"束皙以《月令》行夏时，而定其为夏代书，实为臆断……夏正本为周正之后一种新历，《月令》之用夏正，正足见其晚出，何得据以为夏代之书也？”

第四，对于牛弘“杂有虞、夏、殷、周之法说”，杨宽批评说：“牛弘以《月令》皆‘圣王仁恕之政’，臆断其杂有虞、夏、殷、周法，亦犹蔡邕因《月令》‘博衍深远’而谓周公所作也。”

第五，对于方以智“《月令》因《夏小正》，《吕氏春秋》因《月令》说”，杨宽论述说：“用夏时之书，未必夏世之书……方氏以《夏小正》为夏书，既未审，又以‘周公制礼作乐，得无一代之成书’，遂谓《月令》本周公作，亦臆说耳。”

第六，对于汪鋆等人的“秦汉人所作说”，杨宽论证说：“汉有太尉，秦亦有之，岂得据此以为汉人笔？《周礼》本周正、夏正杂用，何得以《周礼》为夏正而谓《月令》有错？《周礼》上春衅龟，所用者乃周正，《月令》言孟冬衅龟，所用者乃夏正也。”“夏正春秋时晋国已用，何得以为非周、秦之时？”

杨宽对于上述前六种观点的质疑和批评，理据较为充分，可以信从。

但不知何故，杨宽在 1941 年发表的《月令考》中未提及容肇祖早在 1935 年就已经提出的“《月令》成于齐人驺衍之说”，即前述第七种观点。而我们认为恰恰容氏的观点可能最接近于事实真相。抽绎《礼记·月令》全文，可知《月令》通篇以阴阳五行为经纬，将天文律历、宗教风俗、事物变化、农桑渔牧及衣食住行等，全部纳入五行学说之中，而阴阳五行学说主要创始于齐人驺衍，因而我们认为容肇祖等人的“战国齐人所作说"可能比杨氏的"战国晋人所作说"更接近事实。因此我们将在下文中对《礼记·月令》与驺衍的关系进行一番探讨，从而揭示《礼记·月令》与"齐学"的关系。

二、《礼记·月令》与驺衍的关系

（一）驺衍的阴阳五行思想

驺衍，或作邹衍，战国晚期齐国人，先秦时期阴阳五行学说的集大成者。生卒年不详，据推断大约生于公元前324年，卒于公元前250年，大致生活于孟子之后。《史记·孟子荀卿列传》记载："驺衍，后孟子。驺衍睹有国者益淫侈，不能尚德，若《大雅》整之于身，施及黎庶矣。乃深观阴阳消息而作怪迂之变，《终始》《大圣》之篇十余万言。其语闳大不经，必先验小物，推而大之，至于无垠。"①《汉书》颜师古注引应劭曰："衍，齐人也。著书所言皆天事，故齐人曰'谈天衍'。游诸侯，所言则以为迂阔远于事情，然终不屈。尝仕于齐，位至卿。"②关于驺衍的著述，据《汉书·艺文志》著录《邹子》四十九篇，《邹子始终》五十六篇，凡一百零五篇，惜久已失传，《隋志》以后，均不见著录。从子书和类书中钩稽整理出的遗说中，可以发现，他在阴阳五行学说方面颇有建树。

---

① ［汉］司马迁撰：《史记·孟子荀卿列传》，中华书局1959年版，第2344页。

② ［汉］班固撰：《汉书·扬雄传下》，中华书局1962年版，第3568页。

驺衍本来是一位儒家学者。《盐铁论·论儒》中曾说："邹子以儒术干世主，不用，即以变化始终之论，卒以显名。"又说："邹子之作，变化之术，亦归于仁义。"①后来，驺衍在总结、融合阴阳五行说的基础上，又把齐学道家、儒家以及上古天文学说综合在一起，将阴阳说、五行说熔为一炉，创造出了新的阴阳五行说，成为战国晚期集大成式的阴阳五行家的代表人物。

关于驺衍的阴阳五行说，《史记·封禅书》记载："齐威、宣之时，驺(邹)子之徒论著终始五德之运。及秦帝而齐人奏之，故始皇采用之……驺衍以阴阳主运显于诸侯……"②裴骃《集解》引如淳曰："今其书有《五德终始》。五德各以所胜为行。秦谓周为火德，灭火者水，故自谓水德。"③

《淮南子·齐俗训》曰："周人之礼，其社用栗，祀灶。"高诱注曰："夏祭先灶。周火德也。邹子曰：'五德之次，从所不胜。虞土，夏木。'"④

《六臣注文选》卷二十应吉甫《晋武帝华林园集诗》李善注引《七略》曰："邹子有《终始五德》，言土德不胜，木德继之，金

① 王利器校注：《盐铁论校注》，中华书局1992年版，第150页。

② [汉]司马迁撰：《史记·封禅书》，中华书局1959年版，第1368~1369页。

③ [汉]司马迁撰：《史记·封禅书》附裴骃《集解》，中华书局1959年版，第1369页。

④ [汉]高诱注：《淮南子注》，影印《诸子集成》本，上海书店1986年版，第176页。

德次之,火德次之。"①

综合上引文献记述可知,驺衍创立的"终始五德"的理论,实际上就是在五行相胜说的基础上建立起来的一种替代发展、循环往复的历史发展观。正如白奚先生所说:"(驺衍)一反当时人们惯用的五行相生序列,将五行相胜的关系引入社会历史,提出了五德终始说,用于解释朝代的更替。"②

不过,需要注意的是驺衍的"五德终始"说的理论基础虽然是五行相胜的思想,但他并不排斥五行相生的观念。在自然发展观领域他又采纳五行相生的观念。也就是说,驺衍的阴阳五行理论中兼有"五行相胜"说与"五行相生"说。正如侯外庐先生所说:"驺衍对于五行的序列抱有两种相反的见解,即对于自然的季节的转移,抱着相生的见解,对于历史上政权的兴废,则抱着相胜的见解。"③

具体说来,在历史发展观方面,驺衍以"五行相胜"说作为推论的理论基础,创立了历史哲学"五德终始"说;与此同时,在自然哲学方面,驺衍则以"五行相生"观念说明以四季时令变化为主的自然运动。正如白奚先生所说:"《终始》所论,乃是朝代更替兴废的历史观,其理论基础是五行相胜说;《主运》

① [梁]萧统编,[唐]李善等注:《六臣注文选》卷二十,中华书局 1987 年版,第 374 页。

② 白奚:《稷下学研究——中国古代的思想自由与百家争鸣》,生活·读书·新知三联书店 1998 年版,第 259 页。

③ 侯外庐:《中国思想通史》第一卷,人民出版社 1957 年版,第 650 ~ 651页。

所论，则是四时教令的政治思想，其理论基础是五行相生说。”①

对于驺衍的思想学说，《史记·封禅书》评述曰：“驺衍以阴阳主运显于诸侯，而燕齐海上之方士传其术不能通，然则怪迂阿谀苟合之徒自此兴，不可胜数也。”②这说明驺衍的思想学说曾经得到当时诸如齐宣王、梁惠王及燕昭王等许多诸侯的重视。由于驺衍的这套终始五德理论很有创新性，应和了当时诸侯争霸的政治形势，因而他本人及其学说都受到了齐宣王和齐闵王的高度重视，“是以邹子重于齐。适梁，梁惠王郊迎，执宾主之礼。适赵，平原君侧行撇席。如燕，昭王拥彗先驱，请列弟子之座而受业，筑碣石宫，身亲往师之。作《主运》。其游诸侯见尊礼如此”③。由此可见，驺衍的思想学说在战国时期影响很大，很受诸侯国君主的欢迎和赞赏。

（二）《礼记·月令》与驺衍阴阳五行思想之比较

《礼记·月令》中存在着明显的与驺衍非常近似的阴阳五行思想。前揭《史记·封禅书》裴骃《集解》引如淳曰：“今其书有《主运》，五行相次转用事，随方面为服。”饶宗颐认为，《礼记·礼运》篇有“五色、六章、十二服还相为质”语，而“服”当指

① 白奚：《稷下学研究——中国古代的思想自由与百家争鸣》，生活·读书·新知三联书店1998年版，第261页。

② ［汉］司马迁撰：《史记·封禅书》，中华书局1959年版，第1369页。

③ ［汉］司马迁撰：《史记·孟子荀卿列传》，中华书局1959年版，第2345页。

"服色"。"秦汉以来,众所讨论之'改正朔易服色',似即承袭邹氏主运之观点也。"①

四时、四方与阴阳五行的结合,是战国时期以驺衍为代表的阴阳五行学说的一个重要特色。《礼记·月令》即鲜明地体现了这一思想特色。它全篇以春、夏、秋、冬四时为序,每季又以孟、仲、季排出三个月份的先后,总共为十二个月。其内容主要是记述每个月的天象特征、物候,天子在每个月的居处、服饰、车马和饮食,每月所当行的王命、农事和禁忌等。《礼记·月令》把春、夏、秋、冬四季十二月,东、西、南、北、中各个方位,星相学中的二十八宿,神话传说中的古帝王、古神明以及农业生产活动等都纳入了阴阳五行理论体系之中,并把宫、商、角、徵、羽五声和四季、五方、五行相配,从而形成了一个庞大的包括宇宙观、人生观、社会观的理论系统,这个理论系统的宗旨就是用以指导人君按照时令的变化施政行令。

依据阴阳五行学说,春季属木,阳气渐盛,是万物生养的季节。因此,天子的政令应当体现宽厚仁爱,禁止杀伐伤生。天子应当率三公九卿,躬耕藉田,劝勉农桑。为了保证春耕、春种,不许招集农民从事修建城郭、宫殿的活动,更不允许发动战争,禁止田猎,禁止伐木;抚恤幼孤,赈灾济贫;修订祭典,顺应时序祭祀天地和山川神祇。

夏季属火,是万物继续繁荣生长的季节。因此,天子发布政令仍以宽厚仁德为主。立夏之日,天子应亲率三公九卿迎夏

---

① 饶宗颐:《中国史学上之正统论》,上海远东出版社1996年版,第13页。

于南郊，然后封爵授禄，举荐贤良，劝勉农民，毋失农时，不许大兴土木，禁止兴兵动众。

秋季属金，是万物成熟的季节，也是草木凋零的季节。秋德肃瑟，天子宜于本时节惩治罪恶，征讨不义，施行严刑峻法，杀戮罪人。此时，农事已毕，可以兴建城郭宫室；天子可以率众田猎，并借机教民战阵，并颁布马政。本季节天气逐渐寒冷，应保存民力。

冬季属水，是万物收敛闭、藏的季节，天子应发布政令，积聚粮食，修葺要塞关卡，制作各种器物。天子还应于本季节举行盛大的宴饮活动，向日月星辰祈求来年五谷丰登，并命令将帅讲习武事；天子应于本季节率领三公九卿迎冬于北郊，然后赏赐为国事而死者，并抚恤其遗孤和遗孀。命令臣民挑选五谷之种、修整农具，以备来年春耕春种。

特别值得注意的是，驺衍创制的“季夏”概念为《礼记·月令》所完全接收。“季夏”这一概念是驺衍正式提出来的。为了解决五行与四时难以匹配的问题，驺衍以五行相生理论为基础，于一年四季（时）中又增加了“季夏”而成为五时（季），《周礼·夏官·司爟》：“司爟掌行火之政令，四时变国火。”郑玄注：“郑司农说以《邹子》曰：‘春取榆柳之火，夏取枣杏之火，季夏取桑柘之火，秋取柞楢之火，冬取槐檀之火。’”由此可知，“季夏”这一概念的创制完全是驺衍出于其阴阳五行理论的需要，为了与五行之土相配模拟推演而来。

本来，阴阳五行与四时观念分属不同的文化系统，而驺衍为了让四时与五行相对应，竟然创制出一个“季夏”来，并将其纳入五行、五方、四时的宇宙系统中。

《礼记·月令》完全承袭了驺衍的“季夏”概念或理论。《月令》用五方中的“中”与五行中的“土”相配，而春、夏、秋、冬四季原本没有相应的处在中间位置的季节与“中”“土”相对应，因此《月令》也取“季夏”这一概念与“中”“土”相配。也就是把夏季最后十日的五行配属从夏季中分离出来，单独与五行的“土”相配，这样，解决了“四”与“五”不能直接相对配属的问题。在不打乱四时固有结构体系的前提下，将“中央土”的位置放在季夏之月之后、孟秋之月之前，这就确立了五行中“土”的位置。

结　论

综上所述，我们认为关于《礼记·月令》的作者与成书时代的八种观点中，容肇祖与胡适等人所主张的驺衍所作说较为可信。有鉴于《礼记·月令》中所蕴含的阴阳五行思想与驺衍的思想体系非常接近，因此我们认为，容肇祖与胡适等人将《礼记·月令》与《吕氏春秋·十二纪》等看作是脱胎于驺衍作品的论断是很有见地的。退一步说，即使还不能断言《礼记·月令》必定出于驺衍之手，最起码可以肯定《礼记·月令》是战国阴阳家的一篇重要著作，或者可以说本书在成篇时借鉴了驺衍的阴阳五行与四时政令的思想学说。也就是说可以认定《礼记·月令》出于“齐学”，是一部属于齐文化的文献典籍。

不过，容肇祖与胡适虽然认为《礼记·月令》与《吕氏春秋·十二纪》均源于驺衍，但他们又都认为《礼记·月令》出于

《吕氏春秋》。对此，我们不敢苟同。王锷《〈礼记〉成书考》曾经指出:《礼记·月令》季冬有“乃命同姓之邦共寝庙之刍豢”一语。而《吕氏春秋·十二纪》与《淮南子·时则训》均作“乃命同姓之国供寝庙之刍豢”，“邦”字俱作“国”。显然这是避汉高帝刘邦讳所为。而战国时期的上博简《孔子诗论》将《国风》作《邦风》，又有《鲁邦大旱》篇，“国”俱作“邦”。《礼记·月令》不避刘邦之名讳，可能是保存了先秦时期的原貌，因而仍然作“邦”。① 据此，我们认为这一不避刘邦名讳的现象可以说明《礼记·月令》应该在先秦即已成书，不可能出于《吕氏春秋》。

① 王锷:《〈礼记〉成书考》，中华书局2007年版，第274页。

21 世纪全球性视野下的齐鲁文化

金白铉
（韩国国立江陵原州大学校哲学科教授）

序　言

一般认为，东方世界的文化传统以儒、佛、道文化为主干，但严格而论，儒、佛、道文化只能代表中国传统文化而已。在韩国（朝鲜）则将其称之为儒、佛、仙文化，日本传统文化则又称之为儒、佛、神文化。更确切地说，我们对于东方三国的固有文化梳理为：中国是儒、道文化，韩国是仙教文化，日本是神教文化。

文化是有生命的，因此称之文化生命。单独的、孤立的生命是不能生存下去的，必须与别的生命交流才能生存、繁荣。文化的生命力在多元文化、混种文化与民族中才能发挥巨大的生命力。中国文化与民族就是如此的多元、混种。韩国文化与民族和日本文化与民族也是多元、混种的。就韩国而言，韩国的仙教文化与中国的道家、道教文化之互相混融而成为韩国的仙道文化；在日本，其神教文化与中国的道家、道教文化之互相交融而成为日本的神道文化。并且中国的道家、道教文化和韩国的仙教文化以及日本的神教文化都源于上古东方东夷族的萨满（巫教）文化，因而其中相类的文化因素也颇为众多。

陈鼓应先生说："中国哲学史实际上是一系列以道家思想为主干，道、儒、墨、法诸家互补发展的历史，而决不是像一些学者所描述的主要是一部儒家思想发展的历史。"①如此，他主张道家思想为中国哲学的主干。笔者在此尽力展现消除国家观念的东方历史文化特征，为此目的，本人不从儒家、儒教为中心的东方文化，也不从佛教文化为中心的东方文化入手，而紧扣中国的道家、道教文化，韩国的仙道文化以及日本的神道文化为中心的文化去彰显东方文化的核心特征，并且先将这种文化特征称之为"道学"文化，又进而确认"道学"文化为东方文化生命之母根。②

笔者认为，齐文化就是上古东夷文化传承下来的文化，也是中国道家、道教文化的主要发祥地。因此，笔者在此，为凸显齐文化的特征，先与鲁文化略作比较，然后由此提出21世纪全球性视野下的齐文化与稷下黄老学问题以及21世纪新道学的方向问题。

---

① 陈鼓应：《老庄新论》，上海古籍出版社1992年版，第320页。

② 金白铉：《神明文化序说》，载《神明文化研究》2009年第1辑，第10页。

一、齐鲁各自的文化渊源

《史记·鲁周公世家》云:“周公卒,子伯禽固已前受封,是为鲁公。鲁公伯禽之初受封之鲁,三年而后报政周公。周公曰:‘何迟也?’伯禽曰:‘变其俗,革其礼,丧三年然后除之,故迟。’太公亦封于齐,五月而报政周公。周公曰:‘何疾也?’曰:‘吾简其君臣礼,从其俗为也。’”《史记·齐太公世家》云:“太公至国,修政,因其俗,简其礼。”如此,齐文化是“因其俗,简其礼”,鲁文化是“变其俗,革其礼”。由此可以说,西周时代的齐文化传统是在齐地传下来的,也就是从东夷至殷商的文化传统。鲁文化传统则是从华夏到西周的文化传统。到了春秋战国时期,齐文化传统产生出黄老学文化传统,而鲁文化传统则产生出儒学文化传统。

黄老学文化可以说是齐地文化传统融合陈国的文化传统而产成的。《史记·田敬仲完世家》云:“陈完者,陈厉公他之子也……完之奔齐,齐桓公立十四年矣。完卒,谥为敬仲。仲生稚孟夷。敬仲之如齐,以陈字为田氏……魏文侯乃使使言周天子及诸侯,请立齐相田和为诸侯。周天子许之。康公之十九年,田和立为齐侯,列于周室,纪元年。”

老子学文化传统也在陈国文化传统下产生。《史记·老子韩非列传》云:“老子者,楚苦县厉乡曲仁里人也,姓李氏,名耳,字聃,周守藏室之史也。孔子适周,将问礼于老子……老子修道德,其学以自隐无名为务。居周久之,见周之衰,乃遂去。

至关,关令尹喜曰:‘子将隐矣,强为我著书。’于是老子乃著书上下篇,言道德之意五千余言而去,莫知其所终。或曰:老莱子亦楚人也,著书十五篇,言道家之用,与孔子同时云。盖老子百有六十余岁,或言二百余岁,以其修道而养寿也……或曰儋即老子,或曰非也,世莫知其然否。老子,隐君子也。”

据《史记》所载,老子为楚国苦县厉乡曲仁里人。而《史记集解》引《地理志》说苦县属陈国。那么苦县究竟属于楚国还是陈国的呢?《索隐》说:“《地理志》苦县属陈国者,误也。苦县本属陈,春秋时楚灭陈,而苦又属楚,故云楚苦县。”据此可知,苦县本属陈国,春秋末年,公元前479年楚惠王灭陈,自此陈地属楚,苦县自然也就成了楚国的领土。公元前479年正是孔子去世的那一年,而孔子曾经师事老子,老子比孔子年长,以此可知,老子出生时,苦县属陈国,因此老子的籍贯应是陈国苦县。可见,老子是陈人才是比较确切的。《史记正义》则说:“按年表云淮阳国,(汉)景帝三年废。至天汉修史之时,楚节王纯都彭城,相近。疑苦此时属楚国,故太史公书之。”①

《左传·昭公十七年》云:“陈,太昊之虚也。”又《史记·陈杞世家》云:“陈胡公满者,虞帝舜之后也。昔舜为庶人时,尧妻之二女,居于妫汭,其后因为氏姓,姓妫氏。舜已崩,传禹天下,而舜子商均为封国。夏后之时,或失或续。至于周武王克殷纣,乃复求舜后,得妫满,封之于陈,以奉帝舜祀,是为胡公。”

① 许抗生:《老子评传——中国第一位伟大的哲学家》,广西教育出版社1996年版,第4页。

舜是东夷族,陈国文化传统也是上古东夷文化传承下来的。由此可以说,稷下黄老学文化就是齐、陈两个上古东夷文化传统融合而产生的文化。

《史记·孔子世家》云:"孔子生鲁昌平乡陬邑。其先宋人也,曰孔防叔。防叔生伯夏,伯夏生叔梁纥。纥与颜氏女野合而生孔子,祷于尼丘得孔子。"有韩国儒学者说:孔子是宋人的后裔,宋人是殷人的后裔,殷人是东夷族,所以孔子也是东夷族,由此,儒家文化就是东夷文化,韩民族也是东夷族,所以儒家文化与韩文化之间没有什么差别。①但众人皆知,鲁文化是"变其俗,革其礼",鲁文化传统就是从华夏到西周的文化传统。到了春秋战国时代,鲁文化传统逐渐建树儒家文化传统。"周监于二代,郁郁乎文哉!吾从周。"(《论语·八佾》)"甚矣吾衰也,久矣吾不复梦见周公。"(《论语·述而》)这些论述明确地表明孔子不是东夷文化传统的继承人,而是西周文化传统的继承人。就是说以孔孟为中心的儒学是西周文化传统之下产生的。

二、自然主义的气化文化与道德主义的心性文化

(一)以阴阳五行为中心的气化宇宙论的发祥地

丁原明教授说:"黄老学狭义上讲,是指托名于黄帝而推行老子道家某些思想的一派,从广义上讲,则是指以道为

---

① 金忠烈:《中国哲学史》,艺文书院1994年版,第36页。

核心而兼取百家之学的道家思潮。因此，黄老学的基本内容应当是'老'而不是'黄'，应当是'道'及其对百家思想的提取，而不是老学与黄帝学的结合。"①又说："与老庄道家相比较，黄老学虽然仍把那个自然无为的'道'作为宇宙根本原理，但它在更多的场合下则扬弃了原始道家的'有'、'无'范畴，而偏重于以'无形'、'有形'论'道'，最终赋予'道'以'气'的属性。"②

笔者在此先不问黄老学或稷下黄老学的界定问题，首先着重处理在齐国文化传统下究竟如何产生稷下黄老学的问题。笔者认为，虽然黄帝学这个名称难以成立，但"托名黄帝的齐国文化"就是齐国的本土文化，此般事实是可以承认的，而且"托名黄帝的齐国本土文化"背景之下所产生的稷下黄老学也是可以接受的。众所周知，一般学者比较重视稷下黄老学的政治思想，但笔者认为，稷下黄老学可分为"托名黄帝的齐国本土文化"系统与老子学系统，而老子学系统比较重视无为自然的政治思想，"托名黄帝的齐国本土文化"系统则较为重视以阴阳五行为中心的气化宇宙论。关于此点，许多学者早已对老子学系统的政治思想做出了斐然成章的研究成果，在此无需赘述。

笔者将在此述说，以"托名黄帝的齐国本土文化"为特色的气文化，而且在"托名黄帝的齐国本土文化"名称之下探讨以阴阳五行为中心的气化宇宙论的渊源以及其演化过程。因

① 丁原明：《黄老学论纲》，山东大学出版社1997年版，第21~22页。
② 丁原明：《黄老学论纲》，山东大学出版社1997年版，第30页。

为以阴阳五行为中心的气化宇宙论,不论道家还是儒家,从汉唐到当代,可以说是东方文化传统的主流世界观。

《尚书·洪范》认识到了五行的功能及其相互间的关系,并且含有五行相生的思想萌芽,到了春秋时期,人们开始提出了相生相克的思想。孙子也说:“五行无常胜。”但这仅局限于天地(自然)的一般性认识领域,还没有以此说明社会历史的运动变化。进入战国以后,驺衍开始深入考察阴阳二气衰退和生长的矛盾变化过程,并运用五行“相生相克”的理论来观察、分析社会现象,并由之提出了五德终始的学说。驺衍还提出了“天地未生”“天地剖判”的观点,肯定了天的客观实在性。驺衍通过“天地之弘”学说打破了“中国即天下”的封闭性观念。

以驺衍为代表的阴阳五行学派,是稷下学宫的一大“特产”。它培植于稷下,发育于稷下,昌盛于稷下,是战国时期诸子百家中的一大“显学”。《管子》中的《幼官》(玄官)、《四时》、《五行》等篇,保存了这一时期阴阳五行学的思想资料,基本反映了稷下五行学派的精神面貌。①《管子·内业》提出“精也者,气之精也”的哲学观念——精即精气,也就是精微极致之气。又道“其大无外,其小无内”(《心术上》),气“其细无内,其大无外”(《内业》)。比较起来,道、气没有区别,所以“精气”也就是“道”。又《内业》《心术》等提出“静因之道”,所以《管子》

① 刘蔚华、苗润田:《稷下学史》,中国广播电视出版社 1992 年版,第 347 页。

所说的精气，是具有普遍客观性的道。又《内业》云：“凡物之精……藏于胸中，谓之圣人。是故名气。”由此可知，“精气”不仅仅是万物的实有，而且是精神。进而可言，《管子》所述虽然模糊不清，但还是相当成功地指出精气就是精神此般哲学概念。

（二）道教的发祥地

中国历史上所谓的东夷，大体上可分为狭义的东夷和广义的东夷两类。① 广义的东夷即包括在东北地区和朝鲜半岛一带的广大地区居住的民族。狭义的东夷是在山东、河南东部和江淮、汉水之间居住的东方古族。但许多学者坚持在新石器时代广义（包括狭义）的东夷已成为同一文化圈，特别是在神话和宗教上具有共同特色的说法。他们认为萨满（巫）教是这一地区的最有共同特色的古老宗教现象。因此，笔者认为，广义的东夷古文化地区就是神仙思想的发祥地。至于东夷族萨满（巫）教文化的特色，学者一般分为：鸟（凤凰）图腾文化；太阳（金鸟、三足鸟）崇拜思想；神树与山岳信仰文化等。

众所周知，神仙思想的核心在于飞升天空和肉体不死。其中，飞升天空的观念产生得较早，且是初期神仙思想的最重要因素。产生在战国方仙道以后的肉体不死观念应该产生得比

---

① 《论语·子罕》：“子欲居九夷。”《疏》：“正义曰：案东夷传云；夷有九种：曰畎夷，于夷，方夷，黄夷，白夷，赤夷，玄夷，风夷，阳夷。又一曰玄菟，二曰乐浪，三曰高丽，四曰满饰，五曰凫臾，六曰索家，七曰东屠，八曰倭人，九曰天鄙。”

它晚。舞袖飞扬而飞升天空的仙人思想应该源于东夷古文化。因此,战国时期在燕齐地区才产生了神仙家思想。

春秋以来的百家争鸣中,就有一派神仙家出现。《汉书·艺文志》云:“神仙者,所以保性命之真,而游求于其外者也,聊荡意平心,同死生之域,而无怵惕于胸中。”另有一派阴阳家,代表人物是齐国的方士驺衍。驺衍倡导将阴阳五行学说应用于政治地理之学,著书一百零五篇。驺衍及其弟子在齐、燕、赵、魏等国活动,备受尊崇,他又能预言天象,推往知来,研习神仙方术,著《重道延命方》,俨然是当世的活神仙。战国末期,神仙家和阴阳家、方术家合流,形成了方仙道,驺衍遂成了神仙方士的祖师,《史记·封禅书》云:“自齐威、宣之时,驺子之徒论著终始五德之运,及秦帝而齐人奏之,故始皇采用之。而宋毋忌、正伯侨、充尚、羡门高最后皆燕人,为方仙道,形解销化,依于鬼神之事。”还有安期生、石生、卢生、侯生、徐福、韩终、聚谷等都是方仙道著名方士。方仙道继承神仙家的长生久视之说和驺衍的方士之学,传播制造神仙说,研习各类神仙方术,在社会上形成了靠神仙方术谋生的职业集团。①由此可知,齐国是方仙道的发祥地,也就是道教的发祥地。

(三)自然主义的神明文化与道德主义的心性文化

道家所说的道可分为三类:老子所说的道是无为自然之道;黄老学所说的道是自然无为之道;庄子所说的道是逍遥齐

① 胡孚琛:《道学通论》,社会科学文献出版社2009年版,第184页。

物之道。笔者认为,如果老子所说的道都具有客观实有的一面与主观境界的一面,那么庄子所说的道具有倾向于主观境界的特征,黄老学所说的道则具有倾向于客观实有的特征,由此可言,黄老学主张具有普遍客观性的静因之道,也可说它主张执道顺理。就是说,黄老学就是道家与法家之间的过渡期思想。并且可以说,"河上公注"解释的道具有倾向于客观实有的色彩,"王弼注"解释的道具有倾向于主观境界的特色。

庄子说:"气也者,虚而待物者也。唯道集虚。虚者,心斋也。"(《庄子·人间世》)笔者认为,庄子的"虚而待物之气"与孟子的"浩然之气"一样也是通过工夫而达到的精神境界。庄子的"虚而待物之气"与孟子的"浩然之气",如果从宇宙论的层面讲,都是"塞于天地之间"的气、"游乎天地之一气""通天下一气";如果从工夫论的层面讲,都是内在于体的精神境界上的气。但是孟子所说的"天"是仁义道德之天,庄子所说的"天"是无为自然之天。如此一来,孟子所说的"天"与庄子所说的"天"的含意不同,因而,孟子的浩然之气是配义与道而展现仁义道德,庄子的虚而待物之气是自然生命之气而展现逍遥齐物之道。庄子所说的"气"是包括物质与精神的自然生命妙合之气。换言之,庄子是主张具有倾向于主观境界层面的自然主义神明思想,孟子则是主张具有倾向于主观境界层面的道德主义心性思想。

三、21 世纪全球性视野的齐鲁文化

《论语》云:“夷狄之有君,不如诸夏之亡也。”(《八佾》)又云:“齐一变至于鲁,鲁一变至于道。”(《雍也》)由此可知,孔子思想中具有儒家文化的优越主义。孟子也云:“吾闻用夏变夷者,未闻变于夷者也。”(《滕文公上》)如此,孟子的“用夏变夷论”也具有儒家文化的优越主义。儒家文化传统就是鲁文化传统。在此,笔者可以关注周公对伯禽说的话:“及后闻伯禽报政迟,乃叹曰:‘呜呼,鲁后世其北面事齐矣!夫政不简不易,民不有近;平易近民,民必归之。’”(《史记·鲁周公世家》)由此可言,优越主义文化可以变成井底之蛙的封闭性文化。

20 世纪研究东方哲学的人也大多援引西方哲学,尤其是用现代主义哲学的方法与范畴来研究东方哲学,因而大部分的人漏掉或歪曲了东方哲学的精髓。换言之,20 世纪中国哲学家通过西方现代主义哲学来解释中国传统哲学,如冯友兰先生借新实在论哲学,牟宗三先生借康德哲学,但他们的哲学与现代主义哲学一样都有其局限性。[①]有的学者用后现代主义哲学来解释东亚儒学而希望找出 21 世纪新儒学的出路,就是所谓身体哲学。但是儒学很难脱离如同基督教思想般的文化优越主

---

① 现代工业文明之下产生了西方殖民帝国主义,也强化了基督教文化优越主义与霸权主义。文化优越主义认为,对方文化是野蛮性的、异端性的、恶魔性的文化,所以容易消灭或毁损对方文化。

义，就是说，儒教思想也可算是与基督教思想一样具有西方现代主义思想典范的亚流。笔者认为，找到21世纪新儒学的出路是比较困难的，并且方勇教授也说："整个经学的学术思维根本上深受权威主义影响，不免具有封闭和固化的特征，这就使经学在一定程度上具有了形式僵化、思想创新不足、理念发展相对乏力的病症。"①因此，当今东方人要继承充满原创性、多元性的"子学精神"。齐文化与稷下黄老学就具有这般子学精神。

驺衍的"天地之弘"学说打破了"中国即天下"的封闭性观念，具有开放性的精神。并且许多稷下黄老学者认为，如万物齐同，所有万物都有自己本身的价值。如此，他们主张互为文化主体性，所以开展持开放态度而尊重对方文化的思维方式。依仗此般哲学态度，齐文化与稷下黄老学传承下来的21世纪新道学也理应在不同而和的原则之下，主张多样性的文化。

西方传统哲学的二分法思维方式，在形式逻辑上强调O与X，在辩证逻辑上主张矛盾与对立的统一，就是讲正与反的合。因此，如此的思维方式在现实世界中容易引起二元对立的斗争。东方哲学所说的阴阳不是阴气与阳气两个实体概念，而是属性作用的概念，是相对性的概念，因为阴阳之气就是浑然之气在作用上的分别而已。高怀民教授说："阴阳原是一太极之流转，以其流转中有往有来，故分阴分阳，是以阴阳之相对，非太极自性之差别，乃流转作用之移位而生。阴阳以其互相流

① 方勇：《"新子学"构想》，载《光明日报》2012年10月22日。

转。故阳变入阴，阴变入阳。"①如此，阴阳概念可以改变西方传统哲学二分法的思维方式所蕴含的问题。

对于自然生命妙合之气的新的诠释，必须重新创造气化世界的民间生活文化。21 世纪新道学的哲学主体为民间生活文化哲学。其哲学的最重要的两个主题就是"道法自然"与"生态气化"。道法自然思想为了治愈现代工业文明具有的无所不为的人本主义的后遗症，抑止人为造作，从而开展自然而然、自然和谐的生活态度。生态气化思想为了治愈现代工业文明产生出来的物神崇拜思想，从而改变外在的气化世界为生命流变的有机性世界，重视生命交流的生活文化，如慈爱、俭朴、节约等的生活态度。并且，以"道法自然思想"与"生命气化思想"为基础，为了创出在气化世界中的民间生活文化，我们必须更深、更广博地研究如下内容：(1)清净生态，(2)健康养生，(3)创新艺术，(4)休闲仙游，等等。

---

① 高怀民：《大易哲学论》，台北成文出版社 1978 年版，第 209 页。

宇宙的统一性与道德的超越性

——略论董仲舒思想的历史意义

陈　静

（中国社会科学院哲学所研究员）

董仲舒是汉代大儒，生前已享有崇高的学术地位，后来又被奉为“儒者宗”。刘向称“董仲舒有王佐之材，虽伊吕亡以加”①，晋人称“董仲舒一代纯儒，汉朝每有疑议，未尝不遣使者访问，以片言而折中焉”②。唐贞观二十一年（647）以先儒二十二人从祀孔子，董仲舒列名其中。明代成化二年（1466），董仲舒被封为广川伯，享受朝廷祭祀先哲的礼遇。而今天的研究者，则一致认为董仲舒是汉代最重要的思想家，是汉代儒家的集大成者，对于儒家思想成为中国思想的主流，发挥了理论建设的重要作用。

---

① ［汉］班固撰：《汉书·董仲舒传》，中华书局 1962 年版，第 2526 页。

② ［唐］杜佑著，颜品忠等校点：《通典》卷六十九，岳麓书社 1995 年版，第 982 页。

董仲舒的历史地位,来自他思想的重要。对于董仲舒的重要性,不同时代有不同的理解。今天,从考察中国古代思想的演变历程来看,董仲舒之所以重要,就在于他把儒家思想从先秦的一家之言整合且表达为普遍的"天理",以宇宙论的论说方式把儒家的核心观念建立为政治的基础性原则和伦理的一般性原则。笔者认为,董仲舒思想中有两个证明是非常重要的,一个是关于宇宙统一性的证明,一个是关于道德超越性的证明,有了这两个证明,儒家才跃出了百家,最终成为中国思想的主流。董仲舒也因此成为汉代儒学的宗师,成为儒学发展历史上的里程碑。

一、董仲舒的时代

与中国古代大多数思想家一样,董仲舒的生卒年代是不清楚的。清末苏舆著《春秋繁露义证》,于书后附《董子年表》,从文帝元年开始纪事,终于武帝太初元年。文帝元年是公元前179年,武帝太初元年是公元前104年,后来遂有人以公元前179—前104年为董仲舒的生卒年代。这显然是一个误会。苏舆在《董子年表》中并没有说文帝元年就是董仲舒的生年,虽然在《年表》末尾的武帝太初元年下标注"仲舒卒",却又在《年表》之后明确指出:"董子生卒年月无可考,要生于景帝前,至武帝朝,以老寿终,无疑。"[1]这个说明表示,苏舆坦然承认自己

---

① [清]苏舆撰,钟哲点校:《春秋繁露义证》,中华书局1992年版,第491页。

的年表是一个估算年代，并不是关于董仲舒生卒年的确实记录。

钟肇鹏先生主持编著的《春秋繁露校释》，附录二是《董仲舒年表及生卒考》，[①]经过考证，他们认为董仲舒可能的生年是汉惠帝元年（前194），卒年可能是汉武帝元鼎三年（前114），董仲舒享年八十岁。

2009年11月，河北省衡水市发起召开了"纪念董仲舒诞辰2200年暨董仲舒思想国际研讨会"，从考察董仲舒生卒年的角度来看，以此2200年逆推回去，董仲舒的生年就是公元前191年，汉惠帝四年。

就以上列举的材料来看，关于董仲舒的生年至少有三种说法，然而董仲舒不可能出生三次；关于董仲舒的卒年至少有两种说法，然而董仲舒不可能去世两次。所以，关于董仲舒的生卒年，如果没有切实的材料可以证明而只能进行推论，那么，更好的选择是放弃确实年代的宣称，而以各种推论为根据，把他的年代划定在一定的时间范围之内，而采取"鼎盛年"的说法。所谓"鼎盛年"，就是在不确知本主的生卒年时，只谈论他主要活动发生的年代，以这样的年代作为他实际活动的历史空间。就"鼎盛年"而言，董仲舒的鼎盛年显然是在汉景帝和汉武帝的时代。《汉书·董仲舒传》说他在"孝景时为博士"，武帝继位，董仲舒以"天人三策"奉对武帝的征询，获得了重视，后来

---

① 钟肇鹏主编：《春秋繁露校释》（校补本），河北人民出版社2005年版，第1113～1121页。

他继续在朝廷的大政方针上表达意见，即使年老致仕，“朝廷如有大议，使使者及廷尉张汤就其家而问之，其对皆有明法”①。这些材料说明，董仲舒在汉景帝时，已经是成熟的学者和思想家了，而在武帝朝，他以思想的深邃和完整成为影响朝廷政治的重要议政者。他的鼎盛年，是在西汉初期的景、武之世。

明确董仲舒的生活年代，是为了呈明他所面临的理论任务。中国自春秋战国以来，逐渐从“观念上统一的中国”一步一步地转变为“行政上统一的中国”，到秦始皇统一中国，这样的转变终于在形式上完成了，秦王朝以帝国的政治体制，把先秦分散的列国纳入到一个统一朝廷的管理之下。然而争战的余韵还在，秦王朝短命而亡，仅仅存在了十五年。继起的汉王朝虽然“汉承秦制”，延续了秦王朝大一统的政治制度，但是在建国之初，不得不面临封王分权的问题。开始是不得不以裂土封王来达成政治联盟，以取得抗秦和楚汉相争的胜利，这样，异姓王的挑战，就成为新生的汉王朝建国之初就立刻面临的政治危机。战胜异姓王之后，汉高祖为填补空缺又分封了许多同姓王，还与大臣立“非刘氏而王，天下共击之”的白马盟誓，希望以一姓掌权来维持天下的安定和统一。但是，封王意味着分权，和朝廷代表的大一统是两种不同方向的政治力量，彼此之间你进我退的争斗并不会因为姓氏的同异而有所改变，所以，刘邦分封的刘氏封王又逐渐成为挑战中央集权的政治力量。汉初的封王一直是导致分裂的政治隐患，经过文帝、景帝和武

---

① ［汉］班固撰：《汉书·董仲舒传》，中华书局1962年版，第2525页。

帝初期的一系列措施,封王才基本上被消化了,不再是对抗朝廷的有效力量,天下“定于一”的理想终于成为现实。在这样的历史背景下,大一统政治制度的合理性证明就成为当时思想家所面临的任务,而董仲舒以他的宇宙理论完成了这一项任务。董仲舒之所以被认为是汉代的大儒,是中国思想发展的里程碑,就是因为他的思想响应了历史的需要并且在理论上表达了那个时代。

二、宇宙构成理论的政治意涵

冯友兰先生说:“盖中国早期之哲学家,皆多较注意于人事,故中国哲学中之宇宙论亦至汉初始有较完整之规模。”①现在看来,冯先生的看法不太准确,因为近年出土的先秦文献《恒先》《太一生水》《道原》等,都有关于宇宙生成的丰富思想,这表明中国古代思想关心宇宙问题的时间要早于汉代,中国古代的宇宙理论形成规模的时间也比汉代早得多。

在指出冯先生的说法不够准确的同时,也必须指出,冯先生的看法是极具洞察力的。因为,尽管中国古代关于宇宙理论的思考要早于汉代,但是以宇宙论的理论形态来呈明天理或者道理,以“天”或者“道”之普遍性来作为人之当然的依据,是在汉代才成为普遍的思维模式的。因此,如果我们把冯先生所说的“中国哲学中之宇宙论亦至汉初始有较完整之规模”,解释

① 冯友兰:《中国哲学史》,中华书局1961年版,上册,第478页。

为直到汉代，宇宙论的思维模式才成为思考问题和表达思想的基本模式，各种不同的宇宙理论才纷纷出现，就是完全正确的了。尤其是，中国早期的宇宙理论都是宇宙生成样态的，到了汉代，才出现了完整的宇宙构成的理论，而宇宙构成的理论才从理论上论证了"一切存在都存在于宇宙之内"，从而为大一统政治制度的合理性奠定了宇宙论的基础，满足了时代对于理论的需要。

整体地考察汉代的宇宙理论，可以看到两套不同的论说模式，一套是宇宙生成的理论，一套是宇宙构成的理论。宇宙生成的理论延续了先秦以来的宇宙论思想，被汉代的道家所继承，用来表达批判文明异化、超越现实世界的立场。这样的宇宙理论对于董仲舒时代所面临的理论任务来说，显然是不合用的。从上文关于汉初政治走势的简单梳理可以看到，时代对理论提出的问题是：先秦分立的列国应该如何纳入统一朝廷的统一管理之下，各地不同的风俗如何可能在共同的文化背景下共存，用宇宙论的语言来说，就是纷繁的万物如何可能构成一个统一的宇宙。董仲舒用宇宙构成的理论完成了对这些问题的回答，建构了一套儒家立场的宇宙构成理论。如果冯先生稍微改变他的说法，说中国早期儒家并没有关于宇宙理论的思考，直到汉代才有了一套成规模的宇宙理论，这套理论不同于道家的宇宙生成理论，而是一套关于宇宙如何构成的理论，就是更加准确的说法了。

董仲舒是汉代宇宙构成理论的创建者。这套理论现在看起来尽管比较粗疏，但是它自有其内在理路，不仅能够自洽，而且对于当时的现实,具有很强的解释作用。下面我们就追踪董仲舒的思路,梳理宇宙构成理论的基本思路,并分析这个理论的现实意义。

从逻辑上看,董仲舒建构宇宙构成论的第一步,是确认宇宙的基本构成要素,他认为宇宙的基本构成要素有十项,他说:

> 天有十端,十端而止已。天为一端,地为一端,阴为一端,阳为一端,火为一端,金为一端,木为一端,水为一端,土为一端,人为一端,凡十端而毕天之数也。天数毕于十。(《春秋繁露·官制象天》)
>
> 天、地、阴、阳、木、火、土、金、水,九,与人而十者,天之数毕也。(《春秋繁露·天地阴阳》)

确认了宇宙的十大构成要素后,董仲舒为它们安排了各自的功能。首先是排定天地五行的空间位置:天在上,地在下,木在东,火在南,土在中,金在西,水在北,这样就构成了一个立体的宇宙空间。如果董仲舒的宇宙空间就只是由天地五行这七大宇宙要素搭建出来,那么这样的一个宇宙空间还是僵硬和静止的,没有生长,没有运动。但是不要着急,董仲舒确认的宇宙构成要素是十个,天地五行之外的阴阳,就被董仲舒用来解决宇宙的运动和生长的问题。按照董仲舒的设想,阴阳这两个宇宙构成要素并不占据固定的空间位置,而是作为两种具有相反功能的力量,按照“阳气始出东北而南行……阴气始出东南而北行”①的基本路线运行于东、南、中、西、北五方空间，辅助木、火、土、金、水五行成就“天”的生长收藏。在加入了阴阳的运行之后，原来固着而静止的宇宙空间就有了变动，尽管变动的次序是固定的，只是周而复始的东南西北、春夏秋冬，但是，宇宙毕竟不再僵固，而是活动着的了。这种活动恰如其分地描述了农业社会里春耕、夏长、秋收、冬藏的基本运作样态。

天地五行为宇宙搭建出一个空间形态的结构，阴阳保证这个结构不会陷入死寂，而是运动着的。如果就此停住，那么董仲舒所描绘的宇宙就还只是一个机械的宇宙。但是，董仲舒说的“天有十端”至此才用了九端，还有一项最重要的因素没有说到，这一项宇宙的构成因素就是“人”。正是“人”的进入，才打破了宇宙的机械运动，使宇宙成为灵动的。

董仲舒认为，人能够成为宇宙的一项独立构成要素，这是“人之超然万物之上，而最为天下贵”的原因。②人虽然活动于天地之间，但是，人作为宇宙构成的一项独立因素，既不依靠占据某个固定的空间位置来发挥作用，也不依靠在空间中的有序运行来发挥作用，人发挥作用的方式是与整体的天（宇宙）发生感应。董仲舒用了天人同类和同类相动来论说天人感应的可能，他说，天是人的曾祖父，人是天的子孙，是一个小宇宙，所以，人的任何活动，都会与宇宙发生相互影响的作用。如果说

① 钟肇鹏主编，于首奎、周桂钿、钟肇鹏校释：《春秋繁露校释》，山东友谊出版社1994年版，第604页。

② 钟肇鹏主编，于首奎、周桂钿、钟肇鹏校释：《春秋繁露校释》，山东友谊出版社1994年版，第868页。

天地五行搭建的宇宙是一个僵固的空间，阴阳的进入使宇宙有了稳定的运行，那么，人的进入就使宇宙充满了灵动的变化，因为人在不断地以自己的行为影响着宇宙，而宇宙在不停地回应着人的行为。因此，宇宙因为有了人，而成为一个生机勃勃的灵动空间了。

天人能够感应，天人感应的具体实现，则需要通过阴阳五行来完成。因此，在天人之间的相互感应中，阴阳五行的地位相较于人则降低了一格，成为天人感应具体发生的类别标识。这样，人的地位不仅高于万物，也高于阴阳五行。就“天有十端”而言，人越出了万物，与阴阳五行一样是天的独立构成因素，就天人能够全面感应而阴阳五行只能各司其职而言，“人”这一项特别的宇宙构成要素又越出了宇宙的其他构成要素，成为最终决定宇宙面貌的独特要素。

宇宙万象纷呈，人之外的万物不是宇宙的独立构成要素，它们又如何在宇宙中确定自身的位置、功能和作用呢？董仲舒设计的方式是，万物根据各自的属性“投所贵之端”。所谓“投所贵之端”，就是阴性的属阴，阳性的属阳，土性的属土，水性的属水，等等，也就是万物根据自身的属性，分别归属于阴阳五行的某一项，被阴阳五行的类别携带着，进入到统一的宇宙之中，参与宇宙的运行。它们的作用，也根据各自所投之端的属性来确定，属阳的发挥阳性的作用，属阴的发挥阴性的作用，等等。这样，董仲舒由天之十端建构出来的宇宙，就是一个容纳一切而无所缺遗的完整宇宙。

上文指出，大一统的政治制度需要有效的理论证明，现在，董仲舒用宇宙构成的理论证明了宇宙的统一性:一切存在都存在于宇宙之中,没有外在于宇宙的存在,因此,任何试图外在于大一统制度的企图,都是违背"天理"的邪念,都有可能遭受天谴,受到天罚。理论和历史就这样形成了互动:在历史的实际运动中出现了统一的朝廷和大一统的政治制度,于是有了证明宇宙统一性的理论需要;反过来,关于宇宙统一性的理论证明,不仅支撑了大一统的政治制度,而且塑造了普遍的统一心态,这种心态成为维系政治上大一统的精神力量,保障了统一的长久维持。从中国历史的实际历程来看,历史上多次出现了分裂,三国、南北朝、五代十六国等,但是,如果查看分裂时期的社会心理,可以看到,尽管时人处于分裂之中,没有人认为分裂是合理的,相反都是身处分裂心向统一。执掌权力的人们,更是以实现统一为职事,为理想,为天命。如果说,秦汉的历史统一奠定了中国大一统政治制度的基础,那么就可以说,董仲舒的宇宙构成理论不仅从理论上证明了这套制度的合理性,而且塑造了维护中国统一的思想力量。有了这套宇宙观影响下的普遍统一心理,中国才能屡经分裂而终究能够统一不散。对于中国的统一,董仲舒功莫大焉。

三、"天理"维护道德的超越意义

在董仲舒的宇宙构成理论中,宇宙不仅是完整的,也是有序的。五行各有方位,在春、夏、秋、冬的不同时令分别发挥着当令的统领作用,阴阳则根据不同时令,按照各自的既定路线运行,助成五行的功效,成就四季的生长收藏。如果哪个因素、哪个环节出现差错,就会出现相应的灾难,例如“木有变,春凋秋荣”“火有变,冬温夏寒”“土有变,大风至,五谷伤”“水有变,冬湿多雾,春夏雨雹”,等等。阴阳的运行不按照既定路线,也有相应的灾难。

宇宙可能发生灾异,而灾异发生的原因是阴阳五行有变。但是在董仲舒的设想中,五行的位置是既定的,阴阳的运行路线也是既定的,阴阳五行自身并不会发生变异。那么,是什么力量影响了阴阳五行的变异呢?董仲舒说,是“人”,是人的活动尤其是人的道德活动违反了“理所当然”,才导致了阴阳五行的变异,导致了宇宙间的灾异。董仲舒的天人感应理论赋予人独特的地位,也赋予人巨大的责任,宇宙的任何变异都被认为有人事的原因,都要由人来承担相应的责任。

确认了人的责任,剩下的问题就是如何负责了。人要对灾异负责,首先要知道这是一个什么性质的灾异,是由阴阳五行中的哪一个因素发生了什么样的变异而导致的。这个问题相对比较简单,因为宇宙的正常现象已经有了基本的规定,就是春生、夏长、秋收、冬藏,春温、夏热、秋凉、冬寒,如果与之相反、相异,例如“春凋秋荣”,就可以知道是“木有变”,其他以此类推。问题是,人的什么行为能够导致“木之变”,什么行为能够导致“土之变”或者阴阳五行的其他变异呢?为了清楚人的责任,人除了要知道自己面对的是一个什么样的灾异,还要知道是自己的什么错误导致了灾异。因此,即使是为了知道人的错误,人的道德行为必须分类,人的道德属性也必须分类,要将其纳入到阴阳五行的各个类目之下，与阴阳五行所喻指的其他现象构成同类的关系。这样的同类关系可以保证天人感应的正常进行，也可以保证在发生错误的情况下，人能够根据同类相动的原理，准确地找出自己的错误，采取相应的举动来改正错误。因此，天人感应在赋予人特殊的地位、要求人承担天变的责任时，一定会使宇宙道德化，使宇宙的基本构成要素具有道德的属性，这样才能够具体落实人的道德行为对于天变的影响。

在董仲舒的宇宙理论中，宇宙是完整的，一切存在都存在于宇宙之内，没有什么能够外在于宇宙；宇宙又是有序的，阴阳五行各安其位、各行其序是不能任意改变的，如果五行失位、阴阳失序，就会发生灾异。而天人感应又使宇宙成为道德的，因为五行能否当位，阴阳是否合序，最终是由人的行为来决定的，而衡量人之行为是否“当然”，标准就是道德，更准确地说，是儒家的道德准则。因此，在董仲舒的宇宙理论中，阴阳五行作为宇宙的基本构成要素不仅仅是统万物的类目，还是人的道德行为的宇宙象征。董仲舒说：

东方者木，农之本。司农尚仁……南方者火也，本朝。司马尚智……中央者土，君官也。司营尚信……西方者金，大理司徒也。司徒尚义……北方者水，执法司寇也。司寇尚礼。（《春秋繁露·五行相生》）

推天地之精，运阴阳之类，以别顺逆之理。安所加以不在？在上下，在大小，在强弱，在贤不肖，在善恶。恶之属尽为阴，善之属尽为阳。（《春秋繁露·阳尊阴卑》）

五行莫贵于土……忠臣之义，孝子之行，取之土。(《春秋繁露·五行对》)

木，五行之始也；水，五行之终也；土，五行之中也，此其天次之序也。木生火，火生土，土生金，金生水，水生木，此其父子也……故五行者。乃孝子忠臣之行也。(《春秋繁露·五行之义》)

在《春秋繁露》中，类似的引文还有很多，这里略举几例，以为说明而已。总之，在董仲舒看来，阴阳当然就是阴阳，但又不仅仅是阴阳，阴阳还喻指上下、大小、强弱、人性的善恶和政治措施的刑德，五行则比拟于仁、义、礼、智、信。作为宇宙的构成要素，阴阳的地位是同等的，所以上下、大小、强弱都有存在的资格，人性的善恶和政治措施的刑德也都是必不可少的。但是从功能上看，天尊阳而贱阴，"阳常居实位而行于盛，阴常居空位而行于末，天之好仁……大德而小刑之意"①，这样，儒家所主张的上下各安其位、大小各守其分的秩序中大优于小、上优于下的等级关系，扬善抑恶的王教措施，德主刑辅的制度安排等，就以阴阳为根据而成为对天道的循守。五行也一样，五行有相生相胜的不同关系，有顺逆变救的不同应用，这样，儒家的基本伦理原则仁、义、礼、智、信就有了来自天的恰当运用方式和相互补充关系。再按照董仲舒天人感应的理论，人遵行儒

① 钟肇鹏主编，于首奎、周桂钿、钟肇鹏校释：《春秋繁露校释》，山东友谊出版社 1994 年版，第 581 页。

家的道德原则，就不仅具有维护人间社会和谐共处的意义，同时还具有赞化天道使之良性运转的宇宙意义。而当灾异发生，也能够根据灾异的类别，先落实到阴阳五行的某个类别，再落实到人的相应行为。

宇宙是道德的，宇宙的有序和失序最终是由人的道德行为来决定的，这一点对于儒家非常重要，因为正是这样的论述和理解，才使儒家的德目和道德原则超越了“人的意见”，成为了“天理”。

我们知道，孔子在《论语》里讨论了许多德目，例如忠恕、仁义、智勇、孝悌、慈惠、礼信，等等，可以说，中国传统社会通行的基本道德条目，在孔子的《论语》中都有讨论，并且是充满洞见的讨论。说讨论也许还不够准确，应该说孔子呈明了这些德目的深刻内涵，从而呈明了人的德性。孔子说“吾道一以贯之”，曾子用“忠恕”来解释孔子的一贯之道。也可以说，孔子坚持的是人的德性，他要“一以贯之”的，是发扬人的德性。孔子生于乱世，在“争于气力”的当时，孔子说，力量并不是最根本的，用力量获取利益并不是最重要的，人的德性才是最根本的，养成人的德性才是最重要的。孔子一贯坚持的，就是人的德性。但是，《论语》所讨论的德目，在孔子的时代并没有得到超越性的说明，孔子一贯坚持的人的德性才是人之为人的根本，在孔子的时代也没有被普遍接受，当时社会盛行的，还是功利的原则，而道家也从形而上学的层面，批评儒家超越功利的立意并没有真正把握住现实出现危机的根本，正确的道路应该是返璞归真，复返于初。所以，孔子开创的儒家，在当时更多的是被视为百家争鸣中的一家之言来对待的。如果是一家之言，就还只是一种意见，就不得不处于这种意见与那种意见的对立之中，就会受到来自别种意见的批评。

在春秋战国时代，百家争鸣是思想文化的突出现象。虽然百家之名目不可详考，百家的名称却是频繁出现的，例如，《荀子·解蔽》："今诸侯异政，百家异说。"《荀子·正名》："是故邪说不能乱，百家无所窜。"《庄子·秋水》："困百家之知，穷众口之辩。"《庄子·天下》："百家往而不反，必不合矣。"百家之家或者是指有学术师承的学派，或者是指有相近学术宗旨的学人，总之，是表示思想团体的名称。思想团体之多，以至于名以百数，百家这个名称足以显明当时学术的繁荣。但是，我们眼里的学术繁荣，在时人眼里是思想混乱；我们眼里的思想丰富，在时人眼里是飘荡而无所皈依。这一点从百家名称出现的语境总是透露着某种否定性的评价就可以断定。

儒家是作为百家之一加入到百家的争鸣之中的，因此不可避免地陷入了庄子所说的"是非"对立。《庄子·齐物论》深刻指出，在"意见"与"意见"对立的情况下，断定是非的标准是不可能建立的。《齐物论》说：

我与若辩矣……谁使正之？使同乎若者正之，既与若同矣，恶能正之！使同乎我者正之？既同乎我矣，恶能正之！使异乎我与若者正之？既异乎我与若矣，恶能正之！使同乎我与若者正之？既同乎我与若矣，恶能正之！

作为百家之一的儒家，就这样陷入了争鸣的是非之中，并且在是非的漩涡中遭受批评。例如，孟子被批评为“迂远而阔于事情”；儒家被韩非攻击为“五蠹”之一；墨家说儒家的礼乐不合理，正确的做法应该是非乐、薄葬；道家说儒家没有说到人的根本上，人的道德并不代表人的本质……总之，孔子的“一以贯之”之道，儒家对人之德性的褒扬，在百家争鸣的意见对抗中，不可避免地被视为一种“意见”，并不能超越是非的对立。儒家要跃出百家，他们所推崇的德目还必须经过超越性的证明，以“天理”的资格来超越“人的意见”。

董仲舒的宇宙理论就完成了道德的超越性证明。按照董仲舒的说法，阴阳五行同时表征着善恶和仁、义、礼、智等儒家的德目，由阴阳五行构成的宇宙是一个道德的宇宙。这样，德主刑辅的政治原则，崇善抑恶的德化教养，忠孝、仁义、慈爱等德行德性，都可以在阴阳出入、五行顺逆中得到说明。这样，儒家所推崇的德性德目就超越了“人的意见”，而成为“天心”“天意”的展现，成为“天理”。顺便说一句，程颢说：“吾学虽有所受，天理二字却是自家体贴出来的。”程颢这个话，有他对天理的特别理解作为理由，但是“天理”二字，董仲舒早就说了，整部《春秋繁露》四次说到“天理”，与我们现在话题最为相关的一个说法是“人之德行，化天理而义”（《为人者天》）。根据这个说法，人的德行是以天理为根据，才成为当然的。通过董仲舒的宇宙理论的证明，人的德性（外显则成为德行）被理解为出自天理，儒家的诸德目也因此成为天理的具体表达，不再是一种意见，不再是某个特殊人群的特殊偏好，而成为人之德性的具体呈现。

笔者认为,董仲舒完成了儒学的两个最根本的证明,一个是宇宙统一性的证明,一个是道德超越性的证明。宇宙统一性的证明从思想观念上维护和保证了中国的统一,道德的超越性证明使道德保持着对人事的引导地位。董仲舒的这两个证明,为他奠定了大思想家的地位。

从王道看孟子的民本主义价值观

李振刚

(河北大学政法学院哲学系教授)

一、以德服人与以力服人

本文从王道论谈孟子政治哲学的民本主义价值观。孟子认为,有两条统一天下的道路,即"王道"和"霸道"。他指出:"以力假仁者霸,霸必有大国;以德行仁者王,王不待大——汤以七十里,文王以百里。以力服人者,非心服也,力不赡也;以德服人者,中心悦而诚服也,如七十子之服孔子也。"(《孟子·公孙丑上》)可见,"王道"与"霸道"是根本不同的两种政治路线。王道的作用在于道德,霸道的作用在于武力。圣王之道在于靠道德感化力而使天下归服,而霸主之道则在于依靠大国的武力将天下压服。孟子推崇王道而贬抑霸道。孟子也不否认霸道的威力,但认为,霸道虽可以靠强力使天下暂时统一,但这种压而服之的暴力主义终不能使天下长治久安,永致太平。就是说,霸道虽可以在短时期内"一天下",却不能长时期"致太平",因为依靠强力将他人、他国压而服之,而不能使其心悦诚服,一有机会他们还会起而反抗。而王道则不然,以道德感化力使他人、他国归服,虽有时见效较慢,但一旦服而归顺,则是发自内心的自觉自愿的服顺,就如同七十子归服孔子那样。这种"中心悦而诚服"乃王道政治见效长久的根本所在。总之,孟子认为,王道高于霸道,一则在于霸道需要以大国为条件,王道不受大国的限制,只要道义厚重,就可以使天下归服。文王以百里之地而王天下,汤以七十里之地而王天下便是道义力量可以制服强权暴力的明证。二在于王道不仅可以"一天下",而且可以长久"致太平"。

基于对王、霸之辨的认识,孟子鲜明地坚持尊王抑霸的立场,高扬王道主义,反对霸道主义。孟子认为,按照尊王大义,各诸侯均应以礼朝王。诸侯一次不朝,天子则贬其爵位;二次不朝,则减其土地;三次不朝,便要兴师声讨问罪。然而作为春秋五霸的齐桓、晋文之辈,不仅不上尊王命,吊民罚罪,反而挟天子以令诸侯,故"五霸者,三王之罪人也"(《孟子·告子下》)。孟子高扬王道主义,以一天下、致太平为理想目标,自然反对戕贼人道、争夺城池的不义之战,对动辄发起战争霸道主义者,孟子深恶痛绝,他说:"争地以战,杀人盈野;争城以战,杀人盈城,此所谓率土地而食人肉,罪不容于死。故善战者服上刑,连诸侯者次之,辟草莱、任土地者次之。"(《孟子·离娄上》)孟子反对的与战争有关的人,大体上有此三种:一是能为国君开辟土地,增加财富,内求富国强兵,外求称霸诸侯的臣子;二是能够利用外交手段为国君结盟他国的臣子;三是为不仁之君谋划发起战争的人。这些人通常被视为"良臣",孟子则称之为"民贼",如其言"今之所谓良臣,古之所谓民贼也",与他们在一起"虽与之天下,不能一朝居也"(《孟子·告子下》),厌恶之情溢于言表。

《孟子·公孙丑上》载,孟子游齐时,公孙丑问孟子说,如先生当政于齐,是否能重现管仲、晏子之政绩呢?孟子不屑与管、晏比肩,于是挖苦公孙丑说:"子诚齐人也,知管仲、晏子而已矣。"孟子接着说起与曾西有关的一件事,来表达自己对管仲之类霸业的看法:"或问乎曾西曰:'吾子与子路孰贤?'曾西蹴然曰:'吾先子之所畏也。'曰:'然则吾子与管仲孰贤?'曾西艴然不悦,曰:'尔何曾比予于管仲?管仲得君如彼其专也,行乎国政如彼其久也,功烈如彼其卑也;尔何曾比予于是?'曰:'管仲,曾西之所不为也,而子为我愿之乎?'"这里,孟子借曾西之口说,管仲那样受到其君的信任,而其当政又那样长久,但只做到使君称霸的地步,其功绩实在平平,不足称道。在孟子看来,当时频繁的战争使百姓生活在水深火热之中,民悦仁政犹解"倒悬",如果谁能得到管仲那样的机会,帮助齐宣王推行王道,则统一天下易如反掌。孟子分析说:"齐人有言曰:'虽有智慧,不如乘势;虽有镃基,不如待时。'……且王者之不作,未有疏于此时者也;民之憔悴于虐政,未有甚于此时者也。饥者易为食,渴者易为饮。孔子曰:'德之流行,速于置邮而传命。'当今之时,万乘之国行仁政,民之悦之,犹解倒悬也。故事半古之人,功必倍之,惟此时为然。"(《孟子·公孙丑上》)

二、王道之威在得民心

首先,孟子坚信仁者之师无敌。战争的胜负在很大程度上取决于民心之向背,以至仁伐至不仁,易如反掌。孟子引《尚书》所载的汤征葛而天下顺之的事实说,王者之师所到之处,解民倒悬,救民水火,因此,“东面而征,西夷怨;南面而征,北狄怨,曰:‘奚为后我?’民望之,若大旱之望云霓也。归市者不止,耕者不变,诛其君而吊其民,若时雨降。民大悦”(《孟子·梁惠王下》)。这样的王者之师怎么能不所向披靡呢?武王伐纣也是这样,当时在无道纣王统治下的殷民已不堪其苦,对于王师的到来,迎之尚恐不及,何忍与之相抗?故孟子说:“国君好仁,天下无敌焉。”(《孟子·尽心下》)尽管孟子对王者之师的威力有些夸大其辞,对仁义道德的感化力量也不免有些绝对化,但他看到了民心向背在政治、军事活动中的巨大作用,将战争最早区分为正义与非正义的不同性质,从而提出以“仁”反对不仁之军事政治观点,无疑具有历史的进步性。

其次,得民心者得天下。这里着重分析“民”在孟子王道论中的地位。理解了这一点,就明白了孟子王道主义的思想前提,也就会明白孟子思想有时不为封建政统所推重,甚至有反感的原因。《孟子·离娄上》中有一段孟子著名的话:“桀纣之失天下也,失其民也;失其民者,失其心也。得天下有道:得其民,斯得天下矣;得其民有道,得其心,斯得民矣;得其心有道:所欲与之聚之,所恶勿施,尔也。”这段话,确实道出了古今中外概莫能外的一条治国安邦的根本规律，孟子与梁惠王、齐宣王、滕文公多次讲到这个问题。

再次，天时、地利不如“人和”。孟子认为，社会历史活动的成功与失败，受三大条件的制约，这三个条件即天时、地利和人和。在制约历史活动的三大条件中，天时、地利属于客观条件，而战争胜败的决定性因素不是那些客观条件，而是“人”的主观因素，具体说也就是人心的向背。“人和”是决定历史活动成败的首要因素。孟子论证说：“天时不如地利，地利不如人和。三里之城，七里之郭，环而攻之而不胜。夫环而攻之，必有得天时者矣；然而不胜者，是天时不如地利也。城非不高也，池非不深也，兵革非不坚利也，米粟非不多也；委而去之，是地利不如人和也。故曰：域民不以封疆之界，固国不以山溪之险，威天下不以兵革之利。得道者多助，失道者寡助。寡助之至，亲戚畔之；多助之至，天下顺之。以天下之所顺，攻亲戚之所畔，故君子有不战，战必胜矣。”（《孟子·公孙丑下》）“人和”与“不和”，关键取决于历史活动（战争）符合人道（仁义）还是背离人道。

三、王道之基在惠民之政

孟子以推行王道平治天下为己任，在周游列国与各国君主谈论王道理想时，总是不忘“仁政”惠民的问题。“仁政”是孟子所设想的实现王道蓝图的政治纲领，其惠民立场主要体现在如下四个方面：

其一，省刑薄敛。孟子指出，要“一天下”就必须得民心，而得民心之道在于省刑罚，薄税敛，发展经济，改善人民的生活。孟子说：“市，廛而不征，法而不廛，则天下之商皆悦，而愿藏于其市矣；关，讥而不征，则天下之旅皆悦，而愿出于其路矣；耕者，助而不税，则天下之农皆悦，而愿耕于其野矣；廛，无夫里之布，则天下之民皆悦，而愿为之氓矣。”（《孟子·公孙丑上》）在市场储藏货物而不征税，对积压的货物，如果滞销，则依法加以收购；对于关卡，只加以稽查而不征税；对于耕田的人只要助耕公田，不另征税；对于一般的集镇居民，不收额外的劳役钱和地税，这样便可以减轻百姓的负担，提高他们从事经济活动的积极性。百姓一旦安居乐业，民心便会归顺，邻国之民也就会来投奔。因此，孟子认为，如能推行上述惠民政策，“然而不王者，未之有也”（《孟子·公孙丑上》）。

其二，制民之产。孟子认为，没有固定的产业收入却有恒定的道德观念和行为准则的，只有“士”才能做到。至于一般的人，如果没有稳定的经济来源，便不会有恒定的道德观念和行为准则。这样就会胡作非为，违法乱纪，什么事都干得出来，等到他们犯了罪，然后再去加以惩罚，这就等于陷害。为了使老百姓具有恒定的道德观念和行为准则，执政的君主就应当给民分配一定的产业，使其有固定的收入，此种举措即“制民之产”。孟子说：“是故明君制民之产，必使仰足以事父母，俯足以畜妻子，乐岁终身饱，凶年免于死亡；然后驱而之善，故民从之也轻。”（《孟子·梁惠王上》）“制民之产”的具体做法是，依照古代井田制把每平方里的土地按照“井”字形平均分为九块,每块百亩。中心一块为公田,周围八块为私田。这种用共耕公田代替赋税的劳役制,大概就是周文王治岐时"耕者九一"的助法。这种分田制禄的制度使老百姓有了固定的产业和收入,为其安居乐业提供了物质保证。

其三,使民以时。在制民之产的基础上,孟子主张不违农时,适时发展经济,使百姓过上不饥不寒的生活。他写道:"五亩之宅,树之以桑,五十者可以衣帛矣。鸡豚狗彘之畜,无失其时,七十者可以食肉矣。百亩之田,勿夺其时,数口之家可以无饥矣。谨庠序之教,申之以孝悌之义,颁白者不负戴于道路矣。七十者衣帛食肉,黎民不饥不寒,然而不王者,未之有也。"(《孟子·梁惠王上》)这里孟子为我们描绘的是自给自足的自然经济生活方式、近乎完美的古代田园牧歌。在方里而井的土地上,有五亩大小的农家宅院,八户人家比邻相居,男耕女织,安居乐业。吃着自己种的粮,穿着自己织的布,年长的老人还可以衣帛食肉。这种田园牧歌式的生活,千百年来一直成为中小农孜孜以求的理想,也构成东方宗法伦理秩序的物质基础。这种生活方式在今天看来已不可思议地封闭落后了,但在两千年前的中国社会正在由奴隶制向封建地主制嬗变的时代,它的确是一种历史性进步。孟子制民之产、不违农时,发展小农经济的设想,力求将封建地主阶级的国家利益同小生产者的个体利益统一起来,通过稳定社会基层生产力来稳定整个社会的政治秩序和伦理关系,此种创举在很长一段历史时期内曾起到了推进社会进步和生产力发展的作用。

其四,兴庠序之教,申孝悌之义。在做到"黎民不饥不寒"

的基础上,孟子所设想的惠民之政还包含积极推行人伦教化的内容。人伦教化的中心是教民孝悌,也就是教民亲亲、敬长,以确立社会伦理秩序。教民亲亲,其目的是建立家庭伦理秩序;教民敬长,其目的是建立社会上的伦理秩序。一统天下之君王如能建立好家庭与社会的伦理秩序,天下自然会安定和谐,人民也就能乐享太平。孟子说:“设为庠序学校以教之:庠者,养也;校者,教也;序者,射也。夏曰校,殷曰序,周曰庠;学则三代共之,皆所以明人伦也。人伦明于上,小民亲于下。有王者起,必来取法,是为王者师也。”(《孟子·滕文公上》)朱熹注:“庠以养老为义,校以教民为义,序以习射为义,皆乡学也。学,国学也。共之,无异名也。”①孟子认为,夏、商、周三代学校名称虽殊,而三者的教育职能和内容是一样的,皆是以“明人伦”为主,也就是“申之以孝悌之义”(《孟子·梁惠王上》),使人们做到“父子有亲,君臣有义,夫妇有别,长幼有序,朋友有信”(《孟子·滕文公上》),这样从家庭关系到其他社会关系便有了秩序,而稳定的伦理秩序是“王天下”的基础。所以,孟子把孝悌之道看作是平治天下最简易直接的道路,故其言:“道在迩而求诸远,事在易而求诸难。人人亲其亲,长其长,而天下平。”(《孟子·离娄上》)孟子认为,“尧舜之道,孝弟而已矣。子服尧之服,诵尧之言,行尧之行,是尧而已矣”(《孟子·告子下》)。等到人人成为以孝悌为本的尧舜时,便是王道主义圆满实现之日。

---

① [宋]朱熹撰:《四书章句集注》,中华书局1983年版,第255页。

四、王道之情在与民偕乐

这里进一步分析孟子所设想的推行王道主义的方法。孟子说:“人皆有不忍人之心。先王有不忍人之心,斯有不忍人之政矣。”(《孟子·公孙丑上》)“不忍人之心”即“恻隐之心”,它指的是人类的同情心。王道不是别的什么,推行王道的关键在于当政者将心比心,“恻隐之心”又只有通过爱的行为来完成和发展。而爱的行为又只不过是“善推其所为”,也就是实行推己及人、将心比心的“恕”道。王道不是别的,只是圣王发自仁爱之心实行恕道的结果。

其一,“推恩”可以保四海。孟子认为,王道既然根于人性,本于人道,那么推行王道并无奥妙,也不难。《孟子·梁惠王上》载,有一次齐宣王看见一头牛被人牵去作牺牲,他“不忍其觳觫,若无罪而就死地”,因而命令用羊替换它。于是孟子对宣王说,这就是他的“不忍人之心”的体现,如果能将此心推广到人事上,他就是在行王道。为了启发宣王觉悟,孟子接着讲了一番“不能”与“不为”的道理。孟子说:“今恩足以及禽兽,而功不至于百姓者,独何与?然则一羽之不举,为不用力焉;舆薪之不见,为不用明焉;百姓之不见保,为不用恩焉。故王之不王,不为也,非不能也。”齐宣王问:“不为者与不能者之形何以异?”孟子说:“挟太山以超北海,语人曰:‘我不能。’是诚不能也。为长者折枝,语人曰:‘我不能。’是不为也,非不能也。故王之不王,非挟太山以超北海之类也;王之不王,是折枝之类也。老吾老,以及人之老;幼吾幼,以及人之幼。天下可运于掌……故推恩足以保四海,不推恩无以保妻子。古之人所以大过人者,无他焉,善推其所为而已矣。今恩足以及禽兽,而功不至于百姓者,独何与?"(《孟子·梁惠王上》)在孟子看来,宣王既然能对一只牛发出恻隐之心,为什么不能对人加以仁爱呢?可见,宣王不推行王道,是不想推行(不为),而不是不能推行。孟子的言中之意是在告诉宣王,只要把对禽兽的同情心推及人事上,像爱怜那只可怜的牛一样去关心老百姓的疾苦,那就是在推行王道和仁政了。而文王治岐时就是这样做的。孟子说:"昔者文王之治岐也,耕者九一,仕者世禄,关市讥而不征,泽梁无禁,罪人不孥。老而无妻曰鳏,老而无夫曰寡,老而无子曰独,幼而无父曰孤。此四者,天下之穷民而无告者。文王发政施仁,必先斯四者。"(《孟子·梁惠王下》)

其二,好货、好色与百姓同之。对于孟子所说的王道,齐宣王嘴上说"善哉",心里并不想实行,说:"寡人有疾,寡人好货。"孟子说:"王如好货,与百姓同之,于王何有?"齐宣王又推辞说:"寡人有疾,寡人好色。"孟子说:"王如好色,与百姓同之,于王何有?"孟子对齐宣王说的一切,没有别的,就只是"善推其所为",即推行恕道。在孟子看来,王如果知道自己的欲望(好货、好色)从而也想到所有人的欲望,并采取措施尽可能满足之,那么,好货、好色不仅不能算作毛病,简直是在推行王道了。冯友兰先生在论及孟子王道论中"善推其所为"的方法时,认为这是将孔子恕道由内圣之层面推及为外王之学。他说:"在这里我们可以看出,孟子如何发展了孔子的思想。孔子阐明忠恕之道时，还只限于应用到个人自我修养方面，而孟子则将其应用范围推广到治国的政治方面。在孔子那里，忠恕还只是‘内圣’之道，通过孟子的扩展，忠恕又成为‘外王’之道。”①其实，并不只限于“善推其所为”这一点，孟子整个王道论，均是根据其心性论推演出来的，是其道德人本主义学说在政治观上的表现而已。这一思路后世儒家谓之以内圣启外王。

其三，以天下之忧乐为忧乐。为了推行仁政，孟子反对统治者荒淫无度，但他并不否定当权者可以有自己的园囿楼台等物质享乐。孟子提出一个原则，用以衡量统治者的“乐”是正当的，还是不正当的。这个原则便是“与民同乐”。他说：“不得而非其上者，非也；为民上而不与民同乐者，亦非也。乐民之乐者，民亦乐其乐；忧民之忧者，民亦忧其忧。乐以天下，忧以天下，然而不王者，未之有也。”（《孟子·梁惠王下》）一次，齐宣王问孟子：听说文王之囿（狩猎场）有方圆七十里，有没有这回事？孟子回答说：在史籍上有这样的记载。齐宣王接着问：真的有那么大吗？他的意思是想按照文王的规模扩大自己的园囿。孟子看透了齐宣王的心思，便欲擒故纵地说：文王的园囿那么大，老百姓还以为太小了呢！齐宣王不解地问：我的园子才四十里见方，可百姓还抱怨太大呢，这是为什么呀？孟子回答说：文王的园子尽管大，可是打柴割草的人，捕鸟打猎的人都可以进去，老百姓以为小，这不是很自然吗？你的园囿不能

① 冯友兰著，涂又光译：《中国哲学简史》，北京大学出版社 1986 年版，第 88 页。

与民共之。人们进去打一只鹿就犯了杀人一样的大罪。你的园子尽管不如文王的大,然而像一个四十里见方的陷阱,“民以为大,不亦宜乎?”孟子的意思是说,乐民之乐者,民亦乐其乐;忧民之忧者,民亦忧其忧。只有与民共乐,与民共忧,才能得到老百姓的支持与同情,从而获得真正的乐。

孟子与齐宣王还讨论了“独乐乐,与人乐乐,孰乐”的问题。一日,孟子见齐宣王问:王曾经告诉庄暴爱好音乐,有这件事吗?齐宣王不好意思地说:寡人不是爱好先王之乐,只不过是爱好世俗之乐罢了。孟子说:王之好乐甚,齐国便会很不错。先王之乐与世俗之乐是一样的。齐宣王说:能把其中的道理讲给我听听吗?孟子说:一个人单独求快乐,与跟别人一起追求快乐,究竟哪一个更快乐?齐宣王说:当然是与人一起更快乐。孟子说:与少数人在一起追求快乐与跟多数人在一起追求快乐,究竟何者更快乐?齐宣王说:当然是跟多数人更快乐。孟子接着给齐宣王讲与民同乐方是真正快乐的道理,大意是说,如果王能与民同乐,那么当你鼓乐和田猎的时候,百姓听到你的音乐,看到你田猎的旌旗,便会发自内心高兴地说:我们的王一定很健康呀,不然怎么会奏乐和打猎呢?相反,如果你不能与民同乐,那么,当你鼓乐和田猎的时候,百姓就会愁眉苦脸地相互转告说,我们的王寻欢作乐,怎么搞得我们这么痛苦啊!可见,只有与民同乐,才是真正的快乐。孟子说:“今王与百姓同乐,则王矣。”从与民同忧乐的思想出发,孟子尖锐地批评了当时一些当权者一味寻欢作乐,置民于水深火热而不顾的丑恶现象,指斥他们是“率兽食人”,“上慢而残下”。他说:“庖有肥肉,厩有肥马,民有饥色,野有饿莩,此率兽而食人也。兽相食,且人恶之;为民父母,行政,不免于率善而食人,恶在其为民父母也?"(《孟子·梁惠王上》)

孟子"与民同乐"和"乐民之乐者,民亦乐其乐""忧民之忧者,民亦忧其忧"的忧乐观,包含着一个极普通而又极深刻的人生哲理:只有有道德的人,才是真正快乐的人。人生的快乐多种多样,但归根到底,真正的快乐,能使人感到充实、感到精神舒展,毫无愧怍的快乐,当是那种能够与民休戚与共、共忧共乐的道德快乐。有德之人,能与人分享快乐,这种乐本身既可以使自己快乐,也可以使别人快乐,因而是精神舒展的乐,是真乐;无德的人只顾自己一身之乐,甚至以别人的痛苦换取自己的淫乐,这种自私的寻欢作乐,转瞬便会转变为内心的愧怍,这种自私自利的快乐不如说是一种精神的折磨。孟子把"乐以天下,忧以天下"当做仁政的一部分,因为他真实地感悟到了"与民同乐"的力量。

五、王道之德在贵民之义

在孟子的王道论体系中,人民居于首要的地位,是决定国家政治活动乃至其他一切历史活动的主体。因此,处理一切问题均应以民为本,把人民的利益放在突出的地位。孟子的民本论可以从下面几个方面加以认识:

其一,民贵君轻。孟子云:"民为贵,社稷次之,君为轻。"(《孟子·尽心下》)国家是由人民、土地、政权所组成的。从孟子所持的“性与天道”的观点来看，人是与天相感通的，故其言：“尽其心者，知其性也。知其性，则知天矣。”(《孟子·尽心上》)在孟子王道主义学说中，天视自我民视，天听自我民听，人民居于首要的地位，社稷(土谷之神)次之，君为轻。这可以从两个方面加以考察：一是从天下之组织系统来看，天下是由众多国组成的，国是由众多的家组成的，而家是由单个的人组成的。所以孟子说：“天下之本在国，国之本在家，家之本在身。”(《孟子·离娄上》)个人是组成天下的基本元素。个人即人或民。无人民，便无天下国家。二是从组成国家的要素来看，国家是由人民、土地组成的。(《孟子·万章上》)民以食为天，而“食”是由土谷之神(社稷)来供应，可见社稷是十分重要的，没有它，人民的生活就没有保障。但社稷之神毕竟是为人民服务的，因而是第二位的。人们平时要以上等的礼仪祭祀土地和谷神，但是，当社稷之神不负责任，神性不灵验时，人民则有权改立社稷之神，用孟子的话说是“牺牲既成，粢盛既洁，祭祀以时，然而旱干水溢，则变置社稷”(《孟子·尽心下》)。而国君不过是上天暂时委任的保民官。如失去民心，上天就会改立另外的有德之人当天子。正所谓：“天命靡常，惟德是辅。”

其二，人民有权推翻暴君。由于人民乃上天之骄子，历史之主体，因此，只有得到人民的拥护，天子才能成为天子。这叫做“得乎丘民为天子”。如果贵为天子，而不能与万民共忧乐、同甘苦，相反，为个人的享乐置人民于水深火热中而不顾，那么人民就可以像汤推翻夏桀，武王伐纣那样奋起革命，推翻暴君。这种替天行道、诛伐独夫民贼的行为完全是正当的。《孟子·

梁惠王下》载:“齐宣王问曰:‘汤放桀,武王伐纣,有诸?’孟子对曰:‘于传有之。’曰:‘臣弑其君,可乎?’曰:‘贼仁者谓之“贼”,贼义者谓之“残”。残贼之人谓之“一夫”。闻诛一夫纣矣,未闻弑君也。’” 孟子认为汤放桀、武王伐纣的行为,完全是顺乎天意、得乎民心的正义之举。对于这样的暴乱之君,如有人奋起而诛之,则是替天行道,诛杀独夫民贼,而不是“弑君”。黄宗羲“君为天下之大害”“天下为主,君为客”的思想,正是从孟子这里脱胎而来的。

其三,君臣关系相对论。孟子从人民历史主体性出发,提出了民本主义君臣关系论。孟子指出,君有君道,臣有臣道。“欲为君,尽君道;欲为臣,尽臣道。二者皆法尧舜而已。”(《孟子·离娄上》)“法尧舜”也就是以尧舜之道为立身行政之本。这样,作为人君就必须礼贤下士,仁政爱民,为政以德,居仁由义,正己而后正人。“君仁,莫不仁;君义,莫不义。”(《孟子·离娄下》)人君要成为天下人的道德楷模,这样的人才配待在人君的位置上,否则必被人民推翻。孟子援引《尚书·太甲》中的话告诫人君要好自为之:“天作孽,犹可违;自作孽,不可活。”(《孟子·离娄上》)国之君王只有推行王道,落实仁政,才能得到人民的拥戴。而作为大臣,不可唯君之好是投,唯君之命是从,而要牢牢记住“不以舜之所以事尧事君,不敬其君者也”(《孟子·离娄上》)。因此,人臣不可一味讨好人君,做逢迎之臣,而应做“以安社稷”为己任的社稷之臣,做时时刻刻敢于“格君心之非”的君子之臣。孟子进而强调,臣事君之道当以君对臣的态度而定。“君之视臣如手足,则臣视君如腹心;君之视臣如犬马，则臣视君如国人；君之视臣如土芥，则臣视君如寇雠。”（《孟子·离娄下》）这种以民为本的君臣相对论，在历史上无疑具有进步性，在整个封建社会中，它往往为非正统思想家所继承，成为批判封建君主专制制度的思想火种。

孟子以人民为本位的历史主体意识在儒家道统中深深埋下了民本主义思想的火种，为儒家思想在捍卫封建政统的同时又限制封建政统提供了某种可能性。在封建社会中，不可能产生近代意义上的民主意识，即使是最具有批判意识的思想家也不可能超越这种历史限制。但是，民本主义在封建文化传统中，相对于神本主义和君本主义，无疑具有更大的历史进步性。等到历史进入封建社会后期，当新的历史条件出现后，它便会成为启蒙时代进步思想家促发民主意识的文化基因。孟子以道德人本主义为内在根据的王道主义社会政治理想，尽管带有某些空想性，尽管过分夸大了道德力量在社会历史活动和国家政治生活中的作用，但理想主义在本质上是批判的和超越的。千百年来，它一直成为历代开明君臣所追求的治国安民的理想，并对封建制度的自我完善提供了某些示范作用。每当封建专制制度偏离这一理想太远时，它便会诱发人民对苛政的反抗，这正是孟子王道主义理想的历史进步性之所在。

“亘”与“亘先”①
——上博楚竹书《亘先》的关键概念研究

丁四新
(清华大学人文学院哲学系教授)

楚简《亘先》是上海博物馆藏战国楚竹书中的一篇,是颇为重要的道家哲学文献,原释文注释是由李零负责的。这篇竹书共十三支简,第3号简背写有“亙先”二字,②即所谓篇题。“亙”即“恒”字古文。(《说文·二部》)自2003年12月出版以

① 本文原稿为中文,其节略本曾英译发表在 *Frontier of Philosophy in China*(《中国哲学史》)2016年第11卷第2期。本次全文发表,并在原稿的基础上作了重要修改。特此说明。

【基金资助】本文得到国家社科基金重大项目“出土简帛四古本《老子》综合研究”(15ZDB006)的资助,同时得到“中央高校基本科研业务费专项资金”武汉大学自主科研项目的资助。

② 马承源主编:《上海博物馆藏战国楚竹书(三)》,上海古籍出版社2003年版,第108,291页。

来，这篇竹书在学界引起了较大的关注和讨论。① 据我们的搜集，迄今为止，发表的相关文章已超过了一百篇种。最近，笔者在美国夏威夷大学参加了一次有关这篇竹书的专题研讨会，②就如何理解《亘先》，大家反复诘难，展开了激烈的争论，其中对“亘”字及其相关概念的讨论尤为激烈。“亘”应读作“恒”还是“极”，“亘先”应读作“恒先”还是“极先”，以及如何理解它们的内涵？这些问题在笔者看来无疑是研究这篇竹书文义和思想的关键。有鉴于此，本文拟再作讨论，以期解决这些问题。

一、《亘先》亘、亟、恶的古文字隶定与恒、极的释读

在李零编联的基础上，学界对《亘先》的简序随后又作了多种调整，③其中庞朴的方案影响广泛，笔者即采用此一方案。下文的论述即以此简序为基础。

---

① 李零释文注释：《恒先》，见马承源主编《上海博物馆藏战国楚竹书（三）》，上海古籍出版社2003年版，第285～299页。竹简图版，参看此书第105～118页。

② 会议名称为“Inquiring into the Central Idea of Hengxian（恒先）in the Excavated Bamboo Texts”，时间：2015年8月29—30日；主办方：Journal of Chinese Philosophy，along with the department of philosophy of University of Hawaii at Manoa。

③ 在李零简序的基础上，庞朴的简序为：1→2→3→4→8→9→5→6→7→10→11→12→13；顾史考的简序为：1→2→4→3→5→6→7→8→9→10→11→12→13；曹峰的简序为：1→2→3→4→5→6→7→10→8→9→11→12→13；夏德安的简序为：1→2→3→4→5→6→7→10→11→8→9→12→13。参看庞朴：《〈恒先〉试读》，见梁涛主编《中国思想史前沿——经典·诠释·方法》，陕西师范大学出版社2008年版，第151～154页；顾史考（Scott Cook）：（转下页）

1. 第12号简的“亟”和“恖”二字的隶定

《恒先》的“亘”“亘先”应当如何释读和理解是学界迄今尚在研讨和争论的关键问题。这篇竹书的内容比较陌生，且内涵相当丰富，学者在理解上难免存在较大的差异。另外，笔者还看到，学科的不同也导致了学者彼此之间的隔膜。毫无疑问，这篇竹书到现在还有大力研究的必要。

先看“亘”字的隶定和释读，这是我们讨论相关问题的起点。在李零的释文中，竹书《亘先》的“恒”字一共出现了八次，它们是：

恒先无有。（第1号简）
恒莫生气。（第2号简）
恒气之生。（第2—3号简）
或，恒焉。（第3号简）
恒先。（第3号简背）

（接上页）《上博竹书〈恒先〉简序调整一则》，载“简帛研究”网2004年5月；曹峰：《近年出土黄老思想文献研究·谈〈恒先〉的编联与分章》，中国社会科学出版社2015年版，第63～74页；夏德安（Donald Harper）：《读上博楚简〈恒先〉》，“2007中国简帛学国际论坛”论文，台湾大学中国文学系主办，2007年11月10—11日；庞文，最初于2004年4月发表在“简帛研究”网上，后来又发表在两个地方：参看“孔子2000”网2004年6月；梁涛主编：《中国思想史研究通讯》2004年第2辑，第21～23页。曹文，先以《〈恒先〉编联、分章、释读札记》为题于2004年5月发表在“简帛研究”网上，后又发表在《清华大学学报（哲学社会科学版）》2005年第3期上。

恒气之生。(第9号简)

无忤恒。(第12号简)

无不得其恒而果遂。(第12号简)

前六字,李零均隶作“亘”,后二字则隶作“⿱亘止”。[①] 这八个字,他都读作“恒”。很可能,他认为前六字和后二字属于同义同概念的异文关系。李零对于前六字的释读,绝大多数学者是赞成的,但是对于后二字的释读,遭到了学者的有力反对。李锐首先认为后二字应当释作“极”,他说:“《恒先》篇最末两个‘恒’字,写法特殊,也有可能是‘极’字。”[②]又说:“原释文以为从亘从止,但字形与一般‘亘’不同,疑当释为‘亟(极)’。”[③]李锐的改释,很快得到了廖名春[④]、董珊、季旭升和裘锡圭[⑤]等人的肯定。这两个字,董、裘二氏分别隶作“⿱亟土”和“⿱亟心”,而季氏都

---

① 李零释文注释:《恒先》,见马承源主编《上海博物馆藏战国楚竹书(三)》,上海古籍出版社2003年版,第298页。

② 李锐:《清华大学简帛讲读班第三十二次研讨会综述》,载“孔子2000”网2004年4月;又载“简帛研究”网2004年4月。

③ 李锐:《〈恒先〉浅释》,载“孔子2000”网2004年4月;又载“简帛研究”网2004年4月。

④ 廖名春:《上博藏楚竹书〈恒先〉简释》,载“孔子2000”网2004年4月。据廖文,李锐尚未准确隶定此二字的构形。

⑤ 董珊:《简帛文献考释论丛·楚简〈恒先〉初探》,上海古籍出版社2014年版,第19页;裘锡圭:《是“恒先”还是“极先”》,载“复旦大学出土文献与古文字研究中心”网2009年6月;见季旭升主编:《〈上海博物馆藏战国楚竹书(三)〉读本·恒先译释》,万卷楼图书股份有限公司2005年版,第241页。董文,原载“简帛研究”网2004年11月。裘文,最初在“2007中国简帛学国际论坛”(台湾大学中国文学系主办,2007年11月10—12日)上发表。

隶作“亟”。裘氏为学林巨子,其说影响广大,信者甚众。在中国哲学界,曹峰和陈静最先跟从此说,认同“极”字的读法。[1]当然,也有许多学者仍然跟从李零的释读,例如浅野裕一、王中江、连劭名和谭宝刚等。[2]

第 12 号简上的那两个字应当如何隶定及读为何字,这是需要严肃对待的问题。为了辨明这一问题,笔者先将这八个字的图版列之如下:

简 1 简 2 简 2 简 3

简 3 背 简 9 简 12 简 12

很容易看出,前六个和后两个楚文字的写法是不同的,差

① 在字形的隶定上,曹峰仍从李零释文,作“亙”;陈静则直接引作“极”字。按,李零的文字隶定是不正确的。曹峰:《近年出土黄老思想文献研究·〈恒先〉注释》,中国社会科学出版社 2015 年版,第 116 页;陈静:《〈恒先〉义释——思想视野下的一种解读》,载《西安建筑科技大学学报(哲学社会科学版)》2007 年第 1 期,第 7 页。此前,前一字陈静引作“极”,后一字引作“恒”。参看陈静:《自由与秩序的困惑——〈淮南子〉研究》,云南大学出版社 2004 年版,第 247 页。

② 浅野裕一:《上博楚简〈恒先〉的道家特色》,载《清华大学学报(哲学社会科学版)》2005 年第 3 期,第 59,61 页;王中江:《〈恒先〉宇宙观及人生观的构造》,载《文史哲》2008 年第 2 期,第 47 页;连劭名:《楚竹书〈恒先〉新证》,载《中原文物》2009 年第 2 期,第 80 页;谭宝刚:《老子及其遗著研究——关于战国楚简〈老子〉〈太一生水〉〈恒先〉的考察·〈恒先〉考论》,巴蜀书社 2009 年版,第 336 ~ 338 页。按,在裘文未发表以前,浅野裕一和许多学者都跟从李零读为“恒”的意见,笔者亦不例外(参看《楚简〈恒先〉释义》),而王中江、连劭名、谭宝刚坚持李零的释读,则是在裘文发表之后。

别较大。前六字,乃《说文·二部》所列“恒”字古文,即“死”字。“死”即“亘”字。其实“亘”乃“恒”之本字,“恒”字本从二从月,古文作“死”,“外”旁乃“月”旁之讹变。李零将竹简的“死”字都直接写成“亘”,这是无可非议的。目前,这六字读为“恒”的意见得到了大多数学者的认可。

不过,对于后二字李零的释读,学者多持批评的意见。此二字均为上下结构,与前六字差别较大。据此,笔者认为,李零的释读确实值得商榷。首先,李氏的文字隶定是不够准确的,甚至是错误的。其实,《亘先》第12号简上的那两个字,前一字从亟从止,后一字从亟从心,其上部均非从“死”。此二字应当从董珊和裘锡圭的意见,分别隶作“壂”和“惡”。裘氏还更准确地指出:“此二字上部作‘亟’,与一般‘亟’字稍有不同,即中间右侧作⊢,与楚简‘亘’字同,而与古文字一般‘亟’字从‘支’者异。但侯马盟书‘亟’字亦有作此形者,‘⊢’可视为‘支’之省。”①应当说,裘氏的字形分析是非常严谨和准确的。进一步,“壂”“惡”二字应当读为“恒”,还是读为“极”?对于这一问题,裘锡圭先生给出了明确的回答,并作了详细的论证。

2. 裘锡圭对“恒”字通读法的破除而主张以“极”字通读全文

再看第12号简的“壂”“惡”二字是否可以读为“恒”的问

① 裘锡圭:《是“恒先”还是“极先”》,载“复旦大学出土文献与古文字研究中心”网2009年6月。

题。从表面来看,李零是以“恒”字通读《亘先》全文的。他不但将第12号简那两个字读为“恒”,而且说此二“恒”字“亦指道”,①此即明证。不过,他的读法很快遭到了怀疑和否定,其中裘锡圭的批评和论证最值得注意。

第1—9号简的六个“亘”字,从字形和字音来看,无疑可以读作“恒”,无需再作论证。至于第12号简的“堊”“恶”二字,虽然李零的隶写是不正确的,他的读法也因此遭到了严重的怀疑,但是这在李零本人看来果真是如此吗?这是一个值得再讨论的问题。此前,李氏曾说:“战国秦汉文字,‘恒’‘极’相近,常被混淆,如马王堆帛书《系辞》中的‘太恒’,今本作‘太极’,就是类似的例子。这种混用,孰为本字,似有两种可能,一种可能是字本作‘恒’,后改为‘极’;一种可能是字本作‘极’,用‘恒’代替。此类现象值得重视。它不仅有别于同音换读的通假字和通义换用的互训字,也有别于通常所说的异体字和偶尔发生的字形讹误,是属于当时认可的混用。”②李氏认为,在战国秦汉文字中,“恒”“极”(或“亟”“亘”)二字存在混用的现象。这是说,在他看来,《亘先》“堊”“恶”二字的“亟”旁都可以看作“死(亘)”字的混写,因而可以直接隶作“荳”并读为“恒”的。这样,他就构造出了一个以“恒”字贯通《亘先》全文的读法。

---

① 李零释文注释:《恒先》,见马承源主编《上海博物馆藏战国楚竹书(三)》,上海古籍出版社2003年版,第298页。

② 李零:《郭店楚简校读记》(增订本),北京大学出版社2002年版,第6页。

但是，李零将第12号简的“𡈼”“𢝊”二字看做“𡌯”的混写，进而读为“恒”字的做法真的可以成立吗？现在看来，答案是否定的。关于出土简帛“亘”“亟”二字的混用关系，裘锡圭在作了大量的考察之后说：

> 总之，在我们所能看到的、数量不能算少的战国时代的楚简里，基本上是借“亘”为“亟”的。已有学者指出，“亟”和“亘”不但字形在楚文字中相似，而且上古音也相近，二者的声母皆属见系，韵部有职、蒸对转的关系，所以楚人会以“亘”为“亟”。①

在战国楚简中，“基本上是借‘亘’为‘亟’的”，裘锡圭所说的这一句话颇为重要，是解决上述问题的关键。这是说，在战国楚简中，目前尚未见借“亟”为“亘”的例子。查阅白于蓝《战国秦汉简帛古书通假字汇纂》和王辉《古文字通假字典》二书，也可知裘说是正确的和可取的。② 因此“亟”“亘”二字不是相互混用，而是单向的借“亘”为“亟”的关系。这样，李零将《亘先》“𡈼”“𢝊”二字看做是“𡌯”之混写的看法是不能成立的。目前看来，将此二字隶作“𡌯”，只能判定为失误，而李零由此读为

---

① 裘锡圭：《是“恒先”还是“极先”》，载“复旦大学出土文献与古文字研究中心”网2009年6月。

② 白于蓝编著：《战国秦汉简帛古书通假字汇纂》，福建人民出版社2012年版，第402页；王辉编著：《古文字通假字典》，中华书局2008年版，第229页。

“恒”字,这一读法也因此是不能成立的。其实,这两个字都应该按照李锐、裘锡圭等人的意见读作“极”。不仅从字形来看,它们应当读作“极”(读作“极”是符合楚文字的一般读法的),而且从文义来看,“极”训为“准则”,放在“无忤极”和“无不得其极而果遂”两句中也是非常通顺的。而李零以“恒”字通读全文的做法也因此完全丧失了依据。

李氏将第1—9号简的六个“亘”字读为“恒”的做法也因此失效了吗？我们看到,裘锡圭先生就是如此认为的。裘氏与李零的读法正相反对,他以“极”字通读全文,欲将六个“亘”字也一并读作“极”。而《恒先》的“亘”字能不能读为“亟(极)”呢？对于这一问题,裘锡圭作了大力论证,除了对“域亘焉”句中的“亘”字有所犹豫之外,[①]他认为这六个“亘”字都应当读为“极”。裘氏是这样说的:

> 从楚简用字习惯和《亘先》文义来看,“亘先”“亘气”应读为“极先”“极气”。前者指宇宙本原,后者意近“元气”。“极莫生气”的“极”是“极先”的简称。“太极生两仪”的“太极”这一名称,可能是在“极先”这一系统的宇宙

---

① 对于这个“亘”字,裘锡圭一方面认为“有可能当读为横亘之‘亘’字”,并训此“亘”为“遍”,所谓“域亘焉”是“域是遍及各处的”的意思;另一方面他又说:“又疑这个‘亘’字或许也应读为‘极’。‘极’有达到最高最远之处义……‘域极焉’即‘域’无所不至、无所不在之意。”最终,他倾向于将此“亘”读作“极”。参看裘锡圭:《是“恒先”还是“极先”》,载“复旦大学出土文献与古文字研究中心”网2009年6月。

生成学说的影响下产生的。①

这就是裘锡圭先生的读法！他不但将《恒先》第12号简的“亟”“恶”二字读作“极”，而且由此将第1—9号简的六个“亘”字也读为“极”。这种读法，显然会对《恒先》思想的理解产生根本性的影响，因此我们不得不认真地加以讨论。

总之，通过以上的梳理和分析，对于《恒先》的理解，我们看到形成了李零以“恒”和裘锡圭以“极”为关键词的对立。李零的读法，遭到了裘锡圭的特别检讨和批评。从逻辑上来说，这可以分为两个步骤：第一步，裘氏通过对第12号简的改释，消解了李零的“恒”字通读；第二步，裘锡圭将原释文的所有“恒”字都改读为“极”字。不过，在笔者看来，尽管裘锡圭对于《恒先》第12号简那两个字的改释及改读是正确的，应当予以相信，但是他由此将六个“亘”字一并读作“极”，这一做法无论在文本上还是在义理上都缺乏充足的根据，而未必可靠和可信。

二、是“恒先”还是“极先”

1.“亘先”：裘锡圭的“极先”说

“亘先”，无疑是裘锡圭讨论的重点，这从“是‘恒先’还是

① 裘锡圭：《是“恒先”还是“极先”》，载“复旦大学出土文献与古文字研究中心”网2009年6月。

‘极先’”的标题完全可以看出来。裘氏的论述包括两点：其一，“亘”为“亟”之借字，“亟”读为“极”，所谓“恒先”其实应为“极先”；其二，“极先”是竹书《亘先》的最基本概念，而“极”乃“极先”之省语。

在裘氏之前，李零曾有相似的意思。他说：“‘亘先’读‘恒先’，指作为终极的‘先’。”又说：“但推本溯源，作为终极的‘先’是‘恒先’。”再说：“‘亘气’作为终极的‘气’，最原始的‘气’。”①这都是暗中训“恒”为“极”的例子。庞朴亦曾将“亘(恒)”解释为“极”。他说：“恒先：极先，绝对的先，最初的最初，屈原《天问》所谓的‘遂古之初’……或谓恒乃常，‘恒先无有’即‘常无有’，不确；以‘先’字无着也。”②相比之下，李零有“常”“极”二训，而庞氏仅训为“极”。这样，“恒先”就被解释为“极先”，“绝对的先，最初的最初”。不过，从训诂来看，“恒”训为“极”，这是很生硬的。据《故训汇纂》，“恒”可训为“常”，训为“久”，但是未见训为“极”的例子。③ 有鉴于此，裘锡圭干脆将第1—9号简的六个“亘”字看作“亟”的借字而一并读为“极”。他说：“熟悉楚简的人都知道，楚简的‘亘’可以用为‘亟’。但是在讨论中似乎还没有人明确提出过‘亘先’能否读为‘亟(极)先’，‘亘先’跟‘太极’有没有语言层面上的关系的

---

① 李零释文注释：《恒先》，见马承源主编《上海博物馆藏战国楚竹书(三)》，上海古籍出版社2003年版，第288，287，290页。

② 庞朴：《〈恒先〉试读》，见梁涛主编《中国思想史前沿——经典·诠释·方法》，陕西师范大学出版社2008年版，第152页。

③ 宗福邦等主编：《故训汇纂》，商务印书馆2003年版，第787～788页。

问题。我认为这是一个亟需研究的问题,而答案应该是肯定的。"[①]通过论证,裘锡圭很正式地认为"亘先"应读为"极先"。

归纳《是"恒先"还是"极先"》一文的相关看法,一共有三点。第一,裘锡圭首先肯定了李学勤将马王堆帛书《道原》的"恒无之初"改读为"恒先之初"的意见,[②]但是随后,他认为不能根据帛书的"恒先"证明楚简的"亘先"应读为"恒先",相反,他认为,不但楚简的"亘先"应读为"极先",而且帛书的"恒先"也可能本应当读为"极先",而"极先"源自楚人抄本的"亘先",只不过被后人误读为"恒先"罢了。第二,从宇宙论上,裘锡圭认为,"亘先"虽然不能跟《老子》的"道"简单地画等号,但是"跟'太始'是一回事","'太始'和'亘先'都是宇宙本原","(亘先)既可指宇宙的本原,也可指最原始的阶段",因此从义理上来讲,楚简"亘先"也应当读作"极先",而帛书《道原》的"恒先"则为"亘(极)先"的误写。第三,裘锡圭认为"极先"就是"太极",他说:"'极先'既可省称为'极',在前面加上'太'就成'太极'。"他还说,《亘先》的"极"是"在天地之先的'太极'的来源";"极先"与《系辞》的"太极"具有密切的关系。可以看出,裘锡圭氏认定"极先"是一个最基本、最重要的宇宙论概念,相当于《周易·系辞》的"太极",而"亘(极)"不过是其

① 裘锡圭:《是"恒先"还是"极先"》,载"复旦大学出土文献与古文字研究中心"网 2009 年 6 月。

② 李学勤:《古文献丛论·帛书〈道原〉研究》,上海远东出版社 1996 年版 ,第 163 页;李学勤:《楚简〈恒先〉首章释义》,载《中国哲学史》2004 年第 3 期,第 80 页。

省称。另外,《恒先》第12号简的两个“极”字,裘锡圭认为都应当训为“准则”“法度”,且与“极先”的“极”字有关系。他说:“这两个‘极’所用的字形,与‘极先’‘极气’之‘极’不同,也许是由于语义有较明显的区别的缘故。不过,《亘先》将宇宙的最终本原称为‘极先’或‘极’,‘无连极’‘得其极’的‘极’,当指符合‘极先’精神的准则、法度,两者并不是毫无关系的。”

总之,关于“亘先”,裘锡圭批驳了“恒先”的读法,提出和论证了“极先”的新读法,并认为“极先”才是《亘先》这篇竹书乃至中国古代宇宙论最为重要的概念。而所谓“极先”,在他看来,就是《淮南子 · 天文训》的“太始”和《周易 · 系辞》的“太极”,是“宇宙的本原”,是宇宙“最原始的阶段”。此外,他还将“亘(极)先”作为此一概念的标准表述形式,而“亘(极)”不过是其省称。

2.“亘先”应读作“恒先”,而“亘”是比“亘先”更基本的概念

“亘”读“极”,“亘先”读作“极先”,裘氏的这种读法是否符合竹简《亘先》的原文和思想主旨呢?由于事关宏旨,这一问题理应得到严肃批评和深入讨论。笔者同意裘锡圭等人将第12号简那两个字读为“极”的说法,认为这是恰当的,但是他将第1—9号简的六个“亘”字看作“亟”的借字并读为“极”,这一看法笔者不敢苟同。实际上,目前大家接受其说者甚少。王中江在读了裘文之后,一方面肯定裘说在文字和义理上有一些

道理,[1]但是另一方面又郑重地作了批评。他说:

但笔者的观点有所不同。第一,"亘"作为"恒",更是先秦哲学中的常用字,帛书《老子》和竹简《老子》多读为"恒",通行本《老子》用"常",乃是避汉文帝(刘恒)讳而改。"亘"作为"恒",亦是《黄帝四经》的重要概念。相比之下,"亘"读为"极"的例子比较少见。说帛书《易传》"易有太恒"的"恒"是误抄并无根据,饶宗颐等先生亦肯定原是"恒"字而非"极"字误写。第二,《黄帝四经·道原》"恒无之初"的"无",不用循"亘先"之例而读为"先"。读为"无"在文意上非常恰当,正好体现了道家宇宙本原之"无名""无形"的特质。正如《道原》所说:"故无有形,大迥无名。"第三,《道原》在"恒无之初,迥同太虚"文句之后,又有"虚同为一,恒一而止"之文。其"恒一",类如"恒道""恒德"之"恒",如果也依照"极先",读为"极一"则不通。《恒先》中的"亘气"当读为"恒气",意即"恒常之气"。在《恒先》的宇宙模式中,它不是宇宙最初的东西,因此不宜读为"极气"。简12"无忤亘"之"亘"读为"恒",意思是不违背"常",也很通顺。第四,"恒"的基本意思

---

① 王中江说:"从文字上说,'亘'可读为'亟','亟'确实也通'极'。同时,'亘先'又指宇宙的最初,读为'极先'在文意上颇为顺畅。"见王中江:《〈恒先〉宇宙观及人间观的构造》,载《文史哲》2008年第2期,第46页。按,据裘锡圭说,在楚简中"亘"可为"亟"之借字,而不是读为"亟"。

> 是“久”和“常”……“恒”和“先”都是时间概念,“恒先”之“先”不是一般的“先”,而是“久远之先”“原先”,是宇宙的最开端和最初。庞朴先生释为“极先”,说“恒先”是“绝对的先,最初的最初,类似于屈原《天问》所谓的‘遂古之初’”,这也是立足于时间上的“原点”解释“恒先”的。指称宇宙最初和原初的“恒先”,同《太一生水》的“太一”、《黄帝四经·道原》所说的“恒无之初”和《庄子·天地》所说的“泰初”等是类似的。宇宙在时间上的“原初”,同时又是宇宙在“状态”上的“无有”(“无形”“无名”)。①

可以看出,王中江是赞成李零“亘”读为“恒”的意见,为此,他给出了四条理由。他说,“恒”是先秦哲学例如《老子》《黄帝四经》的常用字,帛书《道原》“恒无之初”的“无”字不必循“恒先”之例而读为“先”,而《恒先》的“亘气”不宜读为“极气”。他又说“恒先”属于时间概念,指称宇宙的最初或原初。这些论点,笔者都是赞成的。笔者此前亦持相近的看法,②但那时不是针对裘说的。当然,王中江有些论断,笔者是不能同意的。例如,他仍赞成李零将第 12 号简的那两个字读作“恒”的说法。又如,他赞成饶宗颐说,以帛本《系辞》“太恒”之“恒”

① 王中江:《〈恒先〉宇宙观及人间观的构造》,载《文史哲》2008 年第 2 期,第 46 ~ 47 页。

② 丁四新:《楚简〈恒先〉章句释义》,见丁四新主编《楚地简帛思想研究(二)》,湖北教育出版社 2005 年版,第 85 ~ 134 页。

为本字,而以今本《系辞》"太极"之"极"为误字。① 再如,他将"恒"看做是时间概念。这些看法都是值得商榷的。

除此之外,对于裘锡圭的释读,笔者还想补充或强调几点批评。虽然裘氏将第12号简的"亟""恶"二字读作"极"是正确的,但是他将第1—9号简的六个"亘"字也读作"极",以期与李零的读法相反对,这不仅是很不恰当的,而且也是完全没有必要的。笔者之所以如此下断语,其实道理正如裘氏检讨李零的失误一样,既然第12号简的"亟""恶"二字在字形上与第1—9号简的六个"亘"字有明显的差别,那么我们有什么充足的理由一定要突破界限,将此六个"亘"字一并读作"极"呢?此其一。其二,单纯从上下文及文义来看,如果"亘"读作"极",那么即使"亘(极)先""亘(极)莫生气""亘(极)气之生"是通顺的,但是"或,亘焉"一句的意思就会变得非常费解。顺便指出,据竹简上下文,笔者认为,"亘、气"二字在句中乃并列关系,而不是偏正结构。李零解为"终极的气""最原始的气",而

① 饶宗颐说:"(帛书《系辞》的)大恒意即大恒或恒常,指某种恒久不变的东西,可能即是《系辞传》形而上的道,和老子所说'独立而不改,周行而不殆'的道体是一致的。"又说:"帛书'易有大恒'一语,无异说易有大常、易有大道了……归结起来,太恒与太极、太一自是一事的异称。"又说:"总结而论,恒是天地的恒律、不易的道理……故《易·系辞上传》提出'大恒'一名,说明为两仪阴阳之所自出。后出的同义字遂写作'太极'。在秦汉之际表现在式和星图上以居天地之中央的极星作为宇宙的核心,亦用以代表大一之神,它的作用和意义跟太恒、太极基本上是一致的。"饶宗颐:《帛书〈系辞传〉"大恒"说》,见陈鼓应主编《道家文化研究》第3辑,上海古籍出版社1993年版,第6,14,17页。

裘锡圭说为“元气”,二说都是难以令人信服的。其三,在经典文本中,单独一个“极”字未见作为宇宙论之本根或世界本原之概念的例子。裘氏说“亘(极)”就是“太极”和“亘(极)先”之省称,这只是他个人的观点,且他的相关论证并不坚实。另外,今本《系辞》的“太极”概念,乃就揲蓍法而言的,裘氏却以宇宙论解之,这显然属于误会。而饶宗颐、王中江将“太恒”看作宇宙论的本原概念,其失正同,同样没有意识到它原本是一个讲筮法的专用术语。其四,笔者赞成帛书《道原》的“恒无”不能改读为“恒先”进而改读为“极先”的观点,因为如果将帛书“恒无之初”改读为“恒先之初”,那么“先”“初”义复,①而“极先之初”一句即不成话语。试想古人会如此遣词造句吗?由此可知,帛书《道原》不仅没有“极先”一词,而且“恒无”亦非“恒先”之误。其五,从庞朴到裘锡圭之所以会将“亘先”读作“极先”,还有一个原因,就是他们没有分清“亘先”与“亘”的差别。当然,李零首先混淆了这两个概念,甚至将它们等同起来了。笔者认为,在《亘先》中,“亘”和“亘先”可以看作两个概念,而且“亘”比“亘先”更为基本。竹简屡言之“亘莫生气”“亘、气之生”“或,亘焉”即明证,而“亘先”在竹简中只出现了一次。裘氏以“亘(极)先”为此一概念的基本表达形式,以“亘(极)”为其省略式,从一定意义上来说,这实际上是对“亘”概念的消解。总之,“亘”可以读作“恒”或“极”,而两相比较,还

① 丁四新:《楚简〈恒先〉章句释义》,见丁四新主编《楚地简帛思想研究(二)》,湖北教育出版社 2005 年版,第 85 ~ 134 页。

是以读作“恒”更为恰当。“恒”，常也，久也，与“极”训“准则”不同。

三、“恒”与“道”“天道”、“恒”与“极”的关系

1.“恒”“恒先”不等于“道”

总结以上各节所论，可以确定《亘先》第12号简的那两个字应当读作“极”，而六个“亘”字则应当读作“恒”。在对“亘”“亘先”的内涵及其与“道”之关系的理解上，李零和裘锡圭的说法最具有代表性。李零是这样说的：

> “亘先”读“恒先”，指作为终极的“先”……“恒先”是“道”，道始虚无，故曰“恒先无有”。
>
> “恒先”是“道”的别名。《老子》第二十五章：“有物混成，先天地生，寂兮寥兮，独立不改，周行而不殆，可以为天下母。吾不知其名，字之曰道，强为之名曰大。”“恒先”就是指先天地而生，独立不改，周行而不殆，作为永恒创造力的“道”。作者认为，天下的矛盾概念皆有先后，如中为外先，小为大先，柔为刚先，圆为方先，晦为明先，短为长先，但推本溯源，作为终极的“先”是“恒先”。“恒先”也见于《马王堆汉墓帛书·道原》（文物出版社一九八五年），作“恒先之初，迥同大虚，虚同为一，恒一而止”，同样是以“恒先”表示“道”（参看李学勤《帛书道原研究》，收入所著《古文献丛论》，上海远东出版社一九九六年，一六二至一六八页）。

亘莫生气:"亘",指上文"亘先",即道……此句的意思是说道并不直接产生气。①

另外,第12号简的那两个字,李零虽然误释为"恒"字,但他说"亦指道",②正可以反映出他对"恒"字的理解。顺便指出,李零的训解有不严密之处,他有时候将"恒"训为"极",而庞朴的解释即依此推衍而来。③ "恒"训为"极",这是不合乎故训的。总结李零的说法,他认为"恒"即"恒先","恒先"即"道",或"道"的别名。这两点看法都被学界广泛接受。但是,除第一点外,裘锡圭不认可李氏"恒先即道"的说法。裘锡圭是这样说的:

"亘先"跟"太始"是一回事,跟《老子》的"道"则不能简单地画等号……"太始"和"亘先"都是指宇宙本原的,

---

① 李零释文注释:《亘先》,见马承源主编《上海博物馆藏战国楚竹书(三)》,上海古籍出版社2003年版,第288,287,290页。

② 李零释文注释:《亘先》,见马承源主编《上海博物馆藏战国楚竹书(三)》,上海古籍出版社2003年版,第298页。

③ 谭宝刚说:"古之'恒'字,其义与'常''极'同,皆有'道'之义。"而他之所以认为"恒"有"极"义,乃因为从出土文献来看,"先秦时期的一些典籍中'极'字原也作'恒'字"。参看谭宝刚:《老子及其遗著研究——关于战国楚简〈老子〉〈太一生水〉〈恒先〉的考察》,巴蜀书社2009年版,第337~338页。按,裘锡圭已阐明在楚简中仅见"亘/恒"借为"亟/极"的例子。这仅是就古文字的借用关系来说的,但不能因此就说"极"字本身即有"恒"义,或"恒"字本身即有"极"义。另外,对于第12号简那两个有争议的字,谭宝刚仍读作"恒",这也是不正确的。此点,参看谭书第335页。

> 强调的是其最原始和在一切之先的特点，组词思路相近。把“亘先”释读为“极先”，显然比释读为“恒先”要好……“亘先”也当是既可指宇宙的本原，也可指最原始的阶段的。
>
> “极先”跟“道”虽然不能简单地画等号，它们的性质显然是类似的。道无为，“极先”也无为。
>
> “极先”既可省称为“极”，在前面加上“太”就成“太极”……但“极先”跟“太极”有密切的关系，恐怕是可以肯定下来的。①

这些论述都是针对李零而言的，比较起来，裘锡圭对“亘”和“恒先”的理解有所深入。首先，虽然他们均以“亘”或“亘先”为竹书的最基本概念，但是李氏读作“恒”或“恒先”，而裘氏则读作“极”或“极先”。其次，虽然二氏都认为“亘”与“亘先”是相等关系，但是李氏对这两个概念作了同样的强调，而裘氏则明显以“亘先”为此一概念的基本表达形式。最后，二氏虽然都认为“亘先”“亘”与“道”具有密切的关系，但是李氏认为“恒先即道”（或“恒即道”），而裘氏则认为二者仅具有类似的性质，他说，“（‘极先’）跟《老子》的‘道’则不能简单地画等号”，并认为“亘先”（或“亘”）是宇宙的至极始点——“太始”。

笔者的理解与李零、裘锡圭有所不同。在《恒先》中，“恒”

---

① 裘锡圭：《是“恒先”还是“极先”》，载“复旦大学出土文献与古文字研究中心”网 2009 年 6 月。

是一个最基本的概念，它包括“恒先”和“或”两个阶段。或者说，“恒先”和“或”是从“恒”分化出来的，属于“恒”的范畴。竹书一曰：“恒先无有……自厌不自忍，或作。有或，焉有气。有气，焉有有。”再曰：“气是自生，亘莫生气。气是自生自作，恒、气之生，不独，有与也。”三曰：“或，恒焉；生或者，同焉。”这三段文字足以说明“恒”确实是一个最基本的概念，而“恒先”“或”是从“恒”分化出来的。所谓“恒先”，即“恒之先”，是内在地在“恒”之先，而不是在“恒”之外，或在“恒”之前的意思。“恒”的特性是“无”，“气”的特性是“有”，“恒无”相对于“气有”，《恒先》的宇宙论以“恒无”“气有”为基本结构。就“恒无”而言，“恒先”是对本根的推极，而“或”则是“恒”的初步生化，但仍属于“恒无”阶段。由此可知，李零和裘锡圭二氏混淆甚至等同了“恒”“恒先”这两个概念，这是不符合竹简原意的。顺便指出，“恒”和“气”在宇宙生化论上虽然有先后关系，但它们不是因果性的而是自然性的。

至于“恒”（或“恒先”）与“道”的关系，笔者认为“恒”虽然与老子的“道”有相似之处，但也有重大的不同。李零认为，“恒先即道”（或“恒即道”），这是不够正确的。竹书不但没有单独出现一个“道”字，而且在地位和功能上竹书的“恒”（或“恒先”）与《老子》的“道”也是颇不相同的。在宇宙生化论的思路和概念的使用上，《恒先》都与《老子》具有重大的不同。从原文来看，直接以老子的“道”去解释甚至代替竹简的“恒”概念，这是非常危险的。裘锡圭认为，“亘先”（他读为“极先”）与“道”虽然具有类似性质，但是不能简单地画等号，并且他认为“亘先”(“极先”)是宇宙生化的起点,相当于《淮南子·天文训》的“太始”,这一看法更为准确。笔者认为,“恒无”与“气有”,是竹书《恒先》的基本宇宙论结构,其中“恒无”是古人宇宙论的思想发展到一定的阶段而必然会被追问和反思出来的;而所谓“恒先”,则指推而极之的宇宙生化的端初。此外,《恒先》属于战国中期的作品,它是否受到了《老子》的深刻影响而一定将老子的“道”作为自己的基本概念?这是一个难以回答的问题。学者引用《淮南子·天文训》和帛书《道原》作为立论的基础,然而在笔者看来,由于撰作时间较晚,它们还难以作为坚实的证据。

2.“恒”与“天道”

从表面来看,“恒”可能与“天道”存在着一定的语义和思想联系。关于“恒”,饶宗颐先生曾有详细的考察和论述,①可以参看。竹书的“死”字,据《说文·二部》,即“恒”字古文,“外”旁乃“月”旁的讹变。“恒”字本从月从二,甲文作“铁199·3”、“明2369”,或增弓旁作“前7·11·2”。甲文“恒”字,最先是由王国维考定的,②其本义为“月弦”。③《诗·小雅》“如月之恒”《毛传》云:“恒,弦也。”正用此义。由表示月相(“月弦”)在天地之间(《说文》所谓从二)有规律的

① 饶宗颐:《帛书〈系辞传〉“大恒”说》,见陈鼓应主编《道家文化研究》第3辑,上海古籍出版社1993年版,第6～18页。

② 王国维:《观堂集林·殷卜辞中所见先公先王考》,见谢维扬、房鑫亮主编《王国维全集》第8卷,浙江教育出版社2009年版,第270页。

③ 董莲池:《说文解字考正》,作家出版社2005年版,第536页。

赢缩变化，此字又引申出“恒常”之义。① 因此，可以说“亘（恒）”字本身包含着“天道”之义，或者说，在古人那里“天道”具有“恒常”的特性。

不过，竹书的“恒”虽然具有“恒常”之义，但它是特就恒无界而言，是用来规范此一阶段的特别概念。从原文来看，它与“天道”概念所关涉的文本相隔较远。“天道”概念出现在“浊气生地，清气生天”一段文字之后。竹书是这样说的：

> 浊气生地，清气生天。气信神哉！云云相生，信盈天地。同出而异性，因生其所欲。察察天地，纷纷而（04）多采。物先者有善，有治无乱。有人，焉有不善：乱出于人。先有中，焉有外。先有小，焉有大。先有柔，焉（08）有刚。先有圆，焉有方。先有晦，焉有明。先有短，焉有长。天道既载，唯一以犹一，唯复以犹复；恒、气之生，因（09）复其所欲。明明天行，唯复以不废。知既而荒思不殄。（05）

“天行”即“天道”。② 从这段简文来看，“天道”概念确实

---

① 饶宗颐说：“日升月恒是天地间常见的自然现象，故恒可引伸为常。亙的字形，从月在上天下地之二的中间，所以亙当是月恒的本字。”饶宗颐：《帛书〈系辞转〉“大恒”说》，见陈鼓应主编《道家文化研究》第3辑，上海古籍出版社1993年版，第7页。

② 竹简“明明天行”之“天行”，即“天道”，“行”训“道”。《乾·象传》：“天行健。”王引之曰：“《尔雅》：‘行，道也。’‘天行’，谓天道也。”参看［清］王引之撰：《经义述闻》卷二，江苏古籍出版社2000年版，第42页。《荀子·天论》：“天行有常。”俞樾曰：“《尔雅·释宫》：‘行，道也。’天行有常，即天道有常。”转见［清］王先谦撰：《荀子集解》卷十一，中华书局1988年版，第307页。

处于"浊气生地,清气生天"之下,乃就天地万物之生成而言的。具体说来,万物生成之中外、小大、柔刚、圆方、晦明和短长的先后之序,即所谓"天道"。而所谓"天道既载",即指此生成次序的具备和完成。总之,竹书《恒先》的"恒"和"天道"是两个概念,分别处于不同的宇宙生成阶段。

此外,竹书的"天道"概念与《老子》的"天道"不同。《老子》的"天道"(或作"天之道")是一个应然性的概念,而在《恒先》中,它表示宇宙生化的过程及其客观法则。进一步,竹书的"天道"概念与《老子》的"道"也不同:竹书的"天道"概念是相对于天地万物而言的,而《老子》的"道"乃宇宙的本根和天地万物流行变化的本体。而且,从春秋到汉代,"天道"常常作为一个单独的概念来使用,与老子的"道"具有重要区别。只是在黄老文献中,"天道"才开始明确地从属于"道"的概念而居于其次的位置。

3."恒""极"的关系

最后,来看竹简"恒"与"极"的关系问题。竹书的"恒"是否能够贯通形上和形下(或自然和人事)二界,且其与"极"又是何种关系?这两个问题都有待阐明。关于第一个问题,笔者认为,"恒"在竹书中不是一个贯通有无、形上形下二界的概念,它仅仅表示宇宙生化过程的初始阶段,特因其常静不动(包括质朴、静止和虚无的特性),故竹简谓之"恒"。关于第二个问题,笔者认为,"恒"和"极"不存在表里的关系,无论是李零的"恒"字通读法,还是裘锡圭的"极"字通读法,都认为它在竹书中是贯通形上、形下二界的。大部分学者认同此一说法,例如季旭升先生虽然赞成将第12号简的那两个字改读为“极”，但是他仍以“道”字释之。[①] 而曹峰则与季氏不同，他认为此二“极”字，“和前面的‘恒’无关”。[②] 笔者认为，曹说是恰当的。《恒先》一曰：“【举】天下之作也，无忤极，无非其所。”再曰：“举天下之作也，无不得其极而果遂，庸或得之，庸或失之？”二“极”字俱训“至”，训“中”，引申之，均训为“准则”，其例故书习见。而所谓“无忤极”“得其极”，就是要遵循“天道”而以之为准则（“极”）。帛书《经法·国次》曰：“不尽天极，衰者复昌。”又曰：“过极失【当】，天将降央（殃）。”其中的“极”字用法与竹书《恒先》一致。总之，由于“恒”不是一个贯通有无二界的概念，而只是表示宇宙生化的最初存在状态或阶段（相当于《淮南子·天文训》的“太始”和《庄子·天地》的“太初”），因而它不可能与竹简下文的“极”相为表里，或者说，竹简的“极”不是以“恒”，而应当是以“天道”为依据和实际内容的。

结　论

综上所论，关于竹书《恒先》的关键概念“亘”和“亘先”，本文得出了如下几条主要结论：

（1）本文同意李锐、裘锡圭等人的意见，楚竹书《亘先》第12号简那两个被李零隶作“亟”并读为“恒”的字，其实应当隶

---

① 季旭升主编：《〈上海博物馆藏战国楚竹书（三）〉读本·恒先译释》，万卷楼图书股份有限公司2005年版，第241页。

② 曹峰：《近年出土黄老思想文献研究》，中国社会科学出版社2015年版，第116页。

作“亟”和“恶”,并读为“极”。在楚简中,“亘”可为“亟”之借字,但未见“亟”借为“亘”字的用例。因此,“亟”和“恶”在《亘先》中都只能读作“极”,而不能读作“恒”。李零的释读是不正确的。

(2)竹书《亘先》第1—9号简的六个“亘”字,裘锡圭均读作“极”,从全文来看,这属于以“极”字通读之例,而与李零以“恒”字通读的做法恰相反对。不过,鲜有学者赞成裘锡圭的这一做法。笔者认为,这六个“亘”字还是以读为“恒”较恰当。《亘先》出现“亘”字的文本只有以“恒”读之,才是完全通顺的,而以“极”字读之,则会出现文句不通顺的情况。另外,字形上的差别也要求“亘”读作“恒”、“亟”“恶”读作“极”,彼此不容混淆。由此,我们可以直接将这篇竹书称名为《恒先》。

(3)“亘”与“亘先”或“恒”与“恒先”是两个概念,且后一概念是建立在前一概念的基础上的,这是说,“亘”比“亘先”更为基本和重要。目前学者多将“恒”和“恒先”混淆、等同起来,甚至以“恒先”为此一概念的优先表达形式,在笔者看来,这都是不正确的。“恒”在这篇竹书中多次出现,而“恒先”仅出现一次。“恒先”是在“恒”的基础上将宇宙生化的始点推至其极的一个概念。而这一概念跟《淮南子·天文训》的“太始”、《庄子·天地》的“太初”在功能上相当。

(4)在《恒先》中,“恒”与“天道”及与老子之“道”的概念都不同。“恒”指宇宙生化的虚无阶段,具有质朴、静止和虚无的特性,与气有相对。而“天道”在竹书中指天地万物的生化及其客观法则的总体,居于形下界之中。竹书的“恒”也有别于老子的“道”,前者在竹书中仅为宇宙生化的初始阶段,是相对于“气有”而构造出来的,而后者不但是宇宙生化的本根,而且贯通形上、形下二界,贯通万有之生成变化之中。而且,《恒先》没有单独出现“道”字。另外,《老子》的“天道”(或作“天之道”)与《恒先》的“天道”概念不同,前者是一个应然性的概念,而后者是一个实然性的概念,表示宇宙生化的实体及其客观法则。

(5)“恒”“极”两个概念在《恒先》中是分离的,而不是互为表里的关系。“恒”居于竹书的第一部分,表示宇宙生化的初始阶段,即虚无阶段,而“极”处于竹书的第二部分,主要阐述统治者的“作为”应当遵行何种准则的问题。从竹书来看,“恒”是宇宙生化、流行的本根,而据“无忤极”“得其极”二句,“极”与“天道”互为表里,它以表示客观法则的“天道”为实质内容,是一个应然性的概念。而这种思想架构也间接地说明了竹书的“恒”概念有别于老子的“道”概念,二者的差异很大。

总之,《恒先》是一篇很重要的出土道家文献,值得探讨的问题很多,而“亘”“亘先”无疑是其中争议最多,也是最为重要的两个概念。希望本文的批评和论述有助于相关问题的解决,及加深对竹书《恒先》思想的理解。

“黄老道”杂议

郭　武
（四川大学道家与宗教文化研究所教授）

所谓“黄老道”，是“黄老学”在东汉时期的发展形态。《后汉书》中有许多关于“黄老道”的记载，如《王涣传》载：“延熹中，桓帝事黄老道，悉毁诸房祀。”①《皇甫嵩传》载：“初，巨鹿张角自称‘大贤良师’，奉事黄老道，畜养弟子，跪拜首过，符水咒说以疗病，病者颇愈。百姓信向之。”②《刘焉传》注引《典略》又记：

> 熹平中，妖贼大起，三辅有骆曜。光和中，东方有张角，汉中有张修。骆曜教民缅匿法，角为太平道，修为五斗米道。③

因为张角后来创立的“太平道”是最早的道教组织之一，所以人们一般认为“黄老道”乃道教的前身。关于“黄老道”及

① ［宋］范晔撰：《后汉书》，中华书局1965年版，第2470页。
② ［宋］范晔撰：《后汉书》，中华书局1965年版，第2299页。
③ ［宋］范晔撰：《后汉书》，中华书局1965年版，第2436页。

其渊源“黄老学”,学界已有不少研究成果,只是,其中的一些问题似乎尚未说透。以下,试浅议之。

首先,作为“黄老道”渊源的“黄老学”,不仅是一种“言”,同时更是一种“术”。

所谓“黄老学”,乃近现代学者提出的一个名词,用以指战国秦汉时期托黄帝之名、宗老子之说且“采儒墨之善,撮名法之要”的新兴道家学派。但事实上,先秦及秦汉典籍中并无所谓“黄老学”一词①,仅有“黄老言”“黄老术”“黄老道德之术”等词,如说汉相曹参“闻胶西有盖公善治黄老言”而学之,“其治要用黄老术”(《史记·曹相国世家》),窦太后“好黄老之术”“好《老子》书”(《史记·儒林列传》),以致“(景)帝及太子(武帝)、诸窦不得不读黄帝、老子,尊其术”(《史记·外戚列传》),②,等等。《史记·乐毅列传》又有太史公的一段说明:

> 乐臣公学黄帝、老子,其本师号曰河上丈人,不知其所出。河上丈人教安期生,安期生教毛翕公,毛翕公教乐瑕公,乐瑕公教乐臣公,乐臣公教盖公。盖公教于齐高密、胶

---

① 不过,秦汉以后典籍中有“黄老学”一词,但其意指通常所谓“道教”。如《吴越备史》卷四载吴越国王后“颇尚黄老学,居常被道士服”,《洞霄图志》卷五则载李洞神“自幼不茹荤酒,嗜黄老学,七岁入洞霄受度,刻意道法,戒行严洁”。

② 此外,《史记》《汉书》关于“黄老术”的记载还有很多,如《史记·陈丞相世家》载陈平“本好黄帝老子之术”,《史记·田叔列传》载田叔“学黄老术于乐巨(臣)公”,《汉书·楚元王传》载刘德“少修黄老术”,等等。

西，为曹相国师。①

由上可知，当时所谓“黄老言”或“黄老术”不仅有《老子》等作为其经典，而且还有着师徒之间的传承授受。故秦汉虽无“黄老学”之词，但“黄老言”或“黄老术”作为一种可以传授的“学”是存在的。

汉代“黄老学”的源头，学界一般认为是战国时期齐国的“稷下学”。关于齐国“稷下学”，史籍曾有不少记载，例如：

昔齐宣王立稷下之宫，设大夫之号，招致贤人而尊宠之，自孟轲之徒皆游于齐。②

（齐）宣王喜文学游说之士，自如驺衍、淳于髡、田骈、接予、慎到、环渊之徒七十六人，皆赐列第，为上大夫，不治而议论。是以齐稷下学士复盛，且数百千人。③

自驺衍与齐之稷下先生，如淳于髡、慎到、环渊、接子、田骈、驺奭之徒，各著书言治乱之事，以干世主，岂可胜道哉！……慎到，赵人。田骈、接子，齐人。环渊，楚人。皆

---

① [汉]司马迁撰：《史记·乐毅列传》，中华书局1982年版，第2436页。

② 徐榦：《中论·亡国》，《四库全书》本。明陈士元撰《孟子杂记》引《中论》此言时“宣王”作“桓公”，但后又有按语曰：“孟子齐宣王时人，徐称‘桓公’，误。”明董说撰《七国考》引《郡国志》云：“齐桓公宫城西门外有讲堂，齐宣王立此学也，故称为稷下学，即稷山馆也”。

③ [汉]司马迁撰：《史记·田敬仲完世家》，中华书局1982年版，第1895页。

学黄老道德之术,因发明序其指意。①

对于“稷下学”中黄帝与老子结合的现象,学界一般认为它是在有关黄帝之传说影响日增的背景下,受“世俗之人多尊古而贱今,故为道者必托之于神农黄帝”②风气的影响,或由于作为黄帝胄裔的田齐在篡权姜齐之后有“扬皇考昭统”的要求,或因为当时道家有抗衡“祖述尧舜,宪章文武”的儒家尊显之需要,而最终出现的。③ 而关于“黄老学”的思想内容,早期学者一般依据相关人物的著述(或其他文献的征引)来进行讨论,且多引用汉代司马谈《论六家要旨》的如下表述:

---

① [汉]司马迁撰:《史记·孟子荀卿列传》,中华书局 1982 年版,第 2346,2347 页。

② 《淮南子·修务训》,《四库全书》本。

③ 详请参阅郭沫若:《稷下黄老学派的批判》,见郭沫若《十批判书》,东方出版社 1996 年版;刘蔚华、苗润田:《黄老思想源流》,载《文史哲》1986 年第 1 期;王明:《道教通论·序——兼论黄帝在中国民族文化史上的地位和作用》,见牟钟鉴等主编《道教通论——兼论道家学说》,齐鲁书社 1991 年版。此外,蒙文通先生则通过详考稷下诸子的学说以及相关典籍,认为“黄老学”乃由稷下各派学者相互融合、渐趋接近而自然形成的,并非由一个道家杂取各家学说而后形成的,同时指出:“司马谈说的道家,显然是杂家,这就是黄老。它和庄周一流的道家是不同的。司马谈说的道家,和刘班九流所谓的道家,内容也是有区别的。司马谈说道家‘以虚无为本,以因循为用,无成势,无常形,有法无法,因时为业,有度无度,因物与合’。可知‘虚无为本’是南北道之所同,故同称道家。而‘因循为用’则是北方道家所独有之精义。可以说黄老之精华即在此,其最后起而能压倒百家亦在此。”详请参阅蒙文通:《略论黄老学》,见陈鼓应主编《道家文化研究》第十四辑,生活·读书·新知三联书店 1998 年版,第 233 页。

道家使人精神专一,动合无形,赡足万物。其为术也,因阴阳之大顺,采儒墨之善,撮名法之要,与时迁移,应物变化,立俗施事,无所不宜。指约而易操,事少而功多。

道家无为,又曰无不为,其实易行,其辞难知。其术以虚无为本,以因循为用,无成埶,无常形,故能究万物之情。不为物先,不为物后,故能为万物主。有法无法,因时为业;有度无度,因物与合。故曰"圣人不朽,时变是守。虚者道之常也,因者君之纲"也。群臣并至,使各自明也。其实中其声者谓之端,实不中其声者谓之窾。窾言不听,奸乃不生,贤不肖自分,白黑乃形。在所欲用耳,何事不成。乃合大道,混混冥冥。光耀天下,复反无名。凡人所生者神也,所托者形也。神大用则竭,形大劳则敝,形神离则死。死者不可复生,离者不可复反,故圣人重之。由是观之,神者生之本也,形者生之具也。不先定其神,而曰"我有以治天下",何由哉?①

后来,随着长沙马王堆汉墓《老子》与《经法》《十六经》《称》《道原》等"黄老帛书"在20世纪70年代的出土,人们对于"黄老学"的认识更加丰富,有关"黄老帛书"的产生时间、形成地域与"黄老学"内容的深入争论也随之而起。例如,关于"黄老帛书"的产生时间,有战国前期、战国中期、战国末期与秦汉之际等说;

---

① [汉]司马迁撰:《史记·太史公自序》,中华书局1982年版第3289,3292页。

关于“黄老帛书”的产生地域,有齐、楚、越、郑诸说。[1] 而关于“黄老学”的内容,诸家则多沿《论六家要旨》“采儒墨之善,撮名法之要”及“以虚无为本,以因循为用”的思路,并围绕相关文献来具体地进行阐发,或强调黄老学“对百家之学的整合”[2],或详说黄老学的“崇道”“贵因”“尚法”“辅以德”[3],或以为黄老学的“重点在于它的政治思想”,即统摄“文武并用,刑德并举”“精公无私,皆断于法”“无执无处,无为而治”“保民、爱民和养民”“‘贵贱有恒位’的等级思想”等内容[4];虽然各家的表述不尽相同,但都承认黄老学派具有强烈的经世精神。[5]

应该说,以往学界对于黄老学的研究具有很高的价值,不过,其种种争论也暗示有关“黄老学”的认识尚待深入。一个重要的问题是,既然稷下先生们著书“言治乱之事”的目的是为了“以干世主”,且黄老学在秦汉时期多被称为“术”而非“学”,司马谈亦谓其“指约而易操,事少而功多”,则其内容也应该是可供“操作”的,而非必为高深玄奥的理论学说。诚然,拥有著述的黄老学也是一种“言”,理论学说本来可以作为行为实践的指导,但黄老学既被世人视为一种“术”,则它所“言”

---

① 张增田:《〈黄老帛书〉研究综述》,载《安徽大学学报》2001年第4期。

② 白奚:《论先秦黄老学对百家之学的整合》,载《文史哲》2005年第5期。

③ 刘蔚华、苗润田:《黄老思想源流》,载《文史哲》1986年第1期。

④ 余明光:《黄老思想初探——读长沙马王堆三号汉墓出土的古佚书〈黄帝四经〉》,载《湘潭大学学报(社会科学版)》1985年第1期。

⑤ 景红:《80年代中期以来黄老学研究综述》,载《管子学刊》1998年第3期。

必有其具体的实施对象。以往学者多乐于讨论黄老学的一些概念,非常重视其说高深玄奥的一面,但忽视其可供"操作"的应用层面,这样做不但有"只见树木,不见森林"之嫌,而且可能造成不知黄老学之"落脚点"究竟在何处的尴尬,令高深的理论学说无所附着。

其次,黄老学的重心由"治国"转向"治身",并在东汉发展成为"黄老道",既有着外部环境的影响,更有着其自身发展的逻辑需要。

实际上,黄老学种种抽象理论的"落脚点",乃在于"治国"与"治身"两个问题上。关于这一点,陈鼓应先生曾在《关于先秦黄老学的研究》一文中高屋建瓴地指出:

> 治身与治国是道家两个重要的组成部分。《老子》主要谈治国,兼谈治身,庄子承杨朱而谈治身,尤重于个人精神境界的提升。黄老道家中,帛书《黄帝四经》仅谈治国,《管子》四篇(《内业》《白心》《心术上》《心术下》)则是治国治身二者兼顾,而《内业》偏重治身,《心术上》则偏重治国。读司马谈《论六家要旨》中所标举的道家,有两个要点,即"以虚无为本,以因循为用"以及对于形神关系的重视,《心术上》即以前者为主题,而《内业》则以后者为主题。[1]

---

① 陈鼓应:《关于先秦黄老学的研究》,见丁原明《黄老学论纲》,山东大学出版社1997年版,第2页。

这里所谓“治身”与“治国”，在某种程度上实即后世道教所追求的“度己”与“度人”①。笔者认为，无论道家或道教的学说理论多么高深与庞杂，其实都是落脚于这两个具体的问题之上的，只是，其在不同时期对这两个问题的偏重有所不同。例如，战国稷下“学黄老道德之术”的慎到、环渊、接予、田骈等人，《史记·孟子荀卿列传》曾明确指出他们的特点是“各著书言治乱之事，以干世主”，亦即以“治国”为主。而司马谈对当时道家（黄老道）“以虚无为本，以因循为用”的具体解释，如“虚者道之常也，因者君之纲也，群臣并至，使各自明也”等，也表明其说多属有关“君臣”相处之道，属于一种“君人南面之术”②。至于汉初相国曹参，采用“休息无为”之术，奠定“文景之治”的基础，更是黄老治国实践的成功范例。不过，当战乱远离、民渐富足之后，汉代统治者对主张“无为而治”的黄老学渐失兴趣，更青睐于主张“以教化为大务”的儒家学说。史载喜好黄老之言的窦太后去世后，“武安君田蚡为丞相，黜黄老、刑

---

① 按，道教的信仰主旨实不是传统学界所认为的那样，纯粹是追求自我得救的“长生成仙”，而是还有与“度己”同样重要的“度人”，亦即强调救助他人、服务社会。详请参阅拙文《“度人”与“度己”：关于当代道教发展的一点思考》，发表于“崂山论道”（2016 年 6 月，山东崂山）。又，元代马端临《文献通考·经籍考》云：“道家之术，杂而多端，先儒之论备矣。盖清净一说也，炼养一说也，服食又一说也，符箓又一说也，经典科教又一说也。”由此可见道教内容之庞杂，并非修炼求仙之一端。

② 关于道家之学，《汉书·艺文志》曾言：“道家者流，盖出于史官，历记成败存亡祸福古今之道，然后知秉要执本，清虚以自守，卑弱以自持，此君人南面之术也。”［汉］班固撰：中华书局 1962 年版，第 1732 页。

名百家之言，延文学儒者以百数，而公孙弘以治《春秋》为丞相封侯，天下学士靡然向风矣”①，汉武帝更在大儒董仲舒的鼓动下②而“罢黜百家，表彰六经”。虽然此后黄老学仍然继续流传，但其重心已经偏离前期的“治国”，而转向“治身”方面发展了，如喜好黄老的淮南王刘安曾“招致宾客方术之士数千人，作为《内书》二十一篇，《外书》甚众，又有《中篇》八卷，言神仙黄白之术，亦二十余万言”③。所谓“《内书》二十一篇”即现存的《淮南子》(《淮南鸿烈》)，其《精神训》《俶真训》《泰族训》诸篇对“养神”“养形”等“治身”问题多有阐发，④而《中篇》八卷即《枕中书》(《枕中鸿宝苑秘书》)，多言神仙黄白之事，亦属“治身”之秘籍。东汉以后，史书有关“黄老”的记载仍然不少，不过其所涉内容多属于“养性”“治身”之范围了，如《后汉书·光武纪》载：

(光武帝)每旦视朝，日仄乃罢。数引公卿、郎、将讲论经理，夜分乃寐。皇太子见帝勤劳不怠，承间谏曰：“陛下有禹汤

① [汉]班固撰：《汉书·儒林传》，中华书局1962年版，第3593页。

② [汉]班固撰：《汉书·董仲舒传》载董仲舒曾向汉武帝上对策曰：“愚以为诸不在六艺之科、孔子之术者，皆绝其道，勿使并进。邪辟之说灭息，然后统纪可一而法度可明，民知所从矣。”

③ [汉]班固撰：《汉书·淮南衡山济北王传》，中华书局1962年版，第2145页。

④ 详请参阅孙以楷主编《道家与中国哲学(汉代卷)》，人民出版社2004年版，第82～84页，第一章第四节《〈淮南子〉——黄老道学的集大成》。

之明,而失黄老养性之福,愿颐爱精神,优游自宁。”①

此外,《后汉书》还记有很多喜好“黄老”的人物,如“好黄老言,清静少欲”的樊瑞,“少好黄老,清静寡欲”的任隗,“善说老子,清静不慕荣名”的淳于恭,“好黄老,不肯为吏”的樊融,“少好老子,隐于华阴山中”且“终身不仕”的高恢。这些人物喜欢的“黄老”,显然也属于个人“治身”之类。

对于上述黄老学由“治国”向“治身”的转变,不少研究成果也曾经谈及,不过或许是由于受主流意识形态的影响,以往学界多在列举现象后将原因归结为外在的社会环境,如阶级矛盾的激化、儒家学说的竞争、统治阶层的态度等,而较少考虑道家(黄老学)本身的因素②。事实上,正如前述陈鼓应先生所言,“治身”与“治国”本来是道家学说的组成部分,而《论六家要旨》中的道家(黄老学)除了“以虚无为本,以因循为用”之外,还非常重视形神问题,即所谓:“不先定其神,而曰我有以治天下,何由哉?”此外,汉代黄老学著作《老子道德经河上公章句》在注解老子“道可道,非常道”句时,曾明确地以“可道”为

① [宋]范晔撰:《后汉书》,中华书局1965年版,第85页。

② 详请参阅许抗生:《略说黄老学派的产生和演变》,载《文史哲》1979年第3期;吴光:《论黄老学派的形成与发展》,载《杭州大学学报(哲学社会科学版)》1984年第4期;丁怀轸:《秦汉时期道家思想的演变》,载《江淮论坛》1992年第1期;余明光、谭建辉:《黄老学术向黄老道教之转变》,载《湘潭大学社会科学学报》1995年第5期;姚圣良:《黄帝传说的发展演变与黄老学的阶段性特点》,载《青海社会科学》2008年第4期。此外,一些有关“黄老学”的通论性著作亦曾谈及此点,兹不赘列。

“经术政教之道”，而以“自然长生之道”为“常道”[1]，从中可见其在“治国”与“治身”之间的价值取向。如此，则汉代黄老学的重心逐渐由“治国”向“治身”转变，实也属其本身发展的逻辑需要，因为治身才是“常道”。况且，汉代统治者后来也并未完全抛弃黄老学，如汉武帝实际上非如通常所谓的“独尊儒术”，而是一直热衷于黄帝、太一、神仙、黄白之术[2]。所以，不能将黄老学在汉代演变为“黄老道”的原因完全归结于外部环境，也应该同时考虑其本身发展的逻辑需要。

第三，推动“黄老学”向“黄老道”发展的方士，并非仅属“方仙道”一系人物，而应包括“方技”与“数术”两类人士（亦即所谓“方术之士”）。

“黄老学”在汉代向“黄老道”的发展，一个重要的因素是诸多方士的介入，其中尤以追求成仙不死的“方仙道”为著。这种介入，实际上在秦皇汉武乃至更早的时期就已开始，如《史记·封禅书》载战国燕齐“方仙道”及其活动：

自齐威、宣之时，驺子之徒论著终始五德之运，及秦帝而齐人奏之，故始皇采用之。而宋毋忌、正伯侨、充尚、羡门高最后皆燕人，为方仙道，形解销化，依于鬼神之事。驺衍以阴阳主运显于诸侯，而燕齐海上之方士传其术不能

---

① 《老子道德经河上公章句》，见《道藏》本。

② 详请参阅卿希泰主编：《中国道教史》第一卷，四川人民出版社 1996 年版，第一章第三节《方仙道的活动与秦皇、汉武的神仙迷信》。

通，然则怪迂阿谀苟合之徒自此兴，不可胜数也。①

蒙文通先生又据《庄子》《楚辞》《淮南子》《抱朴子》诸书，篦理出战国时期的“仙道”主要有行气、药饵、宝精三派。② 而关于秦始皇、汉武帝的求仙活动，许多论著也曾引《史记》之《秦始皇本纪》《孝武本纪》等记载予以说明，并以为这些活动乃“黄老学”转向“黄老道”的重要推力，如卿希泰主编《中国道教史》所言：

从前面所述方仙道的活动可以看出，方仙道是战国至秦汉间方士所鼓吹的成仙之道，其著名的代表人物，在战国末年为宋毋忌、正伯侨、充尚、羡门高等人；秦始皇时有徐市（即徐福）、韩终（众）、侯公、石生、卢生等人；汉武帝时有李少君、谬忌、少翁、栾大、公孙卿等神仙方士。他们宣扬长生成仙的信仰；声称黄帝是长生成仙的榜样而备加推崇，俨然奉之为祖师；提出了多种修炼成仙的方术，主要是寻仙人和不死之药，以及祠灶祭神等，特别是倡导化丹砂为黄金的炼丹术，是方仙道的突出特点和重大贡献。方仙道所具有的这些信仰神仙、崇奉黄帝、主张服食丹药成仙等特征，表明它

① ［汉］司马迁撰：《史记》，中华书局1959年版，第1368～1369页。

② 蒙文通：《晚周仙道分三派考》，原载《图书季刊》1948年第8期，又见蒙文通：《先秦诸子与理学》，广西师范大学出版社2006年版。

是道教孕育过程的重要阶段。①

李刚《论黄老道》一文更有“黄老道是黄老学和方仙道结合的产物”一节，以为“从汉武帝开始，黄老学和方仙道逐渐结为一体，向着黄老道演变”②。其他如郑杰文《方仙道的产生和发展》、梁宗华《方士与黄老道论略》、张世响《燕齐方仙道与道教的出现》等，也多持这种看法。③ 应该说，“方仙道”及其求仙活动确是“黄老学”转向“黄老道”的重要推力，不过，在这个过程中起作用的并非仅属“方仙道”一系人物，而是包括“方技”与“数术”两类人物，亦即通常所谓“方术之士”。考《史记·封禅书》所言“方仙道”，仅有“形解销化，依于鬼神之事”数语说明，《史记集解》则释“形解销化”为“尸解”。至于“以阴阳主运显于诸侯”的驺衍及其“终始五德”说，似乎不能与“方仙道”完全等同，其说在后世的泛滥，乃“燕齐海上之方士传其术不能通”的结果，而这里所谓“方士”也不能与“方仙道”完全等同，应该是全体“方术之士”的简称（详下）。也就是说，所谓“方仙道”最初乃以追求不死和仙药为务，并杂以“鬼神之事”，但后来或许也与其他“方士”一样应用过“五德终始”之说；他们在

① 卿希泰主编：《中国道教史》第一卷，四川人民出版社 1996 年版，第 73 页。

② 李刚：《论黄老道》，载《宗教学研究》1984 年第 S1 期。

③ 郑杰文：《方仙道的产生和发展》，载《中国道教》1990 年第 4 期；梁宗华：《方士与黄老道论略》，载《民俗研究》1995 年第 4 期；张世响：《燕齐方仙道与道教的出现》，载《齐鲁学刊》2004 年第 3 期。

推动黄老学“治身”之术发展，以及黄老学的“宗教化”过程中，起到了重要的作用。

再考《汉书·艺文志》，可知汉代实将各种学、术分为六大类型，即“六艺”“诸子”“诗赋”“兵家”“术数”“方技”，所谓：“大凡书，六略三十八种，五百九十六家，万三千二百六十九卷。”值得注意的是，《汉书·艺文志》在“诸子”类仅列有儒、道、阴阳、法、名、墨、纵横、杂、农、小说十家，“诸子”之外则列有“数术”（含天文、历谱、五行、蓍龟、杂占、形法）①与“方技”（含医经、经方、房中、神仙）②两大类。也就是说，通常所谓追

① 关于“数术”及其所含天文、历谱、五行、蓍龟、杂占、形法诸家，《汉书·艺文志》曾有说明曰：“数术者，皆明堂羲和史卜之职也。”又曰：“天文者，序二十八宿，步五星日月，以纪吉凶之象，圣王所以参政也”；“历谱者，序四时之位，正分至之节，会日月五星之辰，以考寒暑杀生之实……凶阨之患，吉隆之喜，其术皆出焉”；“蓍龟者，圣人之所用也”；“杂占者，纪百事之象，候善恶之征”；“五行者，五常之形气也……皆出于律历之数而分为一者也”；“形法者，大举九州之势以立城郭室舍形，人及六畜骨法之度数、器物之形容以求其声气贵贱吉凶。犹律有长短，而各征其声，非有鬼神，数自然也”。

② 关于“方技”及其所含医经、经方、房中、神仙诸家，《汉书·艺文志》曾有说明曰：“方技者，皆生生之具，王官之一守也。太古有岐伯、俞拊，中世有扁鹊、秦和。盖论病以及国，原诊以知政。”又曰：“医经者，原人血脉经落（络）骨髓阴阳表里，以起百病之本，死生之分，而用度箴石汤火所施，调百药齐和之所宜。至齐之得，犹慈石取铁，以物相使”；“经方者，本草石之寒温，量疾病之浅深，假药味之滋，因气感之宜，辩五苦六辛，致水火之齐，以通闭解结，反之于平”；“房中者，情性之极，至道之际，是以圣王制外乐以禁内情，而为之节文”；“神仙者，所以保性命之真，而游求于其外者也。聊以荡意平心，同死生之域，而无怵惕于胸中。然而或者专以为务，则诞欺怪迂之文弥以益多，非圣王之所以教也”。

求"保性命之真"的"神仙家"或"方仙道",实际上不过是当时"方技"和"数术"两大类(合称"方术")中的一个细小分支而已。即使是将"方技"类的医经、经方、房中、神仙四种"生生之具"全部视为与"方仙道"有关,亦不能涉及包含天文、历谱、五行等在内的"数术",而按照《汉书·艺文志》的说法,"数术者,皆明堂羲和史卜之职也",实与"诸子"中的"阴阳家"相似①,尤其是"数术"中的"五行","其法亦起五德终始,推其极则无不至。而小数家因此以为吉凶"②,实以前述"以阴阳主运显于诸侯"的驺衍为代表③,若将其与"方仙道"割离,则不符《史记·封禅书》"燕齐海上之方士传其术不能通,然则怪迂阿谀苟合之徒自此兴"之说。因此,我们认为以往学界所言推动"黄老学"向"黄老道"发展的方士,并非仅属"方仙道"一系人物,而是应该包括《汉书·艺文志》所列"方技"和"数术"两大类中的人物,亦即通常所谓"方术之士"。而由西汉成帝时著《老子指归》的黄老学者严遵"卜筮于成都",早期道经《太平清领书》"以阴阳五行为家而多巫觋杂语"等,也可知汉代黄老学(黄老道)确已不独有"方仙道"的不死追求,且

① 如《汉书·艺文志》言:"阴阳家者流,盖出于羲和之官,敬顺昊天,历象日月星辰,敬授民时,此其所长也。及拘者为之,则牵于禁忌,泥于小数,舍人事而任鬼神。"

② [汉]班固撰:《汉书·艺文志》,中华书局1962年版,第1769页。

③ 有关驺衍及其阴阳五行学说,详请参阅阎静:《〈史记〉所记驺衍学说的渊源和流变》,载《古籍整理研究学刊》2009年第1期。

还具有其他类型的“方术”内容①。

第四，“黄老道”已经具有宗教性质，期间佛教的传入曾产生了很大刺激，东汉统治者也起过重要作用。

以往学界关于“黄老道”是否已经具有宗教性质的看法颇相矛盾，如卿希泰主编《中国道教史》相关章节虽然列举了黄老道的种种表现，但并未明言其是否已有宗教性质，而仅说它“是道教酝酿、发育接近形成的重要阶段”，“在思想上、理论上为道教的出世准备了条件”②；李刚《论黄老道》一文则明确将黄老道称为“宗教”，并把后来的太平道、五斗米道视为其“支派”，且以《太平经》《参同契》为例剖析了其教义和方术等。③应该说，李刚的看法是大胆而有见地的，因为东汉黄老道不仅确已具有宗教性质，且“道教”是否确实“创立”于汉末的蜀中

① 刘咸炘《道教征略》言：“道教之远源，古之巫、医、阴阳家、道家也。”其所谓“医”与“阴阳家”，即属“方技”和“数术”之类。此外，卿希泰主编《中国道教史》第一卷第一章第四节《崇尚黄老的社会思潮与黄老道》言：战国秦汉时期黄老学曾分衍为“与刑名法术结合的道德法术家”“与阴阳五行结合的阴阳数术家”“与养生之术结合的神仙方技家”三支。这也在一定程度上说明了推动“黄老学”向“黄老道”发展的方士并非仅属擅长养生仙术的“方仙道”一系。

② 卿希泰主编：《中国道教史》第一卷，四川人民出版社1996年版，第91，99页。

③ 详请参阅李刚：《论黄老道》。按，李刚将黄老道视为宗教的说法值得肯定，但其“古代巫教—方仙道—黄老道—道教”的简单直线发展观点需要商榷。

也是需要商榷的问题[①]。事实上,黄老道之具有宗教性质,除

① 事实上,道教的形成并不像佛教、基督教、伊斯兰教等宗教一样,即不是由某一位作为教祖的人物刻意创立,然后枝分叶蔓地衍化出各种支系。道教的形成,乃因相关思想观念、行为方式等曾在古代中国长期存在,并在中国各地广泛流行,至汉代由于佛教传入的刺激,而出现了很多观念相近、行为相似的宗教团体,之后这些团体在两晋南北朝时期经过整合,方被作为一个整体而冠以"道教"之名。考察汉魏及之前的历史文献,并无专指本文拟讨论的推崇道家学说之宗教团体的"道教"一词。汉魏及之前所谓"道教",多泛指某种(尤其是儒家)道理或教化,如《史记·孔子世家》记齐景公责晏子曰:"鲁以君子之道辅其君,而子独以夷狄之道教寡人。"《三国志·魏志》载高柔上疏曰:"道之渊薮,六艺所宗,宜随学行优劣,待以不次之位。敦崇道教,以劝学者,于化为弘。"《三国志·吴志》又载陆逊上疏曰:"昔汉高受命,招延英异,光武中兴,群俊毕至,苟可以熙隆道教者,未必远近。"汉魏文献对于本文所讨论的"道教",多具体地称之为"太平道""五斗米道"或"善道""鬼道"等,如《后汉书·刘焉传》注引《典略》曰:"初,熹平中,妖贼大起,三辅有骆曜。光和中,东方有张角,汉中有张修。骆曜教民缅匿法,角为太平道,修为五斗米道。"《后汉书·皇甫嵩传》载张角"以善道教化天下",《三国志·张鲁传》又载张鲁"以鬼道教民"。道教经典则称所谓"五斗米道"为"正一盟威之道"(简称"正一道"),如南朝《陆先生道门科略》言太上老君"授天师(张道陵)正一盟威之道"。两晋南北朝时期,"道教"一词既可指儒家的学说,也可指佛教的义理,又可指道教的教化,如《晋书·王导传》言:"故有虞舞干戚而化三苗,鲁僖作泮宫而服淮夷,桓文之霸,皆先教而后战。今若聿遵前典,兴复道教,择朝之子弟并入于学,选明博修礼之士而为之师,化成俗定,莫尚于斯!"《魏书·释老志》则载北魏高宗诏曰:"今制诸州郡县,于众居之所,各听建佛图一区……皆足以化恶就善,播扬道教也。"又载太上老君谓寇谦之曰:"宣吾新科,清整道教,除去三张伪法,租米钱税,及男女合气之术。"不过,南北朝时期"道教"一词也逐渐被用来专指道家之教,如《南齐书·顾欢传》载《夷夏论》有"佛教文而博,道教质而精""(顾)欢虽同二法,而意党道教""道教执本以领末,佛教救末以存本"等语,《周书·高祖武皇纪》又载北周武帝曾集群臣辨三教先后,"以儒教为先,道教为次,佛教为后"。而"道教"之作为一个整体出现,实际上也正是在葛洪、陆修静、寇谦之等道士从事"整合"工作的两晋南北朝时期,详待另文讨论。

了可从它与后世太平道、五斗米道之关系来认识,还可以根据它在东汉时期的活动情况来考察。

如前曾述,西汉初"黄老学"已有其经典及传授系统,而黄帝也被方士大加神化。东汉初年,佛教开始传入中国,其宗教形式对"黄老道"的形成产生了很大刺激。本来,古代中国并不缺乏宗教氛围,对此众多学者曾有详细说明[①],只是,东汉以前的中国宗教多属初级形态,尚未有比较成熟的宗教出现。东汉时期,佛教的教化形式曾令中国人耳目一新,如元郝经《续后汉书》言,汉明帝遣使往天竺(印度)求取佛教经像后,"中国始有佛像及经,与其信奉拜跪祠祭之法"[②]。《后汉书·楚王英传》注引袁宏《汉纪》则载当时人们对于佛教的认识:

> 佛者,汉言觉也,将以觉悟群生也。其教以修善慈心为主,不杀生,专务清静。其精者为沙门。沙门,汉言息也,盖息意去欲而归于无为。又以为人死精神不灭,随复受形,生时善恶皆有报应,故贵行善修道,以炼精神,以至无生而得为佛也。佛长丈六尺,黄金色,项中佩日月光,变化无方,无所不入,而大济群生。[③]

---

① 详请参阅卿希泰主编:《中国道教史》第一卷,四川人民出版社 1996 年版,第 19~58 页。

② 《续后汉书》卷八十三,《四库全书》本。

③ [宋]范晔撰:《后汉书》,中华书局 1965 年版,第 1429 页。

以上有关佛教的认识，如“佛”（神圣教祖）、“经”（宗教典籍）、“沙门”（修行者与宣教者）及其信奉形式（拜跪祠祭）、教化内容（修善慈心、专务清静、精神不灭、善恶报应、大济群生）等，实皆对“黄老道”的宗教化产生过影响。东汉时期，老子的形象逐渐得到神化，先被说成“逾百度世为真人”①、“道成身化，蝉蜕渡世”②，后被视为“道”的化身，“生于无形之先，起于太初之前，行于太素之元，浮游六虚，出入幽冥”③，并且受到了人们的崇拜和祭祀④。一些用于宣扬神异、推行教化的典籍如《太平清领书》《老子想尔注》等也开始出现，而奉事黄老道的张角“畜养弟子，跪拜首过”之做法，应也来自前述佛教的“信奉拜跪祠祭之法”。

在这个过程中，东汉统治者曾起过推波助澜的作用。如《后汉书》载明帝时楚王刘英“更喜黄老，学为浮屠斋戒祭祀”，“诵黄老之微言，尚浮图之仁祠，洁斋三月，与神为誓”⑤。由于此时佛教刚传入中国不久，故楚王英将其“斋戒祭祀”“与神为誓”的宗教形式与“黄老之微言”相结合的做法，是有着强烈示范作用的，可谓首开“黄老道”宗教化风气之人。

---

① 《论衡·道虚》，《四库全书》本。

② ［汉］边韶：《老子铭》，见《隶释》卷三，《四库全书》本。

③ ［汉］王阜：《老子圣母碑》，见《太平御览》卷一，《四库全书》本。

④ 如《后汉书·祭祀志》载：“桓帝即位十八年，好神仙事。延熹八年，初使中常侍之陈国苦县祠老子。九年，亲祠老子于濯龙。”

⑤ ［宋］范晔撰：《后汉书·楚王英传》，中华书局1965年版，第1428页。

后来汉桓帝也对“黄老道”的宗教化起过重要推动作用，如史载：“桓帝时，襄楷言佛陀、黄老道以谏，欲令好生恶杀，少嗜欲，去奢泰，尚无为。”（《魏书·释老志》）又载桓帝曾在宫中“立黄老浮屠之祠”（《后汉书·襄楷传》），又曾“遣中常侍左悺之苦县祠老子”“使中常侍管霸之苦县祠老子”，并亲自“祠黄老于濯龙宫”《后汉书·桓帝纪》。《后汉书·王涣传》则载：

延熹中，桓帝事黄老道，悉毁诸房祀……

“事黄老道，悉毁诸房祀”这一举动，一方面显示了汉末民间各种宗教观念、崇拜行为的兴盛，另一方面则反映了东汉统治者对于“黄老道”的特殊崇奉，甚至为此压制其他宗教的存在。所谓“房祀”，一般用指私家祠堂，又特指巫觋之神祠，如《后汉书·桓帝纪》注“房祀”曰：“房谓祠堂也。”《后汉书·栾巴传》记栾巴“有道术，能役鬼神，乃悉毁坏房祀，翦理奸诬”，其注曰：“房谓为房堂而祀者。”宋任广撰《书叙指南·鬼神祠庙》则称：“私室淫祀曰房祀。”①苏轼《雷州八首》又言：“粤岭风俗殊，有疾时勿药。束带趋房祀，用史巫纷若。”②由汉桓帝“事黄老道”而“悉毁诸房祀”，可见“黄老道”似乎已经具有了

① 见《书叙指南》卷十九，《四库全书》本。
② 见《东坡全集》卷二十六，《四库全书》本。

一定的宗教排他性。而汉桓帝以一国君主尊崇“黄老道”且将其与“浮屠”(佛教)并重,并多次祭祀老子,其对于“黄老道”之宗教化的作用,显然比汉初的楚王英更为有力。

由《国语·齐语》《管子·小匡》中的“官人”术说到清华简《芮良夫毖》相关文句的渊源与解读

宁镇疆
（上海大学历史系教授）

《国语·齐语》《管子·小匡》内容大部雷同，用现在古书体例研究的常用语来说，可称为“互见”或“重文”。本文拟讨论的是其中关于举荐贤才的所谓“三选”之法，为论述方便计，兹将两篇内容俱列如下：

> 桓公令官长期而书伐，以告且选，选其官之贤者而复用之，曰：“有人居我官，有功休德，惟慎端悫以待时，使民以劝，绥谤言，足以补官之不善政。”桓公召而与之语，訾相其质，足以比成事，诚可立而授之。设之以国家之患而不疚。退问其乡以观其所能，而无大厉，升以为上卿之赞。谓之三选。国子、高子退而修乡，乡退而修连，连退而修

里,里退而修轨,轨退而修伍,伍退而修家。是故匹夫有善,可得而举也;匹夫有不善,可得而诛也。①

于是乎乡长退而修德进贤,桓公亲见之,遂使役之官。公令官长期而书伐以告,且令选官之贤者而复之,曰:"有人居我官,有功休德,维顺端悫,以待时使,使民恭敬以劝。其称秉言,则足以补官之不善政。"公宣问其乡里,而有考验,乃召而与之坐,省相其质,以参其成功成事,可立而时。设问国家之患而不肉,退而察问其乡里,以观其所能,而无大过,登以为上卿之佐。名之曰三选。高子国子退而修乡,乡退而修连,连退而修里,里退而修轨,轨退而修家,是故匹夫有善,故可得而举也。匹夫有不善,故可得而诛也。(《管子·小匡》)

以上两篇文章关于举荐贤才的所谓"三选",其实就是指选拔贤才要分别经过乡里推举、官长举荐、君主亲自考核等三个步骤②,这显示了古代于举荐贤才之程序上是极严格的。笔者认为,这里的"三选",尤其是第三选,即通过与贤才的交谈、

---

① [战国]左丘明著,[三国吴]韦昭注,胡文波校点:《国语》,上海古籍出版社 2015 年版,第 155 页。

② 对于"三选",韦注谓:"谓乡长所进,官长所选,公所訾相。"陶鸿庆则认为"三选"分别是"令官长选官之贤者而复之"、公省相其质、退而察问乡里(黎翔凤撰:《管子校注》,中华书局 2004 年版,第 422 页)。就三选所经过的范围看,无论是韦注的"乡长所进"还是陶氏的察问乡里,都说明乡一级的考察是存在的。

察其言论来考察对方,如所谓“召而与之语,訾相其质”(此为《齐语》文;《小匡》作“召而与之坐”,“坐”字味同嚼蜡且流于想当然,当系后人妄改)云云,其实是古代重要的选人之法。类似记载见《史记·殷本纪》。该篇提到武丁得傅说的过程,其中有“得而与之语,果圣人,举以为相,殷国大治”这样的记载,所谓“得而与之语”与《齐语》的说法基本一致。我们今天已很难知道史公此处的文献来源,但就其“得而与之语”与《齐语》表述的一致性看,这应该不会是史公的想当然之语,而当是有着确凿的文献依据的。更重要的是,这则例子出现于武丁得傅说这样在古代具有典范意义的“举贤”例子中,这应该也不会是巧合:它昭示这种“得而与之语”的言论考察,几乎是早期考察贤才的必由步骤。这样的步骤,其实就是古代的“官人”术,而我们在这样的“官人”术中,也同样发现了这样的言论考察。

关于古代的“官人”之术,以《大戴礼记·文王官人》和《逸周书·官人解》论述最为详致。两篇文章同样也属“互见”关系,内容大致相同,而就完整性来说,尤以《大戴礼记》为甚,内容较之《逸周书》也稍多。这两篇文章的性质,前人谓即“周家官人之法”①。具体来说,就是提出从六个方面全面考察一个人,即观诚、考志、视中、观色、观隐、揆德,然后再“因方而用之,此之谓官能也”(此《大戴礼记》语,《逸周书》无),正扣“官人”之题。至于这么做的目的,《大戴礼记》后面的“任七属”中已

① 黄怀信、张懋镕、田旭东撰:《逸周书汇校集注》,上海古籍出版社2007年版,第757页。

说得很明白,即"先则任贤",其为举贤任能可谓昭昭明甚。值得注意的是,上述六个方面的"官人"之法,其中的"考志"就是通过考察言论达成的,我们在这一条中也恰恰发现了我们上文讨论比较多的表述模式:"二曰方与之言,以观其志。"此与《齐语》的"召而与之语"、《史记·殷本纪》的"得而与之语"可以说基本一致。《文王官人》篇已说如此察人的目的是"任贤",《齐语》中桓公的"三选"之法也是为了举贤,《史记·殷本纪》的例子更是出现在武丁得傅说这样经典的举贤例子中,这再次说明这种考其言行的"官人"之法是早期举荐贤才过程中不可或缺的步骤。《文王官人》篇中,所谓"方与之言,以观其志"仅仅是六法之一,而单是这一法的文字篇幅就将近五百字,详细讨论诸如"日益""日损""有质""无质""平心而固守""鄙心而假气""有虑""愚赣""洁廉而果敢""弱志""质静""始妒诬""治志"等十三种情况,分类之细,论述之委曲,都让人叹为观止。就此而言,《齐语》《史记·殷本纪》中所见不过是吉光片羽、只鳞片爪,而《大戴礼记·文王官人》《逸周书·官人解》等篇才是这种观念的"大本营"。当然,一旦我们明确此二篇是"官人"之法的大本营,则对上述《齐语》与《小匡》之间的文字歧异,也会有正确的判断。如《齐语》云"设之以国家之患而不疚",而《小匡》作"设问国家之患而不肉","疚"与"肉"差别明显。韦昭注《齐语》云:"疚,病也。豫设以国家之患难问之,不病不能也。"而学者注《管子》径自以《小匡》为是,注云:"其人既可,将立之,又时设问国家之患,以知智谋之深浅,不直相其骨肉而已。肉者,所谓皮相也。”[①]其实,在《逸周书·官人解》六征的第一征中有这样的话:“设之以谋以观其智。”[②]其第二征中又言:“设之以物而数决,敬之以卒而度应,不文而辩,曰有虑者也。”[③]两句俱言“设”,其实即韦注所说的“豫设以国家之患难问之”,或者依《逸周书·官人解》,对要考察的人,要么问之以“谋”,要么问之以“物”,来考察他们的反映或回答。准此,对于上述《齐语》与《小匡》之间“疚”与“肉”的差异,显当以前者为是,理解为“不病不能”,而《小匡》的“肉”当系误讹,至于学者所谓“骨肉”“皮相”释,无疑就更加离题万里了。

另外,说到举贤及尚贤,《墨子》一书更是辟有专篇,而我们在墨子关于举贤的论述中,其实也能找到上述“官人”之法的蛛丝马迹。《墨子·尚贤中》云:

> 贤者,举而上之,富而贵之,以为官长。不肖者抑而废之,贫而贱之以为徒役,是以民皆劝其赏,畏其罚,相率而为贤。是以贤者众,而不肖者寡,此谓进贤。然后圣人听其言,迹其行,察其所能而慎予官,此谓事能。故可使治国者,使治国。可使长官者,使长官。可使治邑者,使治邑。

---

① 黎翔凤撰:《管子校注》,中华书局2004年版,第417页。

② 《大戴礼记·文王官人》此句作:“挈之以观其知。”

③ 《大戴礼记·文王官人》“设”字作“执”,当系误讹。参王引之《经义述闻》卷十三,“大戴礼记下”之“执之以物”条及裘锡圭《古文献中读为“设”的“埶”及其与“执”互讹之例》,见《裘锡圭学术文集》,复旦大学出版社2012年版,第4册,第451页。

凡所使治国家、官府、邑里,此皆国之贤者也。

其中的"听其言,迹其行",也当是与《齐语》的"召而与之语"、《殷本纪》的"得而与之语"、《文王官人》的"方与之言"类似的考察言论之法。可资证明的是,墨子所说"察其所能而慎予官,此谓事能",强调"能",而《大戴礼记·文王官人》下文提及"九用"时也说"因方而用之,此之谓官能也"——"事能"与"官能",其义一也。此外,墨子还提到对考察合格的人才使用,如"可使治国者,使治国。可使长官者,使长官。可使治邑者,使治邑",而《大戴礼记·文王官人》最后讲到对于考察合格人才使用原则的"九用"中亦有"平仁而有虑者,使是治国家而长百姓;慈惠而有理者,使是长乡邑而治父子;直愍而忠正者,使是莅百官而察善否",这里的"治国家""长乡邑""莅百官"与墨子的"治国""长官""治邑"可以说完全一致(次序微有差异)①,充分说明了墨子所讲同样是古代的"官人"之法,这与上述《齐语》《殷本纪》《大戴礼记》的记载都是相通的。这也说明,古代诸如"与之言""与之语"的"官人"、举贤之法,既可以说久有源流,也可以说在古代是流传很广的。

值得注意的是,我们在晚近新发现的出土材料中,也发

① 《左传·襄公十五年》提到公子午等人分任令尹、右尹、大司马、左司马、右司马、莫敖、箴尹、连尹、宫厩尹,可以说从冢卿到基层官员一应俱全,因此,《左传》引君子的评价说:"楚于是乎能官人。"亦属"官人"。《左传》所记虽是楚国官制,但就其记载官制从高到低的系统性来讲,确可佐证《大戴礼记》《墨子》中所谓"治国""长官""治邑"的说法非虚。

现了与上述《齐语》《小匡》《殷本纪》《文王官人》《官人解》类似的"官人"之法。试看清华简《芮良夫毖》下面几句文字：

> 恂求有材,圣智勇力。必探其宅,以貌其状。身与之语,以求其上。

这几句明显也是讲举荐贤才[①]的,其中"恂求有材"尤可证。需要关注的是其中"身与之语,以求其上",这两句没有释字疑难,但此前学者的理解较少深中肯綮者。其实,这两句的意思同样是说对于举荐过来的贤才,君王要亲自与之谈话,察其言论,即所谓"身与之语"。所谓"身与之语"云云,与《国语》《管子》《史记》《大戴礼记》《逸周书》所谓"召而与之语""得而与之语""方与之言"又是绝类[②]。《芮良夫毖》还提到如果考察合格,就"以求其上",这里"上"应该是使动词,使居上位的意思。这与《齐语》的"升以为上卿之赞"、《小匡》的"登以为上卿之佐"

---

① 王瑜桢曾依文义将《芮良夫毖》分成若干段,此处属王氏所分第四段,其文义即总结为"毖王与重臣应当德举贤"(参王瑜桢:《〈清华大学藏战国竹简(三)芮良夫毖〉释读》,见李学勤主编《出土文献》第6辑,中西书局2015年版,第184页)。曹建国总结这几句所在的段落也说:"这段简文是说要同心协力,并求推荐贤才。"参曹建国:《清华简〈芮良夫讼〉试论》,载《复旦学报(社会科学版)》2016年第1期。

② 子居认为此"身与之语"与《左传·襄公二十六年》的"左师闻之,聒而与之语"相近(参子居:《清华简〈芮良夫毖〉解析》,载"孔子2000"网),可以说并没有找到此处文句的准确出处,因此理解上也就存在这种隔膜。

亦相一致。[①] 所谓“上卿”，已经足以昭示《芮良夫毖》下句“以求其上”之“上”字的意蕴了。《芮良夫毖》与上述文献的关联，再次说明古代关于举荐贤才的“官人”之法流传是很广的。

当然，一旦我们厘清《芮良夫毖》等篇与《大戴礼记·文王官人》的关系，会为我们理解《芮良夫毖》“身与之语，以求其上”前面的“必探其宅，以貌其状”一句提供准确的文献背景。这两句尤其是前一句“必探其度”，迄今没有令人满意的解释。学者或以为“探”字早期材料未见，指其相对晚出。[②] 其实，这两句夹在“恂求有材，圣智勇力”和“身与之语”之间，同样也应该与举荐贤才的“官人”之法有关。“必探其度”，其中之“度”整理者原释“宅”，但无说。王瑜桢认为释“宅”不准确，主张释为“度”，并引《左传·昭公十二年》“思我王度”为证，认为“简文这一段都是在说明寻求人才的条件，因此君主务必探知人才的器度才能”。所谓“器度”一语，颇为抽象，亦觉未安。其实，《大戴礼记·文王官人》的一处表述或许会对此字的释读提供参照。该篇观人六法的第一法中，有这样的句子：“探取其志，以观其情。”[③]所谓“探取其志”应该是与《芮良夫毖》“必探其

① 李学勤先生认为《小匡》的“佐”当系对《齐语》之“赞”的“浅明”化改换，参李学勤：《古文献丛论·〈齐语〉与〈小匡〉》，上海远东出版社 1996 年版，第 176 页。

② 子居：《〈芮良夫毖〉解析》，载“孔子 2000”网 2013 年 2 月。

③ 《逸周书·官人》作“复征其言，以观其精”，所谓“复征其言”云云，当系误讹，因为与下文的“方与之言”明显重复。

度”最接近的辞例。但作为“探”的宾语，一则为“志”，一则为“宅”，何者为是？《芮良夫毖》对应“宅”的字为楚文字中常见字形，目前以释“宅”和“度”较为常见，两字读音也很接近，经书中古文常作“宅”，而今文多作“度”。这恐怕也是整理者释为“宅”和王瑜桢释为“度”的缘由。其实，《文王官人》的“志”读音与它们也很相近。考“宅”字上古音属定母铎部字，“志”是章母之部字。声母同属舌音，韵部之、铎为旁对转。我们认为，《芮良夫毖》此字确以释“度”为佳，但王瑜桢“器度”的理解则恐又偏离了正途。其实，参考《文王官人》的“志”，“度”当理解为“意度”或“谋”。“志”与“谋”或“意度”均属心智语汇，明显较“器度”更近。更重要的是，古文献中“度”训为“谋”或“意度”较为多见。《书·吕刑》“何度非及”、《诗·大雅·皇矣》“爰究爰度”其中之“度”，均以释“谋”为常。《大戴礼记·五帝德》：“三王用度。”王聘珍亦解“度”为“意度”，《楚辞·九章·惜往日》“君无度而弗察兮”，前人解其中之“度”又为“心中分寸”。[①]《芮良夫毖》中“必探其＊”，作为“探取”的宾语，“＊”肯定是名词，故此字仍当以释“度”为优，理解为“谋”或“意度”。我们推测，《文王官人》的“志”，由于读音与“宅”“度”接近，其实不过是用另一个更好理解的心智语汇“志”来代替罢了。该篇反复言之的“考志”“观志”“弱志”“治志”“诚志”，等等，充分说明“志”在考察一个人时所起的重要作用。

---

① 以上及更多辞例，可参宗福邦等主编：《故训汇纂》，商务印书馆2003年版，第696页。

所谓“志”，即“度”或“意度”。①《芮良夫毖》篇下文还云：“不秉纯德，其度用失营。”其中之“度”字与前同形，整理者释为“度”，其实读为“志”亦可：前面强调“不秉纯德”之“德”，后面接着说其“志”如何如何，“德”与“志”，都属心智语词。整理者在注释这一句时，还专门引到了《大戴礼记·文王官人》篇“烦乱之而志不营”及卢辩注“营，犹乱也”②。整理者主要想解释“营”。但请注意，所谓“烦乱之而志不营”，而上文提到《芮良夫毖》有云“其度用失营”，如若将其中的“度”替换为“志”，即“其志用失营”：一则为“志不营”，一则为“志用失营”，辞例可谓极为接近。总结上述讨论，我们认为《芮良夫毖》的“必探其度”，其具体意思就是通过“探度”即“探志”，也就是弄清一个人的内心所思、所想来详细考察一个人，用大戴的话说即“考志”，这依然是“官人”之法。下一句的“以貌其状”，“貌”字整理者原释为“亲”，后来陈剑改释为“暴”，读为“貌”③，广为学者所引述。陈氏改释从文字学上说，证据已很充分。现在我们

---

① 这也提醒我们，出土文献中很多释为“度”的，读为“志”可能也是合适的。像最新的证据，清华简七《子犯子余》篇蹇叔的话有“凡民秉度端正僭忒”，其中之“度”亦与上述《芮良夫毖》所谓“探取其＊”之“＊”同形，“度”为整理者所释（李学勤主编：《清华大学藏战国竹简（七）》，中西书局2017年版，下册，第96页）。其实，此处读为“志”也很合适：“凡民秉志端，正僭忒。”非常明顺。

② 李学勤主编：《清华大学藏战国竹简（三）》，中西书局2012年版，第152页。

③ 陈剑：《清华简（伍）与旧说互证两则》，载“复旦大学出土文献与古文字研究中心网”2015年4月。

也可以据《大戴礼记·文王官人》篇为陈氏之说补充点文献方面的证据。此篇“官人”之法的第二条中提道:“其貌直而不侮,其言正而不私。不饰其美,不隐其恶,不防其过,曰有质者也。其貌固呕,其言工巧,饰其见物,务其小征,以故自说,曰无质者也。”下文还称“多稽而俭貌”是“质静”。在第五条的“观隐”之法中又说“面宽而貌慈”是“隐于仁质也”,“观忠尽见于众而貌克”是“隐于交友也”。第六条的“揆德”之法中又说“饰貌者不情”。如此种种,看来在古代的“官人”之法中,对于一个人的“貌”与其品性、质量之间的关联有详尽的考虑。或者说由于“饰貌”和“隐”的原因,仅仅看一个人的“貌”还无法准确判断一个人的质量。由此我们再来看《芮良夫毖》的“必探其志,以貌其状”——如果能探知一个人内在的“志”,无疑就有利于“描绘、形容、表现出其‘状’”①,可谓文从句顺。尽管《文王官人》篇之“貌”多系名词,而《芮良夫毖》的“以貌其状”之“貌”实为动词,但它们关注的问题无疑是有很大共性的。顺便说一句,《芮良夫毖》所谓“必探其志,以貌其状。身与之语,以求其上”这样的“官人”之法,重视一个人的质量与外貌之间的复杂关系,而且非常强调考察一个人的“言”,而我们发现另一篇同样打上“芮良夫”标签的文献,对此也有惊人一致的表述,《逸周书·芮良夫解》云:

我闻曰:以言取人,人饰其言。以行取人,人竭其行。

① 参上揭陈剑文。

饰言无庸,竭行有成。惟尔小子,饰言事王,寔蕃有徒。王貌受之,终弗获用。面相诬蒙,及尔颠覆。

所谓"以言取人,人饰其言""饰言事王",既说明"言"的欺骗性,也说明察言的重要性。而所谓"王貌受之",同样提到"貌",即指王受到伪饰之"貌"的迷惑而任用这样的人,最终"面相诬蒙,及尔颠覆"。这两篇讨论的话题可以说有惊人的相似性。《逸周书·芮良夫解》一般认为系芮良夫劝谏厉王之语,而《芮良夫毖》公布之后有不少学者怀疑其为芮良夫作。就两篇所涉察人、官人之法的一致性上看,我们认为《芮良夫毖》作为芮良夫的作品可以说是确定无疑的。

另外,顺便要提到,《芮良夫毖》在"必探其宅"句前,还有"和专同心,毋有相力攵"两句。其中之"力攵"整理者认为当读为"负"①,学者后来结合郭店简材料主张释为"饰",意为"巧饰"②。今按,后说是。可资证明的是,《文王官人》篇多处亦提到考察一个人要注意其"饰"的问题。如上举第二条中的"不饰其美""饰其见物"(亦见第五条),第五条中还有"人有多隐其情,饰其伪",第六条还有"饰貌者不情",最后总结时又说"伪饰无情者可辨",均是其例。更重要的是,"揆德"一条中

---

① 李学勤主编:《清华大学藏战国竹简(三)》,中西书局 2012 年版,第 151 页。

② 邬可晶:《读清华简〈芮良夫毖〉札记》,见中国古文字研究会、复旦大学出土文献与古文字研究中心编《古文字研究》第 30 辑,中华书局 2014 年版,第 408 页。

还提道“合志如同方,共其忧而任其难”云云是“交友”①之道。所谓“合志”“同方”“共其忧”与“毋有相力攵”前的“合专同心”更相一致。然则,所谓“合专同心,毋有相饰”就是说要同心合力,不应有所伪饰。因此,下面的“必探其宅,以貌其状。身与之语,以求其上”不过是就如何破除伪饰,得其本真,从而达到准确选人而提出的具体“官人”之法。

由上述所论看,关于古代“举贤”的“官人”之法,《国语·齐语》《管子·小匡》甚至《史记·殷本纪》,都有不同程度的记载。当然,作为“官人”之法的专篇论述,还是要以《大戴礼记·文王官人》或《逸周书·官人解》篇为“大本营”。清华简《芮良夫毖》相关文句同样也属“官人”范畴,因此也只有放到《大戴礼记·文王官人》或《逸周书·官人解》这样“官人”文献背景下,才能获致正确的理解。如果《芮良夫毖》为西周芮良夫的作品可信,则其与《大戴礼记·文王官人》《逸周书·官人解》《国语·齐语》《管子·小匡》甚至《史记·殷本纪》等篇在“举贤”或“官人”之法上的关联,对于我们重新认识这些文献的材料来源及年代学特征,都是非常有价值的。

---

① 大戴作“至友”,此从《逸周书·官人解》改。

道家黄老学派及其文献：以稷下学为中心

郑　开
（北京大学哲学系教授）

黄老思潮风靡于战国中期，迄至两汉仍有余波。什么是黄老学，哪些著作和人物属于黄老学范畴，却不容易界定，学界对此的看法也是人言人殊，分歧莫甚，以至有的论者以为本来没有什么黄老学派，有的只是黄老思潮而已，并主张用黄老思潮代替黄老学派。笔者的看法是：

第一，我们可以在特定的学术史意义上使用"黄老学派"这个术语，也就是说，可以在区别于"老庄学派"的意义上使用之，因为两者既有联系又有区别，同属于道家。

第二，我们不妨尝试明确哪些文献（含传世文献和简帛材料等）属于黄老学范围，然后再如其所是地探讨其思想特点，而不必以一个先入为主的概念框限之（黄老学）。

第三，前面两个问题，最好通过以稷下学派及其文献为中心展开梳理和研讨，因为稷下学派是黄老学中最丰富、最重要同时最具研究基础的部分。

接下来我们就来具体讨论以上问题，当然也不免旁涉其他问题，比如《汉书·艺文志》著录和出土文献所见的《黄帝书》的内容和性质等。

一、道家黄老学派的名与实

“道家”本身也有一个“正名”问题。因为所谓“道家”这个“名称”始见于汉初，司马谈称之为“道德家”。[①] 汉初所称的“道家”其实就是黄老学，不同于魏晋玄学所推崇的老庄，这一点（黄老与老庄），汉代史家（司马父子、刘氏父子以及班固）都言之不别，未曾分判。[②] 战国中晚期以降，诸子蜂起、“百家争鸣”之后，“抑黜百家，独尊儒术”之前，黄老学独盛于战国末年，风靡于秦汉之际。[③] 那么，“黄老”何以称之为“黄老”呢？顾名思义，“黄”就是指“黄帝”，“老”就是指“老子”。王充说：“黄者，黄帝也；老者，老子也。黄老之操，身中恬淡，其治无

---

① 《史记·陈丞相世家》载陈平语曰：“我多阴谋，是道家之所禁。”此外，《齐悼惠王世家》和《礼书》都提到了“道家之言”。司马谈《论六家要旨》，以“道德”与儒、墨、名、法、阴阳并称（《史记·太史公自序》），“道德家”按即“道家”。

② 吴光说：“司马谈所谓的‘道家’或‘道德家’，实际上并不是指老聃、庄周那样的早期道家，而是指西汉初期的黄老道家。”吴光：《黄老之学通论》，浙江人民出版社 1985 年版，第 1 页。

③ 杨树达：《积微居小学金石论丛·汉代老学者考》，中华书局 1983 年版，第 275 ~ 282 页。

为。”(《论衡·自然》)据此,“黄老学”就是“黄帝、老子之术”。(《史记·陈丞相世家》《汉书·陈平传》)值得注意的是,“凡称黄老,皆出汉人书,晚周无言黄老者”①。“黄老”之“名”亦始见于《史记》,而《汉书·艺文志》著录《黄帝书》大抵——如班固所说——都是“六国贤者”托名“黄帝”而作,因为当时的风尚是托古自重,《淮南子》一语道破了其中的“诀窍”:“世俗之人,多尊古而贱今,故为道者必托之于神农、黄帝而后能入说。”(《修务训》)一般认为,黄老学代表了道家思想发展的一个新阶段、新方向,是时代风云中脱颖而出的哲学思想,同时也体现了思想史进程从“德礼”向“道法”的转折。黄老与老庄之间切磋琢磨、相摩相荡的辩证关系,表明了黄老学既不是《老子》思想的“翻版”,也不是《老子》和《黄帝书》的“杂凑”,而是以《老子》“道论”为基础的新的思想创造,从某种意义上说,黄老学就是老庄道论之踵事增华、推陈出新。因此,可以认为,老庄和黄老是道家哲学的两个分支、两个学(流)派,我们分别称之为道家老庄学派和道家黄老学派。②

① 蒙文通:《古学甄微》,巴蜀书社 1987 年版,第 262～263 页。

② 余明光以为,辨析“黄学”“老学”之间的异同,就能够澄清“历史上‘黄’与‘老’的混同及其谬误”。(余明光:《黄帝四经与黄老思想》,黑龙江人民出版社 1989 年版,第 2,139 页)但余氏所说的“黄学”系自我作古的“杜撰”,实际上他只是语焉未详地提及“《黄帝》之学,简称黄学”(余明光,前揭书,第 1 页)。同时又以公认的“黄老学”称之为“黄学”,未免“画蛇添足”。因为,如是把《汉书·艺文志》著录的《黄帝书》思想称为“黄学”,那么“黄学”提纲挈领的内容又是什么呢?如果说“黄学”就是指“黄老学”,那么“为‘黄学’正名”的意义又何在呢?总之,“黄学”反而是一个令人迷惑而且生疑的概念。

黄老学术具有“兼综杂糅”与“合流并行”之特点，再加上黄老学者人物众多，思想主张不尽一致，所谓的黄老思潮也比较紊乱无系统、散乱无头绪。但总体来说，黄老学的思想宗旨还是比较清楚的，因为它的整个思想的基础就是“道德之意”。而我们知道，老庄哲学的核心可以概括为“道德之意”。《庄子·天下》品论战国时期的学术思想，既感叹于“古之道术为天下裂”，又一针见血地指出其中的关键在于“道、德不一”，就是说人们对道和德的理解莫衷一是。值得注意的是，《天下》着墨最多的就是稷下学，当然在《天下》作者看来，稷下先生们理解的道德之意还不能完全吻合于老庄。司马迁称黄老学者慎到、田骈、接予、环渊“皆学黄帝道德之术”，其中提到的“道德之术”恐怕就是老庄哲学推阐的“道德之意”。[①] 司马迁谈到法家时指出：“申子之学，本于黄老而主刑名。”（《史记·老子韩非列传》）韩非“喜刑名法术之学，而归本于黄老”（《史记·老子韩非列传》）。《史记集解》引《新序》云：“申子之书，言人主当执术无刑，因循以督责臣下。其责深刻，故号曰‘术’。商鞅所为，书号曰‘法’，皆曰刑名。”可见，商鞅、申不害、韩非学术的特征在于“刑名”。他还提道：“韩子引绳墨，切事情，明是

① “道德之意”乃老庄哲学的核心。例如司马迁说：“老子修道德。”又说：“老子乃著书上下篇，言道德之意五千余言。”（《史记·老子韩非列传》）《老子》包括《德》《道》两篇，正与“道德之意”的说法“若合符契”。《庄子》哲学的基础亦在于“道德之意”。司马迁说：“庄子散道德放论，要亦归之自然。”（《史记·老子韩非列传》）阮籍认为，《庄子》的宗旨在于“述道德之妙”，“形神在我而道德成”（《达庄论》）。

非，其极惨礉少恩，皆原于道德之意。”似乎暗示了，“刑名”（“引绳墨，切事情，明是非”）的理论基础在于“道德之意”。[①]《管子》四篇的宗旨之一正在于“反于道德”（《管子·内业》）。高诱认为，《淮南子》的特点不外乎“讲论道德”“旨近老子”而已。

要之，“道德之意”仍是整个道家黄老学派的思想基础，只不过不同的黄老学者对此取舍不同，沿着不同的方向和进路展开了对“道德之意”的推阐发挥，无论是重视“刑名”、崇尚“法术”，还是倾心“内业”（养生），都是在“道德之意”历史发展的延长线上。蒙文通指出，《汉书·艺文志》“以慎到入法家，而与商、韩殊义。入田骈于道家，又与庄周相异。且入尹文于名家，入宋钘于小说，于是黄老之学，若存若亡”[②]。这表明，历来学界对黄老学派的分类和归属问题看法不同，争论不休，莫衷一是。实际上黄老学派的特征与范围是什么，也就是说，哪些思想家隶属于黄老学派，哪些文献出自黄老学者之手？迄今为止仍是一个颇费斟酌的问题。但倘若注意到并充分估价黄老学术与道家（老庄）思想之间的深刻联系，我们就有足够的理由使用道家黄老学派来概括那些以“兼综”“杂芜”为特色的黄老思潮。实际上，黄老学的“兼综”，还不是那种“拿来主义”，而是通过老庄“道德之意”的精神洗礼与理论切磋，才得以“兼

① 扬雄对“庄、韩之书”颇有微词（《法言·修身》），还认为庄、申、韩“乖寡圣人”（《法言·问道》），从一个侧面印证了司马迁的说法：法家韩非的“刑名之术”源于“道德之意”。刑名、道法其实都来源于老庄。

② 蒙文通：《古学甄微》，巴蜀书社 1987 年版，第 260 页。

综”乃至“融摄”。这一点非常重要。我们的结论也很明确，黄老思潮千变万化不离其宗——“道德之意”，同时也丰富和发展了源于老子的“道德之意”。

综上，笔者认为，道家黄老学派通过多元思考和多方努力，创造性地阐释了“道德之意”。其中一个最重要的思想主线就是在推阐“道德之意”的过程中抗衡了旧有的“德礼”传统，酝酿和发展了新的“道法”传统，从而呼应了春秋以来的强有力的政治社会要求——“变法”。从这个意义上说，老庄和黄老都是变化时代里的变化哲学。如果说“德生礼”（郭店竹简《语丛一》）是儒家思想的标签的话，那么“道生法”（黄老帛书《经法·道法》）就是黄老学派的旗帜，“德生刑”（《商君书·说民》）则是法家的口号。裘锡圭、王叔岷认为，黄老学应该称之为“道法家”，很有道理；[1]黄老帛书《经法·道法》提出“道生法”表明了这一点，《管子》反复强调“道法”更证明了这一点（见《君臣上》《法法》等篇），况且黄老学派盛称“道法”与儒家学者推崇“德法”既相映

---

① 裘锡圭：《马王堆〈老子〉甲乙本卷前后古佚书与“道法家”——兼论〈心术上〉〈白心〉为慎到田骈学派作品》，见《中国哲学》第二辑，生活·读书·新知三联书店1980年版；王叔岷：《先秦道法思想讲稿》，台湾“中央研究院”中国文哲研究所1992年版。吴光不同意把黄老学称为道法家，（《黄老之学通论》，浙江人民出版社1985年版，第84页）理由却不充分。实际上，“道法家”的说法部分地反映出黄老学派的思想特点，至于黄老学对儒、墨、名、阴阳家理论的参取、兼综，从理论上说，也是在自“道”向“法”的展开过程中进行的，“道法”确是黄老学的思想主题。

成趣，又表明了各自的思想特征。①

二、稷下先生与黄老学派

据前贤的研究、考证，游学齐国学宫的稷下先生或稷下之士们活跃于战国中晚期。② 一般认为，齐国是黄老学的发源地，稷下学宫是黄老学的重镇，盘桓于稷下的黄老学者亦称稷下道家，《管子》四篇（《心术上》《心术下》《白心》《内业》）就是他们的手泽。实际上，稷下学宫的学风兼容并蓄，稷下学士包括了儒家（例如孟子、荀子）、阴阳家（例如驺衍、驺奭）以及纵横游说之士淳于髡在内，然而更多的学者（特别是黄老学派）身上体现出了兼容并包的特色，思想上具有"跨学派"的特征，例如介于道、法之间的慎子（到），游于道、墨之间的宋子（钘），居于道、名之间的尹文。下面简单讨论一下稷下诸子的学派归属。司马迁记载了稷下学术的盛况：

---

① 从目前已知的思想史线索看，"道法"思想也许渊源于齐学。晚周秦汉之世的学者似乎特别留意于齐、鲁政治传统——亦即太公与周公治国方略，绝非偶然。据《管子》所载管仲遗说来看，可以说"《管子》已详于制度"（蒙文通：《蒙文通学记 · 论学杂语》，生活 · 读书 · 新知三联书店 1993 年版，第 15 页），例如"什伍"制度。这些制度上的创设与推进，当然不同于周礼，亦不同于以周礼正统自命的鲁国政治传统。

② 详见郭沫若：《青铜时代 · 宋钘、尹文遗著考》，科学出版社 1960 年版，第 245 ~ 271 页；钱穆：《先秦诸子系年 · 稷下通考》，商务印书馆 2001 年版，第 268 ~ 271 页；张秉楠辑注：《稷下钩沉》，上海古籍出版社 1991 年版。

宣王喜文学游说之士，自如驺衍、淳于髡、田骈、接予、慎到、环渊之徒七十六人，皆赐列第，为上大夫，不治而议论。是以齐稷下学士复盛，且数百千人。①

自驺衍与齐之稷下先生，如淳于髡、慎到、环渊、接子、田骈、驺奭之徒，各著书言治乱之事，以干世主，岂可胜道哉！……慎到，赵人。田骈、接子，齐人。环渊，楚人。皆学黄老道德之术，因发明序其指意。故慎到著十二论，环渊著上下篇，而田骈、接子皆有所论焉。驺奭者，齐诸驺子，亦颇采驺衍之术以纪文。于是齐宣王嘉之，自如淳于髡以下，皆命曰列大夫，为开第康庄之衢，高门大屋，尊宠之。览天下诸侯宾客，言齐能致天下贤士也。荀卿，赵人。年五十始来游学于齐。驺衍之术迂大而闳辩；奭也文具难施；淳于髡久与处，时有得善言。故齐人颂曰："谈天衍，雕龙奭，炙毂过髡。"田骈之属皆已死齐襄王时，而荀卿最为老师。齐尚修列大夫之缺，而荀卿三为祭酒焉。齐人或谗荀卿，荀卿乃适楚，而春申君以为兰陵令。春申君死而荀卿废，因家兰陵。李斯尝为弟子，已而相秦。荀卿嫉浊世之政，亡国乱君相属，不遂大道而营于巫祝，信禨祥，鄙儒小拘，如庄周等又猾稽乱俗，于是推儒、墨、道德之行事兴坏，序列著数万言而卒。②

---

① ［汉］司马迁撰：《史记·田敬仲完世家》，中华书局1959年版，第1895页。

② ［汉］司马迁撰：《史记·孟子荀卿列传》，中华书局1959年版，第2346～2348页。

上面提到的淳于髡、田骈、接予、慎到、环渊、驺衍、驺奭、荀卿，以及《庄子·天下》《汉书·艺文志》诸书提到的宋钘、尹文、彭蒙诸子，都是稷下之士中青史留名的人物，恐怕也是当时声名显赫的人物。其中不少人物都是道家黄老学派的重要代表：

（1）宋钘（前360—前290），[①]宋人。（赵岐《孟子·告子下》注，杨倞《荀子·非十二子》注）从《庄子·天下》记载的宋钘、尹文学说来看，似乎包含了两个层面的内容：第一，内在的方面，就是“白心”，诸如“不累于俗，不饰于物，不苛于人，不忮于众”，“接万物以别宥为始，语心之容，命之曰心之行”，目的在于“以聏合欢，以调海内”。第二，外在的方面，就是“见侮不辱，救民之斗，禁攻寝兵，救世之战”。从这个方面说，他们的思想、行事似乎近于墨家。总之，宋、尹之说的特点就是：“以禁攻寝兵为外，以情欲寡浅为内。”也就是《庄子·逍遥游》所说的“定乎内外之分”[②]。前一方面表明了宋子“兼综”了墨家悲天悯人的情怀，后一方面乃是黄老学重视阐发的“心术”，乃宋子学说的基础所在。《汉书·艺文志》著录《宋子》十八篇，班固自注曰：“孙卿道宋子，其言黄老意。”郭沫若考证《管子》四篇（《心术上》《心术下》《内业》《白心》）属于宋钘、尹文学派的作品。[③]

（2）尹文（前350—前285），齐人。（高诱《吕氏春秋·正

---

① 诸子的生卒年代，兹取钱穆《先秦诸子系年》，下同。

② 《庄子·逍遥游》提到宋荣子（宋钘）时说：“且举世而誉之而不加劝，举世而非之而不加沮；定乎内外之分，辩乎荣辱之境，斯已矣。”

③ 郭沫若：《青铜时代·宋钘、尹文遗著考》，科学出版社1960年版，第245～271页。

名篇》注)《尹文子》一篇,《汉书·艺文志》列于名家,也许是因为尹文子更重视和强调"刑名之学"的缘故吧。洪迈《容斋续笔》卷十四引刘歆语曰:"其学本于黄老,居稷下,与宋钘、彭蒙、田骈等同学于公孙龙。"尹文子的言行,见于《说苑》《吕览》诸书,他的思想旨趣,一是宣扬无为政治,所谓:"人君之事,无为而能容下。夫事寡易从,法省易因,故民不以政获罪也。大道容众,大德容下,圣人寡为而天下理矣。"(《说苑·君道》)二是倡行"见侮不斗"(《吕氏春秋·正名篇》),与宋子"莫逆于心"。今本《尹文子》(包括《大道》上、下两篇)应该是反映尹文子思想的史料,不尽是伪托。

(3)慎到(前350—前315),赵人(《史记·孟子荀卿列传》);田骈(前350—前275),齐人(《汉书·艺文志》班固自注)。《庄子·天下》评论他们的学术时说:"公而不党,易而无私,决然无主,趣物而不两;不顾于虑,不谋于知,于物无择,与之俱往。古之道术有在于是者。彭蒙、田骈、慎到闻其风而悦之。"这里所说的"趣物而不两""于物无择",也许就是"齐万物以为首"。《天下》又曰:"慎到弃知、去己,而缘不得已。泠汰于物以为道理。""謑髁无任,而笑天下之尚贤也!纵脱无行,而非天下之大圣!椎拍輐断,与物宛转;舍是与非,可以苟免,不师知虑,不知前后,魏然而已矣。"总体来说,《天下》认为慎、田之学只是"趣物"而已,①而不及"道的真理",所以《天下》

① 金德建认为,慎到之学的关键在于"趣物"。金德建:《先秦诸子杂考》,中州书画社1982年版,第85页。

曰："彭蒙、田骈、慎到不知道。虽然，概乎皆尝有闻者也。"《荀子·非十二子》批评慎到、田骈"尚法而无法"，据钱氏辑本《慎子》推敲，"法虽不善，犹愈于无法，所以一人之心也"（《威德》）可以说是"尚法"的宣言，而"用人之自为，不用人之为我，则莫不可得而用矣"（因）、"大君任法而弗躬，则事断于法矣"（任）则体现了对无为政治理想的向往。

《史记·孟子荀卿列传》曰："慎到著十二论。"《汉书·艺文志》著录《慎子》四十二篇，列于法家。蒙文通认为，慎到思想之核心在于"因循"，他曾经分析、考证《管子》四篇中的《心术》《内业》"有取于慎子，"《白心》亦"慎到之书"，而且合乎"骈因性之义，接予或使之义"。① 就是说，他认为，《管子》四篇出自田、慎学派之手。这个论断不同于郭沫若。从钱熙祚辑本《慎子》（收录于《诸子集成》）来看，慎子颇言君道、法术，兼综道法的思想倾向十分明显，据《四库提要》，《慎子》的"大旨"就是："欲因物理之当然，各定一法而守之，不求于法之外。亦不宽于法之中。则上下相安，可以清静而治。然法所不行，势必刑以齐之。道德之为刑名，此其转关，所以申韩多称之。"我们认为，慎到思想的主旨仍属黄老，正如张秉楠所说："慎到，战国赵人，齐宣、愍之世来游稷下，其说大体以齐物、因化、尚法、贵势为务，即：齐万物以为首，循自然而立法，依权势而行法，法行则上下相安，清静而治，具有明显的道、法合流的思想倾向。稷下黄老之学经过慎到开拓，成为战国法治主义的理论基础。慎

---

① 蒙文通：《古学甄微》，巴蜀书社1987年版，第79，256～257页。

到著述大部分佚失。《汉书·艺文志》著录《慎子》四十二篇，明代仅存五篇，清人钱熙祚据《群书治要》增补二篇，共七篇。另有慎子佚文附于篇末。这部分遗著，法家思想较浓，但考其源，亦出于黄老道德之意。”①据蒙文通、朱伯崑考证，《吕览》的《察今》《贵因》诸篇取之慎子。② 朱伯崑还指出，《管子》中《任法》《明法》两篇也是慎到一派著作。③

《上海博物馆藏战国楚竹书（六）》载《慎子曰恭俭》，可能是重要的《慎子》逸文。许富宏撰《慎子集校集注》收录整理了慎子的文献。④

（4）接予（约前350—前275）、季真（前360—前290），齐人；环渊（前360—前280），楚人。据司马迁说，接予、环渊“皆学黄老道德之术，因发明序其指意”。而且有所著述，所谓“环渊著上下篇，而田骈、接子皆有所论焉”（《史记·孟子荀卿列传》）。《庄子·则阳》曰：“季真之莫为，接子之或使。”如果说他们隶属于道家学派，恐怕不是《庄子》哲学的正统，因为《庄子》所说的“道枢”“若有真宰”，思想上“莫为”“或使”之说绝不相侔。⑤

---

① 张秉楠辑注：《稷下钩沉》，上海古籍出版社1991年版，第104页。

② 蒙文通：《古学甄微》，巴蜀书社1987年版，第253，271页；朱伯崑：《朱伯崑论著》，沈阳出版社1998年版，第421～424页。

③ 朱伯崑：《朱伯崑论著》，沈阳出版社1998年版，第432页。

④ 许富宏撰：《慎子集校集注》，中华书局2013年版。

⑤ 郑开：《道家形而上学研究》，宗教文化出版社2003年版，第11～13，51～55页。

(5)荀子(前325—前235),赵人。儒家宗师,但他的思想具有儒道合流的倾向。《史记·孟子荀卿列传》记载:“荀卿嫉浊世之政,亡国乱君相属,不遂大道而营于巫祝,信禨祥,鄙儒小拘,如庄周等又猾稽乱俗,于是推儒、墨、道德之行事兴坏,序列著数万言而卒。”可以说,他是黄老学派的边缘人物。

当然,黄老学派的范围不限于稷下道家,它的流播之远,渗透之广,早已超出了稷下学术的范围,甚至超出了一般意义上的道家范畴。同时,稷下学术亦不限于道家黄老学派,因为儒、墨、名、法、阴阳诸家皆曾出入稷下,孔子之后最重要的儒家孟子和荀子都曾游学稷下,还有阴阳家的代表人物驺衍也是如此。

另一方面,从《庄子·天下》《汉书·艺文志》等文献的记载看,稷下先生多濡染于黄老思想,即便是儒家宗师荀子亦不能免此。换言之,黄老学也许就是稷下学术的主流,个中的原因比较复杂,而齐文化(特别是姜尚立国之初开创的文化传统以及管仲变法塑造的新制度)则是不能忽视的背景因素。管仲变法不仅开启了春秋时期尊王攘夷的政治新秩序,同时也滋育了法的精神。管仲变法引发了不绝如缕的制度更张,也酝酿了思想观念的创新。黄老学派继承了管仲学派的思想遗产,同时也继承和发展了老庄哲学的理论思考,并在此基础上熔冶了诸子百家之学。稷下学宫是真正的百家争鸣的场所。

三、黄老学思想的文献

黄老学思想文献比较复杂一点。黄老思潮绵延时间较长,涉及的思想家也较多,但黄老学思想文献由于种种历史原因呈现出复杂的样态,有必要予以梳理和分析。

黄老学派最重要的传世文献包括《管子》《淮南子》、马王堆出土黄老帛书(《经法》等四篇)等。

(1)《管子》可以说是首屈一指的黄老传世文献。然而,历来人们认为它的内容比较杂乱,包含了不同思想学派和不同时期的文献。不过总体来说,可以认为《管子》集齐学的大成。① 张舜徽说:"《管子》,丛书也。囊括众家,罔不赅备,盖汉以上学者杂钞汇集而成。迄乎西汉之末,刘向校书秘阁,获见中外书凡五百六十四篇。以校除复重四百八十四篇,定著八十六篇,后世又亡其十篇。即今所存七十六篇之中,糅杂亦甚矣。"②

《管子》中的《白心》《内业》《心术上》《心术下》是典型的黄老学思想文献,此外还有若干篇什(如《枢言》《宙合》等)的思想倾向近于黄老。③《管子》四篇的作者问题聚讼已久,将

---

① 冯友兰认为《管子》是"稷下学术的一部论文总集"(《中国哲学史新编》,人民出版社 1983 年版,第 3 册,第 197 页)其实并不准确。

② 张舜徽:《管子四篇疏证·序》,见张舜徽著《周秦道论发微》,中华书局 1982 年版,第 199 页。

③ 冯达文认为,《管子》中的黄老篇什不限于《心术》等四篇,应称之为"《管子》诸篇"。冯达文:《道家哲学略述——回归自然的理论建构与价值追求》,巴蜀书社 2015 年版,第 86 页。

《管子》四篇视为一组文献,始于刘节,后来郭沫若作了进一步辨证,以为"《心术下》与《内业》实在就是一篇","《心术》下篇是《内业》的副本"。他的结论是,《管子》四篇是宋钘、尹文的遗著。[①] 郭氏的说法影响很大,然而,蒙文通认为,《管子》四篇出于田骈、慎到(也许还包括接予)学派之手。[②] 裘锡圭也认为,《管子》四篇出于田、慎学派,他还根据四篇的思想特点名之曰"道法家",与蒙文通说不谋而合。朱伯崑的考证亦表明,《管子》四篇乃齐国黄老学派慎到一派的著作,而非宋、尹遗著;[③]进一步的推敲又表明,《内业》《心术下》之间仍存在不小的差异,简单地说,《心术下》重视刑名,《内业》偏重于养生,旨趣不同:"《心术》《白心》,既谈养生,又谈刑名,而《内业》只谈养生,不谈刑名。"[④]总体来说,蒙、裘、朱诸氏的看法朴实有据,近是,就是说,"四篇"出于慎到或受慎到一派影响的可能较大,而出于宋、尹学派或受宋、尹学派的影响较小。

《管子》四篇的道家倾向是明显的,可以说它们就是黄老

---

① 见郭沫若《青铜时代·宋钘、尹文遗著考》和《十批判书·稷下黄老学派的批判》。但郭氏所谓"四篇"说法不一,前者指的是《心术》《内业》《白心》《枢言》四篇(实质上是五篇),后者和《管子集校》明确了《管子》四篇是指《白心》《内业》《心术上》《心术下》"四篇"。

② 详参蒙文通《儒家哲学思想之发展》《杨朱学派考》《略论黄老学》等论文,见蒙文通:《古学甄微》,巴蜀书社 1987 年版,第 79 ~ 80,250 ~ 262,281 页。

③ 朱伯崑:《朱伯崑论著·〈管子〉四篇考》,,沈阳出版社 1998 年版,第 415 ~ 433 页。

④ 朱伯崑:《再论〈管子〉四篇》,沈阳出版社 1998 年版,第 434 ~ 439 页。

学的代表作。然而,《管子》中的黄老篇什恐怕不能限于“四篇”,比如说《枢言》《法法》《九守》《七法》《四时》《君臣上》《君臣下》等,都呈现出道法合流的思想形态,应该说,都可以归属于黄老学著作。从某种意义上说,《管子》保存了管仲遗说,《管子》的许多篇什出于管仲学派。例如张岱年就认为,《管子》四篇既非宋钘、尹文著作,亦非慎到著作,而是战国时期齐国管仲学派的著作。①

(2)《淮南子》的思想骨架和精神气质可以说就是“黄老意”。《汉书·艺文志》将《淮南子》归类为“杂家”,也许是有见于它的“杂合”“杂芜”性质,然而,从思想脉络上分析,《淮南子》“杂芜”的性质与特点是它以黄老学思想为中心,兼采儒墨、刺取名法造成的,正如高诱所说:

> 讲论道德,总统仁义……其旨近老子,淡泊无为,蹈虚守静,出入经道。(《淮南子叙目》)

可见,《淮南子》并不是拼凑起来的“杂拌儿”,也就是说,《淮南子》融合儒、墨、名、法的思想不是无原则的,同时也不是盲目地沿袭老庄之说;相反,去取之间,《淮南子》的编撰体现出了黄老学的精神,那就是以老庄“道论”为理论基础进行的“兼综”。如果说老庄哲学未免以邻为壑的话,黄老学则努力

---

① 张岱年:《中国哲学史史料学》,生活·读书·新知三联书店 1982 年版,第 45 ~51 页。

架设融通诸子百家的“桥梁”，比如说老庄不遗余力地诋毁仁义，黄老学则比较正视仁义道德的积极作用。

(3)马王堆汉墓出土《老子》乙本卷前古佚书四种(《经法》《十六经》《称》《道原》)，是否为《汉书·艺文志》所著录的《黄帝四经》，目前仍没有明确的答案。唐兰检出这四种帛书和战国末期到秦汉之间著作(例如《管子》四篇、《鹖冠子》、《淮南子》)的相同之处(词句、思想)颇不少，据此他认为它们就是《汉书·艺文志》所载的《黄帝四经》。[①] 唐氏的看法影响很大；但也有不同意见，认为唐兰的考证还不够确凿，而宁愿称之为黄老帛书。[②] 魏启鹏称之为“黄帝书”，但我们认为，这个名称亦值得商榷，因为“黄帝书”的范围十分广泛，所以还不能充分反映这四种古佚书的思想特点。不过，人们公认马王堆出土的四种古逸书与《管子》四篇、《淮南子》、《鹖冠子》等黄老学文献数据在思想上一脉相承，所以，在没有更明确的证明它们就是《黄帝四经》论据之前，还是称之为“黄老帛书”或者“黄老佚书”比较妥当。

除了以上三种，黄老文献呈现出广泛而零散的特点，比如说，那些稷下先生的断章与残篇都是珍贵的黄老思想文献。另外，还有不少先秦和秦汉时期的著作留存了大量的黄老思想史料，值得梳理和挖掘，比如说：

---

① 唐兰：《马王堆出土〈老子〉乙本卷前古佚书的研究》，载《考古学报》1975年第1期。

② 魏启鹏称之为“黄帝书”，也值得商榷，因为四种古佚书中只有《十六经》托名黄帝，符合黄帝书的一般特点。

(1)《文子》。《汉书·艺文志》著录《文子》九篇,列于道家,班固注曰:"似伪托也。"怀疑它的真确。文子,老子弟子,佚其名字里籍。(班固《汉书·艺文志》自注)显然它属于道家著作无疑,但应该进一步明确它的黄老学性质,或者更准确地说,它其实就是老庄和黄老过渡的中间环节或者桥梁。人们一直以为《文子》为"伪书",因为今本《文子》的部分文字与《庄子》《淮南子》《吕氏春秋》相似乃至相同。[①] 1973 年河北定县汉墓出土了《文子》残卷,证明了《文子》确是汉初古籍。张岱年推断《文子》乃汉文景之时的黄老学派的著作,从今本《文子》来看,比较确凿。[②] 总之,应该进一步深入探讨《文子》的文献与思想,丁原植对此做的一些探索是有意义的。[③]

(2)《庄子》外、杂篇。庄子后学中的黄老派很值得注意。笔者认为,《庄子》中的"天字号"篇什,例如《天道》《天地》《天运》《天下》,都有明显的黄老学思想倾向。刘笑敢指出,《庄子》中的"黄老派作品包括《天地》《天道》《天运》《在宥》《刻意》《缮性》《天下》七篇",所谓"《天道》诸篇"。这一组文章与《庄子》内篇思想不同,却与汉墓黄老帛书的思想特点及司马谈对道家的评述基本一致,"因此我们称这一组文章的作者为

---

① 关于《文子》真伪考释方面的详细讨论,请参酌李定生《论文子》,见李定生、徐慧君校释《文子校释》,湖北教育出版社 2016 年版。

② 张岱年:《试谈〈文子〉的年代与思想》,载《道家文化研究》1994 年第 5 辑。

③ 丁原植:《〈文子〉资料探索》,万卷楼图书有限公司 1999 年版。

庄子后学中的黄老派"[1]。

《天道》诸篇或"天字号篇什"呈现出从老庄道家"剽剥儒墨"到黄老学融合儒、法、名、墨、阴阳诸家的转变，同时也体现了强调"人道"法则"天道"的思想倾向。[2] 黄老学盛言的"刑名"已在《天道》诸篇中初见端倪，而"刑名"理论正是黄老学统摄、融合诸子百家（特别是儒、法）的重要理论基础。黄老学特别强调"天道"的重要性，所谓"天道"思想已略具"自然法"观念的雏形，也就是说，庄子后学中的黄老学派，通过把"天道"展现为"大道之序""四时之序"来论证"人道"（政治社会秩序）的合理性，从而"兼赅"儒、法、墨、阴阳诸家。[3] 实际上，《庄子》"天字号篇什"中的黄老学思想尤其重要，因为黄老学的理论框架已然确立于其中。我们将据以分析、讨论黄老学的理论问题。

（3）申不害（前400—前337）、韩非（前280—前233）都是法家的代表人物。司马迁说："申子卑卑，施之于名实。"韩非子也说申子讲求的"术"，要以"循名责实"为基础。（《韩非

---

① 刘笑敢：《庄子哲学及其演变》，中国社会科学出版社1987年版，第299页。

② 刘笑敢：《庄子哲学及其演变》，中国社会科学出版社1987年版，第300～309页。

③ 刘笑敢倾向于认为，老庄以"道"为最高、最根本出路的概念，而庄子后学中的黄老派"在更多情况下却是以天为根本存在的"。据说关锋也有类似的言论。（刘笑敢：《庄子哲学及其演变》，中国社会科学出版社1987年版，第304～305页）这种"天比道更根本"的说法可能是误解，或者说是不求甚解的结果，因为黄老学所说的"天"其实就是"天道"的另一种表述而已。

子·定法》)从《韩非子》引述的"申子曰"来看,大都是刑名之说。可见,法家十分重视"刑名"。司马迁还指出,"申子之学本于黄老而主刑名"(《史记·老子韩非列传》),韩非"喜刑名法术之学,而其归本于黄老"(《史记·老子韩非列传》)。申子著作已佚,残篇保存于《群书治要》卷三十六引《申子·大体篇》。钱穆说,黄老道德之学出于申子之后,所以申子只言"术",而不谈虚无因应、变化无为。[①] 然而,从某种意义上说,"黄老派实包括法家"[②]。

(4)《吕氏春秋》《淮南子》中的诸多篇什亦出于黄老学派之手。《吕氏春秋》《淮南子》,《汉书·艺文志》列入杂家。蒙文通说:"《吕览》是黄老一派。"[③]他还指出,"《吕览》中《去宥》《去尤》二篇应当是有取于宋子别宥的学说"[④]。吴光也认为:"《吕氏春秋》学派应当归属于道家黄老学派,而不应当归于杂家。"[⑤]陈奇猷详细辨明了《吕氏春秋》诸篇什的"出处",比如说,他认为《正名》以及《审分览》八篇(即《审分》以下八篇)"皆法家之言",乃"尹文学派之著作也"。[⑥] 按,《正名》与《审分》诸篇与其说出于法家,不如说渊源于黄老。同样,《淮南

---

① 钱穆:《先秦诸子系年·稷下通考》,商务印书馆2001年版,第277~278页。

② 蒙文通:《古学甄微》,巴蜀书社1987年版,第260页。

③ 蒙文通:《古学甄微》,巴蜀书社1987年版,第277页。

④ 蒙文通:《古学甄微》,巴蜀书社1987年版,第275页。

⑤ 吴光:《黄老之学通论》,浙江人民出版社1985年版,第128页。

⑥ 陈奇猷校释:《吕氏春秋校释》,学林出版社1995年版,第1031~1032页。

子》是黄老学派的著作，而且是汉初黄老学集大成者，甚至可以说《淮南子》把黄老理论“推展到了顶峰，发挥到了极至”①。班固说杂家出于“议官”，恐怕是他的私臆。我们认为，“杂家”之称也许是汉人不能“辨章学术，考镜源流”的产物。② 其实，我们通过司马谈的“六家”，刘向、班固的“九流十家”来认识先秦诸子，往往有驴头不对马嘴之感，“是知六家九流之言，翻为削足适履。辨章学术，夫岂易言哉！”③

(5)《鹖冠子》蒙“伪书”之污名久矣，但那些“辨伪文字”殊不可靠。吴光力辟陈说，认为它虽然“杂芜”，却不是“伪书”，并推断它是“鹖冠子学派的集体著作”，大约成书于“战国末期至秦楚之际”。④ 黄怀信详细考订《鹖冠子》的撰作时代，“当在公元前二三六至前二二八年之间”⑤，属先秦旧籍。可以说，马王堆帛书《黄老佚书》的出土，为《鹖冠子》洗刷“伪书”的罪名提供了新的契机，因为《黄老佚书》中的不少文句正同《鹖冠子》，同时也明确了《鹖冠子》系黄老学派的作品。

(6)“伊尹书”出于道家黄老学派的伊尹学派。思想史上

① 陈丽桂：《秦汉时期的黄老思想》，文津出版社 1997 年版，第 3 页。

② 陈丽桂认为：“黄老思想基本上是道家思想的杂家化，尤其是法家化。”这种说法含混而不确切。陈丽桂：《秦汉时期的黄老思想》，文津出版社 1997 年版，第 112 页。

③ 蒙文通：《古学甄微》，巴蜀书社 1987 年版，第 260 页。

④ 吴光：《黄老之学通论》，浙江人民出版社 1985 年版，第 151 ~ 158 页。

⑤ 黄怀信撰：《鹖冠子汇校集注 · 前言》，中华书局 2004 年版，第 8 页。

的伊尹学派由于文献缺略，长期以来隐晦不明。《汉书·艺文志》著录《伊尹》五十一篇，列于道家；《伊尹说》二十七篇，列于小说家，估计与《宋子》的内容和性质相近。这样看来，马王堆出土的帛书《伊尹·九主》更显得弥足珍贵了。据李学勤、魏启鹏的考证，《伊尹·九主》乃《汉书·艺文志》所载《伊尹》之佚篇，从思想上说，它“明分守，绳法则，审名命，畅论君人南面之正道与失误，对《申》《韩》《吕览》《管子》及黄老帛书等都有深刻影响”。其成书年代不晚于春秋末期，伊尹学派的思想可以“称之为前黄老形名之学”。总之，《伊尹·九主》是“探索道家，包括黄老之学历史渊源的重要著作”①，值得重视。

陈奇猷最早指出道家者流中确有伊尹学派，他说：“此篇（《吕氏春秋·先己》）出于道家伊尹学派无疑。《伊尹》书虽佚已久，得此篇存，亦可窥伊尹学派之梗概。《伊尹》书未必即为伊尹所作，但观上论，先秦道家者流中确有伊尹学派甚明，然其学不著，故先秦书未有道及此一学派者。”②他还考证出，《吕览》中的《先己》《论人》《本味》《恃君》《长利》《知分》《赞能》诸篇什保存了伊尹学派的遗说。此外，夏毅榕还注意到，《管子·轻重甲》《淮南子·齐俗训》中保存了伊尹学派思想材料之片断。③

---

① 魏启鹏撰：《马王堆汉墓帛书〈黄帝书〉笺证》，中华书局 2004 年版，第275～276页。

② 陈奇猷校释：《吕氏春秋校释》，学林出版社 1984 年版，第 146 页。

③ 魏启鹏撰：《马王堆汉墓帛书〈黄帝书〉笺证》，中华书局 2004 年版，第 304 页引。

(7)《国语·越语下》《越绝书》诸书所记的计然、范蠡学派亦值得重视。过去,人们认为计然即文子,因为裴骃《史记集解》曰:“计然姓辛,字文子。”然而,另一种更有说服力的看法是,文子的“文”应该是“姓”,就是文子与计然仍是两个人。计然据说是越国勾践的重臣范蠡之师。《范蠡》二篇,《汉书·文志》著录于兵权谋家,已佚,《玉函山房辑佚书》有《范子》辑本。然而,目前保存范蠡思想最多也最系统的是《国语·越语下》,重要的是《越语下》载记的范蠡天道思想(大约有十七八条之多),以及《越绝书》记载的不少范子(蠡)、计倪之说,颇近乎《晏子春秋》之体例,此恰恰可以与马王堆出土的《黄老帛书》等黄老文献相印证。这表明了黄老学早已播散于吴越,流行于齐、楚两地之外了。《越语下》载范蠡曰:“天道盈而不溢,盛而不骄,劳而不矜其功。夫圣人随时以行,是谓守时。”“圣人不朽,时反是守。”可见范蠡特别强调“时”和“物极必反”的道理,这当然是道家黄老学派的基本共识。而且,范蠡曰:“天道皇皇,日月以为常。”黄老帛书《十大经·姓争·观》则曰:“刑德皇皇,日月相望。”范蠡曰:“上帝不考,时反是守。”黄老帛书《十大经·观》曰:“圣人不巧,时反是守。”彼此之间,若合符节。无怪乎李学勤认为见于《越语下》的范蠡之说属于黄老;王博以为范蠡是最早将老子和黄帝结合起来的思想家,乃黄老之学的雏形。可见,流传于吴越的黄老学很值得进一步探讨。

四、附论“黄帝书”

余明光认为应该区分黄(帝)学和老学,并认为汉初流行的“黄老”实际上就是“黄学”思想,而非“老学”思想。① 以此分析概括范围广阔的黄老学思潮,当然不足为训。问题是我们如何理解图书—学术分类意义上的“黄帝书”的性质及其与道家理论之间的差异呢?

从文献材料上看,黄老学的“黄”是《黄帝书》,“老”是《老子》。然而,《黄帝书》的分布范围,相当广泛而且复杂,例如:

《黄帝》十六篇、《封胡》五篇、《力牧》十五篇(列于兵书略兵阴阳)

《黄帝杂子气》三十三篇(列于数术略天文)

《黄帝五家历》三十三卷(列于数术略历谱)

《黄帝阴阳》二十三卷、《黄帝诸子论阴阳》二十五卷(列于数术略五行)

《黄帝长柳占梦》十一卷(列于数术略杂占)

---

① 余明光:《黄帝四经与黄老思想》,黑龙江人民出版社 1989 年版;余明光:《〈论六家要旨〉所述“道论”源于“黄学”》,载《湘潭大学学报(社会科学版)》1987 年第 1 期。

《黄帝内经》十八卷(列于方技略医经)

《泰始黄帝扁鹊俞拊方》二十三卷、《神农黄帝食禁》七卷(列于方技略经方)

《黄帝三王养阳方》二十卷(列于方技略房中)

《黄帝杂子步引》十二卷、《黄帝岐伯按摩》十卷、《黄帝杂子芝菌》十八卷、《黄帝杂子十九家方》二十一卷(列于方技略神仙)

李零说:“黄帝书和《老子》不同,它不是一种书,而是一类书。这类书的共同点是以黄帝故事(按黄帝君臣之间的答问就是其常见形式)为形式。如道家书《管子》《庄子》《鹖冠子》,法家书《商君书》《申子》《慎子》《韩非子》,杂家书《尸子》《吕氏春秋》,数术书《山海经》,方技书《黄帝内经》,兵书《孙子》《尉缭子》,以及《左传》《国语》《大戴礼》《礼记》,还有汉代纬书,它们都讲黄帝故事。这些故事不仅是众口相传的成说,还发展为书籍体裁的一种。如《尉缭子·天官》引用黄帝书《刑德·天官之陈》篇,就是战国已有黄帝书的证明。”从《汉书·艺文志》的著录来看,《黄帝书》分布于《诸子略》的道、阴阳、杂、小说家,《兵书略》的形势、阴阳和技巧诸家,《数术略》的天文、历谱、五行和杂占各目,《方技略》的医经、经方、房中和神仙等部分。由此可见,《黄帝书》颇涉方技数术,因为“黄帝书见于史志著录和传于后世，主体是数术方技之‘黄’”①。当然，《黄帝书》亦包括哲理著作在内，《汉书·艺文志》著录的《黄帝四经》（列于道家）恐怕就是如此，马王堆汉墓出土的《〈老子〉乙本卷前古逸书》是否就是《黄帝四经》，目前还没有定论，但其中的《十六经》可以明确为《黄帝书》，“黄帝”和“刑名”是它的思想主题。② 总之，“‘老’是道论，但‘黄’不限于道论，还结合着数术方技”③。葛志毅则认为，黄帝之学不同于黄老学，而近乎阴阳家之说。④

《世本》与黄帝传说、黄帝书的关系怎样，也是一个耐人寻味的问题。我们认为，与其说《黄帝书》来源于《世本》，⑤还不如说《世本》以及散见于诸书的“黄帝制器故事”“黄帝世系”也是《黄帝书》的一种类型。《世本》渊源虽早，但目前能够看到的《世本》辑本的主要内容显然撰作于战国中晚期之后，与其时盛行的黄老学之间的关系可谓“金声玉振”；《世本·作篇》中的“黄帝制器故事”的“母本”由来已久，战国著作颇载上古

---

① 李零：《说“黄老”》，见陈鼓应主编《道家文化研究》第5辑，上海古籍出版社1994年版，第142～145页。

② 李零指出：“马王堆帛书《十六经》应属道家之‘黄’，它与‘老’最接近，也以哲言的方式讲思想。”（前揭《说“黄老”》）

③ 李零：《道家与帛书》，见陈鼓应主编《道家文化研究》第3辑，上海古籍出版社1993年版。

④ 葛志毅：《黄帝与黄帝之学》，载《炎黄文化研究》1996年第3期。

⑤ 例如李零认为，黄帝书（传说）的编撰来源于《世本·作篇》这样的东西。（前揭《说“黄老”》）

圣王发明创造的故事,[①]而托名黄帝(包括黄帝臣属)反映了战国中晚期的时代精神与思想潮流,自此而后它广泛分布于诸书之中。[②] 实际上,《世本·作篇》所说的“黄帝制器故事”,与《世本·姓氏》所叙的帝王系牒,都折射出了相当复杂的人文动机,因为“黄帝”作为文化符号,反映了民族、种族之融合,文化思想之会通,社会秩序之重建,政治局面之统一的祈求与期望。[③]《易传》亦载黄帝,现身于上古帝王谱系之中。(《系辞》)《庄子》屡见“黄帝”,然而形象变幻不定:既代表正面意义同时也是被讥讽的对象。(详见《应帝王》《在宥》《知北游》《徐无鬼》《天地》《盗跖》诸篇)由此可见,《黄帝书》的背景比较复杂。实际上,黄老学文献的复杂性,诚与黄老学派的错综复杂堪称表里。

总之,“黄帝书”广泛分布于《汉书·艺文志》各部分,其内容与性质不容易明确,因为黄老学的“黄”(即“黄帝书”)不能简单归于“思想范畴”,尤其是“黄”的部分主要涉及了实践知识,而不能化约为纯而又纯的哲学思想。散见于秦汉时期文献资料中只言词组的“黄帝言”多少表明了黄老学交织于治国

---

① 齐思和:《中国史探研·黄帝的制器故事》,中华书局 1981 年版,第 201 ~217 页。

② 例如,褚少孙补《史记·历书》曰:“黄帝考定星历,建立五行,起消息,正闰余,于是有天地神祇物类之官,是谓五官,各司其序,不相乱也。”

③ 比如说,楚越世系攀附于禹、舜,乃至黄帝(包括黄帝之后),与《越语下》的黄老思想,恰恰互为表里。魏启鹏撰:《马王堆汉墓帛书〈黄帝书〉笺证》,中华书局 2004 年版,第 317 ~318 页。

(政治哲学)与治身(生命-精神哲学)两个面向,而心性论和精神哲学则是这两个面向之间的牢固纽带。① 那么,“黄帝书”以及散见于各种文献里的“黄帝言”片断,能不能归类到广义的黄老学范畴?笔者认为,这仍是一个有待深入探讨的重要问题。惜乎“黄帝言”零散不见系统,我们只能先从《黄帝书》入手讨论黄帝学之生命-精神问题。无论是从著述体裁上看还是从思想旨趣上

① 比如说例如《吕氏春秋》载:“‘黄帝言’曰:声禁重,色禁重,衣禁重,香禁重,味禁重。”(《去私篇》)这段话正与马王堆帛书《经·正乱》“上帝以禁。帝曰:毋乏吾禁,毋留(流)吾醢,毋乱吾民,毋绝吾道”相互补充。《吕氏春秋·圜道》载:“黄帝曰:‘帝无常处,有处乃无处也。’”《淮南子·诠言训》载“广成子”语曰:“慎守而内,周闭而外。多知为败,毋亲(视)毋听……抱神以静,形将自正。”这段话也许源于《庄子·在宥》:“至道之精,窈窈冥冥;至道之极,昏昏默默。无视无听,抱神以静,形将自正。”陆贾《新语·修政语上》载“黄帝曰”:“道若川谷之水,其出无已,其行无止。”《列子》引述《黄帝书》和“黄帝言”凡数见,例如其引“《黄帝书》”曰:“谷神不死,是谓玄牝。玄牝之门,是谓天地之根。绵绵若存,用之不勤。”(《天瑞篇》)按此即《老子》第六章文;又引“《黄帝书》”曰:“形动不生形而生影,声动不生声而生响,无动不生无而生有。形,必终者也;天地终乎?与我偕终。终进乎?不知也。道终乎本无始,进乎本不久。有生则复于不生,有形则复于无形。不生者,非本不生者;无形者,非本无形者也。生者,理之必终者也。终者不得不终,亦如生者之不得不生。而欲恒其生,画其终,惑于数也。精神者,天之分;骨骸者,地之分。属天清而散,属地浊而聚。精神离形,各归其真,故谓之鬼。鬼,归也,归其真宅。”(《天瑞篇》)又引“黄帝曰”:“精神入其门,骨骸反其根,我尚我存?”(《天瑞篇》)又引“黄帝之书”云:“至人居若死,动若械。”(《力命篇》)另《尉缭子·天官》引“黄帝曰”:“先神先鬼,先稽我智。”应劭《风俗通》引“黄帝书”称:上古之时有神荼、郁垒兄弟二人住度朔山上、桃树下,云云。又《注》引干宝《变化论》曰:“朽稻成虫,朽麦为蛱蝶。”按,干宝所谓“变化”,或即我们要讨论的异质性物类之间的转化的意思。

分析,《黄帝内经》都属于不折不扣的“黄帝书”。①

问题在于,《黄帝书》是否属于黄老学范畴?这个问题不容易回答,因为历史背景比较复杂,文献资料的性质难以遽尔判明。李零的研究揭示了道家黄老学派与方术传统之间的藕断丝连,②而《黄帝内经》也是一个黄老思想和方技传统的绝好例证。③汉末的“黄老道”,属于黄老思潮的余波呢,还是黄老学和道教之间的中介呢?④尤其是早期道教徒常以“黄老弟子”自命,更显示出这确是一个耐人寻味的问题。实际上,黄老学文献的复杂性,诚与黄老学派的错综复杂堪称表里。

---

① 郑开:《黄帝学之生命 - 精神哲学》,载《云南大学学报(社会科学版)》2015 年第 4 期。

② 详见李零:《中国方术考》《中国方术续考》等。

③ 郑开:《黄帝学之生命 - 精神哲学》,载《云南大学学报(社会科学版)》2015 年第 4 期。

④ 〔韩〕金晟焕:《黄老道探源》,中国社会科学出版社 2008 年版。

解经与治国[①]

——以战国至西汉儒道经学之互动为中心

李若晖
（复旦大学哲学系教授）

先秦时期，儒道均为传播于士人之间的思想学说，其间虽有儒生、道者仕于各国，出将入相，但是儒道作为思想学说并未成为任何一国的长期治国理念，儒生道者个体性的治国实践也未能对儒道思想体系产生根本性影响。因此，作为思想与学派传承的经典解释，同国家治理的政治实践之间，存在着巨大的鸿沟。及至汉朝建立，道家和儒家先后长期作为汉王朝奉行的治国理念，于是在儒道学派内部，如何将解经与治国相衔接，构造以经典解释与治国实践一以贯之的学说体系，便成为当世之要务。汉人对此有着明确的自觉。《汉书》卷五十六《董仲舒

---

① 项目：国家社科基金一般项目“北京大学藏汉简老子研究”（14BZX039）。

传》赞:“刘向称‘董仲舒有王佐之材,虽伊吕亡以加,筦晏之属,伯者之佐,殆不及也。’至向子歆以为:‘伊吕乃圣人之耦,王者不得则不兴。故颜渊死,孔子曰:‘噫!天丧余。’唯此一人为能当之,自宰我、子赣、子游、子夏不与焉。仲舒遭汉承秦灭学之后,《六经》离析,下帷发愤,潜心大业,令后学者有所统壹,为群儒首。然考其师友渊源所渐,犹未及乎游夏,而曰筦晏弗及,伊吕不加,过矣。’至向曾孙龚,笃论君子也,以歆之言为然。”[①]向、歆父子对董生的评价有着复杂的背景与丰富的内涵,此不详述。由本文的视角来看,刘向对董仲舒推崇备至,即认为董生是贯通解经与治国的典范与最高峰。而在刘歆看来,董生不过仅一经师,传经授业不失优异,至于治国则迥不相侔。本文即尝试钩沉索隐,挖掘战国至西汉儒道经学互动中解经与治国的贯通。

一、韩非子《解老》《喻老》的解经体系

自古对于《韩非子》诸篇之疑伪,主要为《初见秦》一篇[②],胡适始对今本《韩非子》各篇作者真伪作全面评估,其中有谓“大概《解老》《喻老》诸篇,另是一人所作”[③],但并未论证。予

---

① [汉]班固撰:《汉书》,中华书局1962年版,第2526页。

② 张心澄编著:《伪书通考》,上海书店出版社1998年版,第774~775页。

③ 胡适:《中国哲学史大纲》,上海:商务印书馆1919年版,第366页。栗劲以为:“最早提出《韩非子》一书中的《解老》《喻老》两篇不出韩非手的是容肇祖先生。”(栗劲:《〈解老〉〈喻老〉篇不出韩非手辨》,载《吉林大学社会科学学报》1987年第3期,第28页)非。

以详细论证的是容肇祖所著《韩非子考证》，其主要论据是《解老》《喻老》所表达的思想与作为确定为韩非所著的《五蠹》《忠孝》等篇中的思想矛盾，尤其是与对老子“微妙之言”“恍惚之言”的批评不合。① 郭沫若则有所回转：“《解老》与《喻老》在我看来可能不是一个人所作，因为这两篇的笔调，思想，对于老子语的解释都不相同，甚至连所引用的底本也有文字上的出入。因而与儒家思想太接近的《解老》一篇大约可以除外，而在思想体系上与《六微》篇及韩非全书相符合的《喻老》，实在是无法除外。”②至冯友兰乃一反容说，认为：“韩非在《解老》《喻老》这两篇中所解释的《老子》，既不‘恍惚’，也不‘微妙’。《解老篇》是与《管子》四篇(《白心》、《内业》、《心术》上、下)，即早期道家，相通的，把精神解释为一种细微的物质，‘精气’。《喻老篇》用生活中的实例说明《老子》，以见《老子》中的原则，都是生活经验的总结。这种唯物主义的、注重实际的思想，跟《韩非子》中的别篇是一致的。”③此后，对于《解老》《喻老》的质疑已基本消失④。

关于《解老》《喻老》真伪的这场辩论中值得关注者，章太

---

① 容肇祖：《韩非子考证》，台湾“中央研究院”历史语言研究所 1972 年版，第 39 ~ 42 页。

② 郭沫若：《十批判书 · 韩非子的批判》，群益出版社 1947 年版，第 312 页。

③ 冯友兰：《三松堂全集 · 韩非〈解老〉〈喻老〉篇新释》，河南人民出版社 2000 年版，第 536 页。

④ 张觉撰：《韩非子校疏》，上海古籍出版社 2010 年版，第 347 ~ 350，411 ~ 412页。

炎早已指出:“凡周秦解故之书,今多亡佚,诸子尤寡。《老子》独有《解老》《喻老》二篇,后有说《老子》者,宜据韩非为大传,而疏通证明之。”[①]容肇祖也注意到《解老》颇有和《淮南子·原道训》相合之处,以及“《喻老》一篇,是比喻举例的说明《老子》,与《解老》的体制略有不同”。[②] 蒋伯潜则有更进一步的发现:“《解老篇》为《老子》之解释,绝似西汉经师解释诸经之故训……《喻老篇》引古时遗闻轶事以说明《老子》,绝似《韩诗外传》……《喻老》之体裁,又极似《淮南子》之《道应训》;且二篇所说《老子》语,无重复者。疑《喻老》与《道应》,本为一篇。汉初崇尚黄老,尊《老子》为‘经’,为之作‘传’作‘说’。录于《汉志》者已有四种。疑《解老》《喻老》及《道应》,本为《老子》之‘传’或‘说’,而后来羼入《韩非》及《淮南》者。”[③]蒋疑《喻老》与《道应》本为一篇,其根据为“二篇所说《老子》语,无重复者”,马世年等已有驳议,[④]可置勿论。

对于《解老》《喻老》解经体式的差异,如果不归因于作者不同,将何作解?周勋初延续郭沫若的思路,提出既然《解老》近儒,《喻老》属法,“《解老》可能是韩非早期的作品,《喻老》

---

① 章太炎:《章氏丛书·国故论衡·原道》,世界书局1982年版,第480页。

② 容肇祖:《韩非子考证》,台湾“中央研究院”历史语言研究所1972年版,第41~42页。

③ 蒋伯潜:《诸子通考》,岳麓书社2010年版,第365~366页。

④ 马世年、吴建新:《〈解老〉〈喻老〉的性质及其文体学意义》,载《辽东学院学报(社会科学版)》2011年第4期。

应当是韩非后期的作品"①。但这是用一个更为宏大的叙事来解释一个相对较小的文本问题。倘若周说成立,就意味着我们要重新认识整个韩非思想,要对《韩非子》从由儒转法的角度重构整体解释框架。质言之,我们必须在韩非相关文献中构造出一个儒家性的韩非作为韩非思想演变历程的起点。这一工作无论是周先生本人还是其他学者都未见从事。更何况即便我们承认一个儒家性的早期韩非,又如何解释这个儒生韩非为什么不注儒家经典而偏偏要注道家经典?

以上诸家对于《解老》《喻老》解经体式的差异之解释,都是将此差异理解为对于韩非思想体系之完整性的破坏,但此差异实为韩非思想体系之系统性的构成。

杨树达分析《汉书·艺文志》所录《诗经》书目,有曰:"《六艺》诗家有《齐后氏故》二十卷,此外又有《齐后氏传》二十九卷。有《韩故》三十六卷,外又有《韩内传》四卷,《韩外传》六卷。由此可知今文三家《诗》中,齐韩两家有《故》,又有《传》。剩下一家的《鲁诗》怎样呢?《艺文志》只载《鲁故》二十五卷,并没有《鲁传》。因此《儒林传》说:'申公独以《诗》为训故,以教,无《传》。'这话自然是对照齐韩二家说的……申公独以《诗》为训故,无传,然则《故》便是训故了。(训故今作训诂。)《传》与《故》是对立的,《故》是训故,《传》自然不是训故了。假若《传》也是训故,那么齐韩二家为甚么会把《传》与《故》分

① 周勋初:《〈韩非子〉札记·韩非作品写作年代的推断》,江苏人民出版社1980年版,第131页。

成两书呢?"[①]"故""传"的区别,刘立志释"故"曰:"'故'体书的出现主要是解决古今异言的问题,其内容也以训释字、词为主,无论是解说本义,还是贯通大义,都密切贴合经文,罕有凿空之论。"[②]杨树达释"传"曰:"《传》是甚么?《艺文志》也曾说了出来。他说:'汉兴,鲁申公为《诗训故》,而齐辕固燕韩生皆为之《传》,或取春秋,采杂说,咸非其本义。(古人于历史传记都叫做春秋,这里不是指孔子的《春秋》。)'这几句话无意中便把传的体裁说明,知道传是取春秋,采杂说,非《诗经》本义的东西了。现在《齐诗传》已亡佚不存,《韩诗传》尚在……我们打开他一看,的的确确是取春秋,采杂说,不是说《诗经》本义的。"[③]马瑞辰辨"故""传"之别曰:"盖诂训第就经文所言者而诠释之,传则并经文所未言者而引伸之,此诂训与传之别也。"[④]从解经体式来看,汉代三家《诗》之《故》正对应于韩非之《解老》,《传》对应于《喻老》,亦即韩非《解老》《喻老》二篇正对应于汉代《诗》学"故""传"二分的格局。因此,我们可以借由汉代《诗》学"故""传"二分的格局之探讨来了解韩非作《解老》《喻老》二篇之意义。

---

① 杨树达:《积微居小学述林全编·离骚传与离骚赋》,上海古籍出版社2007年版,第399页。

② 刘立志:《汉代〈诗经〉学史论》,中华书局2007年版,第93页。

③ 杨树达:《积微居小学述林全编·离骚传与离骚赋》,上海古籍出版社2007年版,第399~400页。

④ [清]马瑞辰撰,陈金生点校:《毛诗传笺通释》,中华书局1989年版,第4~5页。

二、汉代《诗》学“故”“传”解经体系

在汉代经学中，最为核心的即鲁《诗》。鲁《诗》学无《传》，仅有《故》，其最大限度地保留了经书的“原教旨”。《汉书·艺文志》：“汉兴，鲁申公为《诗》训故，而齐辕固、燕韩生皆为之《传》，或取春秋，采杂说，咸非其本义。与不得已，鲁最为近之。”此评骘三家，虽未及毛《诗》，而实以《毛传》为正解，盖以此文出自刘歆故云然。然即便如此，刘歆仍然承认在三家之中，“鲁最为近之”，是因为鲁仅有《故》而无《传》，笃守经义，不做发挥。上引杨树达所引《汉书·儒林传》语，《史记·儒林列传》作“申公独以《诗》经为训以教，无《传》，疑者则阙不传”。《索隐》：“谓申公不作《诗传》，但教授，有疑则阙耳。”①《儒林传》颜师古注亦曰：“口说其指，不为解说之《传》。”②正是此意。申公教授史传无传，由其后学王式可略窥一斑。《汉书·儒林传》王式授徒曰：“闻之于师具是矣，自润色之。”其弟子“唐生、褚生应博士弟子选，诣博士，抠衣登堂，颂礼甚严，试诵说，有法，疑者丘盖不言”③。此正如《论衡·定贤篇》所言：“传先师之业，习口说以教，无胸中之造，思定然否之论。邮人之过书，门者之传教也。封完书不遗，教审令不误者，则为善矣。儒

---

① ［汉］司马迁撰：《史记》，中华书局2013年版，第3765，3766页。
② ［汉］班固撰：《汉书》，中华书局1962年版，第3609页。
③ ［汉］班固撰：《汉书》，中华书局1962年版，第3610页。

者传学,不妄一言,先师古语,到今具存。”①

正因此,当汉武帝欲有所作为,首先援引的正是鲁学申公师徒。《史记·儒林列传》,申公弟子王臧为郎中令,赵绾为御史大夫,“请天子,欲立明堂以朝诸侯,不能就其事,乃言师申公……申公时已八十余,老,对曰:‘为治者不在多言,顾力行何如耳。’是时天子方好文词,见申公对,默然。然已招致,则以为太中大夫,舍鲁邸,议明堂事。太皇窦太后好老子言,不说儒术,得赵绾、王臧之过以让上,上因废明堂事,尽下赵绾、王臧吏,后皆自杀。申公亦疾免以归,数年卒”②。其后武帝议封禅,《史记·封禅书》:“群儒既已不能辨明封禅事,又常牵拘于《诗》《书》古文而不能骋。上为封禅祠器示群儒,群儒或曰‘不与古同’,徐偃又曰‘太常诸生行礼不如鲁善’,周霸属图封禅事,于是上绌偃、霸,而尽罢诸儒不用。”③徐偃、周霸皆申公弟子,见《儒林列传》。④ 在武帝看来,这帮腐儒真是成事不足败事有余了。《汉书·儒林传》:“宽有俊材,初见武帝,语经学。上曰:‘吾始以《尚书》为朴学,弗好。及闻宽说,可观。’乃从宽问一篇。欧阳、大小夏侯氏学皆出于宽。”⑤所谓“朴学”,无疑是指申公鲁学。王式之用经亦然。《汉书·儒林传》:“式为昌邑王师。昭帝崩,昌邑王嗣立,以行淫乱废,昌邑群臣皆下狱

---

① 黄晖撰:《论衡校释》,中华书局1990年版,第1114页。
② [汉]司马迁撰:《史记》,中华书局2013年版,第3766页。
③ [汉]司马迁撰:《史记》,中华书局2013年版,第1670页。
④ [汉]司马迁撰:《史记》,中华书局2013年版,第3766页。
⑤ [汉]班固撰:《汉书》,中华书局1962年版,第3603页。

诛，唯中尉王吉、郎中令龚遂以数谏减死论。式系狱当死，治事使者责问曰：‘师何以亡谏书？’式对曰：‘臣以《诗》三百五篇朝夕授王，至于忠臣孝子之篇，未尝不为王反复诵之也；至于危亡失道之君，未尝不流涕为王深陈之也。臣以三百五篇谏，是以亡谏书。’使者以闻，亦得减死论。”①王式为王授《诗》，虽然情深意至，但是由于不能脱离《诗经》文本，有所发挥，所以终未能感悟昌邑王，甚至未曾形成独立文本，作为谏书。皮锡瑞《经学历史》举王式此例论汉儒“通经致用”，“治一经得一经之益也”②，而罔顾其实无效验，不知何故。

三、通经致用：以王恢韩安国匈奴之议为中心

与申公《诗》学的笃守遗经不同，韩非《解老》则颇能“通经致用”。

上引容肇祖以思想矛盾论证《解老》《喻老》非韩非之作，其举例有曰：“《五蠹》说：‘圣人不期修古，不法常可，论世之事，因为之备。’又说：‘夫古今异俗，新故异备。如欲以宽缓之政，治急世之民，犹无辔策而御悍马，此不知之患也。’又《心度》说：‘故治民无常，唯治为法。法与时转则治，治与世宜则有功……时移而治不易者乱。’这是主张因时变法的。《解老》

---

① ［汉］班固撰：《汉书》，中华书局 1962 年版，第 3610 页。

② ［清］皮锡瑞著，周予同注释：《经学历史》，中华书局 2004 年版，第 56 页。

说:‘治大国而数变法,则民苦之。是以有道之君,贵虚静而重变法。故曰:“治大国若烹小鲜。”’以上所说:‘数变法’,固然不是韩非的主张,而韩非的‘不法常可’,亦和‘贵虚静而重变法’的见解有别。《解老》既然和《五蠹》的思想内容根本上不能一致,我以为似乎不是韩非所作。”①

容氏仅仅静态看待文本,而未尝注意思想与历史之交织。据《汉书·韩安国传》②自高帝五世与匈奴和亲。武帝时,马邑豪聂壹因大行王恢建言诱击匈奴单于。武帝召问公卿,王恢对曰:“匈奴侵盗不已者,无它,以不恐之故耳。臣窃以为击之便。”此乃用法家义。《韩非子·内储说上》:“子产相郑,病将死,谓游吉曰:‘我死后,子必用郑,必以严莅人。夫火形严,故人鲜灼;水形懦,故人多溺。子必严子之形,无令溺子之懦。’故子产死,游吉不肯严形,郑少年相率为盗,处于雚泽,将遂以为郑祸。游吉率车骑与战,一日一夜,仅能克之。游吉喟然叹曰:‘吾蚤行夫子之教,必不悔至于此矣。’”③王恢实以和亲为“水形懦”,故匈奴屡屡入寇;故建言采“火形严”之策,使其恐惧,方可止其侵扰。御史大夫韩安国曰:“不然。臣闻高皇帝尝围于平城,匈奴至者投鞍高如城者数所。平城之饥,七日不食,天下歌之,及解围反位,而无忿怒之心。夫圣人以天下为度者也,

① 容肇祖:《韩非子考证》,台湾“中央研究院”历史语言研究所 1972 年版,第 41 页。

② 此处所引《韩安国传》,见[汉]班固撰:《汉书》,中华书局 1962 年版,第 2399~2405 页,下不一一注出。

③ 张觉撰:《韩非子校疏》,上海古籍出版社 2010 年版,第 597 页。

不以己私怒伤天下之功,故乃遣刘敬奉金千斤,以结和亲,至今为五世利……臣窃以为勿击便。”按《老子》第四十九章:“圣人无常心,以百姓心为心。”①此即安国“圣人以天下为度”之语所本。韩非亦有此义,《八奸》:“君人者,以群臣百姓为威强者也。群臣百姓之所善,则君善之;非群臣百姓之所善,则君不善之。”②

恢曰:“不然。臣闻五帝不相袭礼,三王不相复乐,非故相反也,各因世宜也……臣故曰击之便。”此为法家通义。《商君书·更法篇》:“三代不同礼而王,五霸不同法而霸……前世不同教,何故之法?帝王不相复,何礼之循?伏羲、神农教而不诛,黄帝、尧、舜诛而不怒。及至文武,各当时而立法,因事而制礼。礼法以时而定,制令各顺其宜,兵甲器备各便其用。臣故曰:‘治世不一道,便国不必法古。’汤、武之王也,不修古而兴,夏殷之灭也,不易礼而亡。然则反古者未必可非,循礼者未足多是也。君无疑矣!”③至于韩非的相关论议,已见容氏所引。安国曰:“不然。臣闻利不十者不易业,功不百者不变常,是以古之人君谋事必就祖,发政占古语,重作事也……臣故曰勿击便。”安国“利不十”之言即本于《更法篇》杜挚曰:“臣闻之,利不百,不变

① 《老子道德经》,见缩印浙江书局汇刻本《二十二子》,上海古籍出版社1986年版,第6页。

② 张觉撰:《韩非子校疏》,上海古籍出版社2010年版,第160页。

③ 蒋礼鸿撰:《商君书锥指》,中华书局1986年版,第4~5页。

法；功不十，不易器。臣闻法古无过，循礼无邪。君其图之。”①“作事”见于《周易·讼·象传》：“天与水违行，讼。君子以作事谋始。”②安国之义正与容引《解老》“治大国若烹小鲜”之义相当。此可证《解老》所言必为韩非之义。

恢曰：“夫匈奴独可以威服，不可以仁畜也……臣故曰击之便。”按上文王恢曰：“匈奴侵盗不已者，无它，以不恐之故耳。”又曰：“今边境数惊，士卒伤死，中国槥车相望，此仁人之所隐也。”以汉与匈奴区别对待，分别施以仁威，此即法家别内外之义。《韩非子·用人》：“使燕王内憎其民而外爱鲁人，则燕不用而鲁不附。民见憎不能尽力而务功，鲁见说而不能离死命而亲他主。如此则人臣为隙穴，而人主独立。以隙穴之臣而事独立之主，此之谓危殆。”③《老子》第八十章论“小国寡民”有曰：“邻国相望，鸡犬之声相闻，民至老死不相往来。”④则其国内之民仍有往来，此正别内外之义。《春秋》成公十五年：“冬十有一月，叔孙侨如会晋士燮、齐高无咎、宋华元、卫孙林父、郑公子鳍、邾娄人会吴于钟离。”《公羊传》：“曷为殊会吴？外吴也。曷为外也？《春秋》内其国而外诸夏，内诸夏而外夷狄。王者

---

① 蒋礼鸿撰：《商君书锥指》，中华书局 1986 年版，第 4 页。

② ［三国·魏］王弼注经，［东晋］韩康伯注传，［唐］孔颖达疏：《周易注疏》，见［清］阮元校刻《十三经注疏》，艺文印书馆 2007 年版，第一册，第 34 页。

③ 张觉撰：《韩非子校疏》，上海古籍出版社 2010 年版，第 550 页。

④ 《老子道德经》，见缩印浙江书局汇刻本《二十二子》，上海古籍出版社 1986 年版，第 9 页。

欲一乎天下，曷为以外内之辞言之？言自近者始也。”[①]安国曰：“不然。臣闻用兵者以饱待饥，正治以待其乱，定舍以待其劳。故接兵覆众，伐国堕城，常坐而役敌国，此圣人之兵也。且臣闻之，冲风之衰，不能起毛羽；强弩之末，力不能入鲁缟，夫盛之有衰，犹朝之必莫也。今将卷甲轻举，深入长驱，难以为功；从行则迫胁，衡行则中绝；疾则粮乏，徐则后利，不至千里，人马乏食。兵法曰：‘遗人获也。’意者有它缪巧可以禽之，则臣不知也；不然，则未见深入之利也。臣故曰勿击便。”

恢曰：“不然。夫草木遭霜者，不可以风过，清水明镜，不可以形逃，通方之士，不可以文乱。今臣言击之者，固非发而深入也，将顺因单于之欲，诱而致之边，吾选枭骑壮士阴伏而处以为之备，审遮险阻以为其戒。吾势已定，或营其左，或营其右，或当其前，或绝其后，单于可禽，百全必取。”上曰：“善！”乃从恢议。此处韩王之辩实暗含先秦兵学之变。《汉书·艺文志·兵书略》序：“下及汤武受命，以师克乱而济百姓，动之以仁义，行之以礼让，《司马法》是其遗事也。自春秋至于战国，出奇设伏，变诈之兵并作。”[②]所谓“行之以礼让，《司马法》是其遗事也”，正谓早期兵学与作战方式，乃以军法、军令为核心，讲究阵法队形，宋襄公的泓之战便是这种作战方式的典型，司马穰苴则是以军法治军的典型。因此，早期兵家的军法与法家的律令

---

① ［东汉］何休注，［唐］徐彦疏：《春秋公羊传注疏》，见［清］阮元校刻《十三经注疏》，艺文印书馆2007年版，第七册，第231页。

② ［汉］班固撰：《汉书》，中华书局1962年版，第1762页。

有着很深的关联。春秋后期至战国，乃以变诈用兵，以战场胜利为唯一目标，于是兵学丕变。显然，韩安国所言正是早期兵学军法之义，王恢所言则是战国兵学变诈之义。安国所言"正治"一语见于《周礼·地官·乡师》："大军旅会同，正治其徒役与其輂辇，戮其犯命者。"①正是以军法治军之义。而王恢所言变诈又与法家相通。《史记·商君列传》记载，商鞅变法之初，徙木立信，"以明不欺"；但在对魏国的战争中，则以故友之情骗取魏将公子卬见面，"伏甲士而袭虏魏公子卬，因攻其军，尽破之以归秦"②。《汉书·艺文志·兵书略》一兵权谋类序言："权谋者，以正守国，以奇用兵，先计而后战。"③其中且著录《公孙鞅》二十七篇④，即商鞅一派法家以变诈用兵之作。《韩非子·难一》："晋文公将与楚人战，召舅犯问之曰：'吾将与楚人战，彼众我寡，为之奈何？'舅犯曰：'臣闻之："繁礼君子，不厌忠信；战阵之间，不厌诈伪。"君其诈之而已矣。'文公辞舅犯，因召雍季而问之，曰：'我将与楚人战，彼众我寡，为之奈何？'雍季对曰：'焚林而田，偷取多兽，后必无兽；以诈遇民，偷取一时，后必无复。'文公曰：'善！'辞雍季，以舅犯之谋与楚人战以败之。归而行爵，先雍季而后舅犯。群臣曰：'城濮之事，舅犯谋也。夫用其言而后其身，可乎？'文公曰：'此非君所知也。

① [东汉]郑玄注，[唐]贾公彦疏：《周礼注疏》，见[清]阮元校刻《十三经注疏》，艺文印书馆2007年版，第三册，第175页。

② [汉]司马迁撰：《史记》，中华书局2013年版，第2697，2699页。

③ [汉]班固撰：《汉书》，中华书局1962年版，第1758页。

④ [汉]班固撰：《汉书》，中华书局1962年版，第1757页。

夫舅犯言，一时之权也；雍季言，万世之利也。'……且文公又不知舅犯之言。舅犯所谓'不厌诈伪'者，不谓诈其民，请诈其敌也。敌者，所伐之国也，后虽无复，何伤哉！文公之所以先雍季者，以其功耶？则所以胜楚破军者，舅犯之谋也。以其善言耶？则雍季乃道其'后之无复'也，此未有善言也。舅犯则以兼之矣。舅犯曰'繁礼君子不厌忠信'者：忠，所以爱其下也；信，所以不欺其民也。夫既以爱而不欺矣，言孰善于此？然必曰'出于诈伪'者，军旅之计也。"①此亦合于《老子》第五十七章之"以奇用兵"，河上公注："奇，诈也。天使诈伪之人，使用兵也。"②故安国终以无辞，武帝卒用王恢之谋。

《汉书·匈奴传》赞："故自汉兴，忠言嘉谋之臣曷尝不运筹策相与争于庙堂之上乎？高祖时则刘敬，吕后时樊哙、季布，孝文时贾谊、朝错，孝武时王恢、韩安国、朱买臣、公孙弘、董仲舒，人持所见，各有同异，然总其要，归两科而已。缙绅之儒则守和亲，介胄之士则言征伐，皆偏见一时之利害，而未究匈奴之终始也。"③王恢所言，皆纯为法家之义，是可通于兵家介胄之士。马邑之役其详见于《汉书·匈奴传》："单于信之，而贪马邑财物，乃以十万骑入武州塞。汉伏兵三十余万马邑旁，御史大夫韩安国为护军将军，护四将军以伏单于。单于既入汉塞，未至马邑百余里，见畜布野而无人牧者，怪之，乃攻亭。时雁门

---

① 张觉撰：《韩非子校疏》，上海古籍出版社2010年版，第933~935页。
② 王卡点校：《老子道德经河上公章句》，中华书局1993年版，第220页。
③ [汉]班固撰：《汉书》，中华书局1962年版，第3830页。

尉史行徼,见寇,保此亭。单于得,欲刺之。尉史知汉谋,乃下,具告单于。单于大惊,曰:'吾固疑之!'乃引兵还。出曰:'吾得尉史,天也。'以尉史为天王。汉兵约单于入马邑而纵兵,单于不至,以故无所得。将军王恢部出代,击胡辎重,闻单于还,兵多,不敢出。汉以恢本建造兵谋而不进,诛恢。"①法家对人的根本认识即逐利。《韩非子·难一》于君臣之伦竟谓为"且臣尽死力以与君市,君垂爵禄以与臣市。君臣之际,非父子之亲也,计数之所出也"②。加之汉人对于匈奴的基本认识便是"苟利所在,不知礼义"(《史记·匈奴列传》)③,故而以利诱致单于视为理所当然。出乎意料的是,单于虽为利诱亲至马邑,却并未被即将到来的胜利冲昏头脑。"畜布野而无人牧",显然是汉军试图以此诱使匈奴纵兵大掠,然后乘乱出击。所谓"汉兵约单于入马邑而纵兵,单于不至,以故无所得",乃出于猴子捞月之后的讳饰④。在此,匈奴单于表现出审慎之德,士卒也维持了良好的军纪。反观汉廷,利诱单于失败之后,"于是下恢廷尉,廷尉当恢逗桡,当斩。恢行千金丞相蚡。蚡不敢言上,而言于太后曰:'王恢首为马邑事,今不成而诛恢,是为匈奴

① [汉]班固撰:《汉书》,中华书局1962年版,第3765页。

② 张觉撰:《韩非子校疏》,上海古籍出版社2010年版,第942页。

③ [汉]司马迁撰:《史记》,中华书局2013年版,第3461页。

④ 汉人记叙马邑之役多所讳饰,所讳最巨者为武帝是否亲临马邑。《史》《汉》皆不言此,但《新序·善谋》下篇则明言:"孝武皇帝自将师伏兵于马邑。"[汉]刘向编著,石光瑛校释,陈新整理:《新序校释》,中华书局2001年版,下册,第1398页。参邢义田:《天下一家:皇帝、官僚与社会·汉武帝在马邑之役中的角色》,中华书局2011年版,第136~159页。

报仇也。’上朝太后,太后以蚡言告上。上曰:‘首为马邑事者恢,故发天下兵数十万,从其言,为此。且纵单于不可得,恢所部击,犹颇可得,以慰士大夫心。今不诛恢,无以谢天下。’于是恢闻,乃自杀”。①。王恢欲贿赂苟免,丞相田蚡纳贿枉法,武帝则坚持杀王恢以泄愤卸责。朝廷上下,利令智昏。

韩安国则非缙绅之儒。《史记·韩长孺列传》谓安国(字长孺)“尝受韩子杂家说于邹田生所”。《汉书·韩安国传》作“韩子杂说”。《索隐》:“安国学韩子及杂家说于邹县田生之所。”中华书局点校本《史记》《汉书》从其说,于“韩子”加书名号,且在其与“杂家说(杂说)”之间施以顿号。② 所谓“杂家说(杂说)”实即黄老之说。江瑔《读子卮言》曰:“其有得道家之正传,而所得于道家,亦较诸家为独多者,则惟杂家。盖杂家者,道家之宗子,而诸家者皆道家之旁支也。惟其学虽本于道家,而亦旁通博综,更兼采儒墨名法之说,故世名之曰杂家。此不过采诸家之说,以浚其流,以见其王道之无不贯,而其归宿,固仍在道家也。杂家之书最著者,为《吕氏春秋》……其八览六论,实采于黄老……次若《淮南子》,亦半近道家之言。淮南王安本喜黄老之学,其书分内外篇,颜师古曰:‘内篇论道,外篇杂说。’所谓论道者,盖论道家之道也。”③以李悝、商鞅为代表的早期法家即以律令为核心,重在制度变革。而慎到、申不害、

① [汉]班固撰:《汉书》,中华书局1962年版,第2404~2405页

② [汉]司马迁撰:《史记》,中华书局2013年版,第3437页;[汉]班固撰:《汉书》,中华书局1962年版,第2394页。

③ 江瑔:《读子卮言》,广文书局1982年版,第88页。

韩非等法家后劲则深受黄老之学影响,注意到律令之外尚有广阔天地。江瑔《读子卮言》曰:“申不害、韩非之学,皆本于黄老(《史记》谓申子之学本于黄老而主刑名。韩子喜刑名法术而其归本于黄老),太史公以老庄申韩合传,言申韩惨核少恩,皆原于道德之意。韩非著书亦有《解老》《喻老》之篇。《管子》一书,《汉志》列于道家,《隋志》以后则入于法家。而慎子亦法家之徒(按《汉志》法家有《慎子》四十二篇),荀子谓其蔽于法而不知贤(按不知贤即老子之不尚贤),杨倞注亦谓其术本黄老,归刑名,多明不尚贤,不使能之道……是可知法家诸人,无一不本于黄老者,此法家出于道家之证也。”①可见,所谓“韩子杂家说(杂说)”实为一体,即战国后期至汉初流行之刑名黄老之学。“韩子”不必用书名号,其与“杂家说(杂说)”之间也不当加顿号。由韩安国的论辩来看,他显然不同于王恢的纯然法家,而正是黄老化了的法家。

《新序·善谋》下篇备载韩王之辩,于马邑之役后曰:“其后交兵接刃,结怨连祸,相攻击十年,兵凋民劳,百姓空虚,道殣相望,槥车相属,寇盗满山,天下摇动。孝武皇帝后悔之,御史大夫桑弘羊请佃轮台,诏却曰:‘当今之务,在禁苛暴,止擅赋,今乃远西佃,非所以慰民也。朕不忍闻。’封丞相号曰富民侯,遂不复言兵事。国家以宁,继嗣以定,从韩安国之本谋也。”②明确以韩王之辩上升到历史转折的高度,即韩安国代表了汉初

① 江瑔:《读子卮言》,广文书局1982年版,第80页。

② [汉]刘向编著,石光瑛校释,陈新整理:《新序校释》,中华书局2001年版,下册,第1400~1402页。

以来的黄老清静无为之治国方略，武帝则利用王恢等法家以逐利求名，最终在国家危亡之际回归黄老清静无为。

四、结语："内外书"与"内外学"

黄老法家的内在结构，冯友兰明确指出："大概可以说，黄老之学是道家和法家的统一。怎么个统一法呢？长沙马王堆出土的《十大经》，有人认为这就是《汉书·艺文志》所著录的《黄帝外经》，我赞成这个说法。《艺文志》方技略著录黄帝外经和内经。'外经'是对'内经'而言。《庄子·天下》篇说，宋钘、尹文，'以禁攻寝兵为外，以情欲寡浅为内'。'内'是指'治身'，'外'是指'治国'。汉朝的淮南王刘安著书有《淮南内》《淮南外》也是这种意思。道家讲保全身体、性命的道理。这是道家的一个主题。黄老之学以此为'内'，又把保全身体、性命的道理推广到'治国'，以此为'外'。它所讲的'治国'的道理，也就是法家的道理。这样，就改造了道家思想，使之向法家转化。"①

《汉书·艺文志》"淮南内外篇"下师古注："《内篇》论道，《外篇》杂说。"②此"内外学"与"内外书"的区分，反观《解老》《喻老》二篇，则《解老》正是由疏解《老子》而言道德之意，《喻

---

① 冯友兰：《三松堂全集·中国哲学史新编》，河南人民出版社2000年版，第二册，第424页。但是并不是所有的"内外篇"都符合这一模式。冯先生就指出："《艺文志》还著录有扁鹊的内经和外经，白氏内经和外经，这个内外是怎么分的？就无可考了。"同页。

② ［汉］班固撰：《汉书》，中华书局1962年版，第1742页。

老》则引事例以论治，适相对应。尤其是《喻老》援引古今“故事”以解经的模式，一方面吸收了诸子书举事例以论议的模式而注经，一方面则开启了以经说评骘事例的模式，最终在汉代发展出经义决狱。是则解经与治国的“内外学/书”模式，可上溯至先秦，并大盛于汉代经学。

《淮南子·兵略训》对齐兵家思想的继承

刘爱敏
（山东师范大学齐鲁文化研究院副教授）

《淮南子》中集中论述兵家思想的专篇是《兵略训》①篇，此篇是汉初重要而有特色的军事论文。通过审查全篇的思想主旨和核心概念，我们可以发现《淮南子》与齐兵家思想有非常紧密的继承关系，《兵略训》的思想观点多能从与之话题相近的齐兵家著作中寻绎端绪。这些齐兵家著作主要指《孙子兵法》②、《孙膑兵法》③、《六韬》④、《管子》⑤中的兵学篇章和《荀子·议兵》篇⑥。前四种著作为齐兵家著作无疑，而荀子虽非

---

① 何宁撰：《淮南子集释》，中华书局 1998 年版，第 1043～1100 页。

② 中国人民解放军军事科学院战争理论研究部《孙子》注释小组：《孙子兵法新注》，中华书局 1977 年版。

③ 张震泽撰：《孙膑兵法校理》，中华书局 2014 年版。

④ 《六韬》，文渊阁《四库全书》本，子部二兵家类。

⑤ 黎翔凤撰：《管子校注》，中华书局 2004 年版。

⑥ ［清］王先谦撰，沈啸寰、王星贤点校：《荀子集解》，中华书局 1988 年版。

齐人,但常住稷下,三为祭酒,其兵学思想当主要是受齐文化影响而形成,所以亦把此篇作为齐兵学的一部分。下面就从战争观、制胜观和治军观三个方面考察《兵略训》对这些齐兵家著作的继承。

一、战争观

战争观包括战争的起源、作用、性质、最高境界和对战争的态度。《兵略训》认为战争起源于财物分配不均,战争的作用是禁暴讨乱:"凡有血气之虫,含牙带角,前爪后距,有角者触,有齿者噬,有毒者螫,有蹄者趹。喜而相戏,怒而相害,天之性也。人有衣食之情,而物弗能足也。故群居杂处,分不均,求不澹,则争;争则强胁弱而勇侵怯……有圣人勃然而起,乃讨强暴,平乱世……兵之所由来者远矣!……夫兵者,所以禁暴讨乱也。"这句论述战争起源的话来自《孙膑兵法》和《荀子》。《孙膑兵法·势备》曰:"夫陷齿戴角,前蚤后锯,喜而合,怒而斗,天之道也,不可止也。故无天兵者自为备,圣人之事也。"《荀子·议兵》曰:"彼兵者,所以禁暴除害也,非争夺也。"《兵略训》认识到战争的作用,因而并不否定战争,认为战争由来已久且必不可少。《管子》也认识到战争的重要性,曰:"君之所以尊卑,国之所以安危者,莫要于兵。故诛暴国必以兵,禁辟民必以刑。然则兵者外以诛暴,内以禁邪。故兵者尊主安国之经也。"(《参患》)又曰:"夫兵,虽非备道至德也,然而所以辅王成霸。"(《兵法》)由于战争既能"尊主安国",又能"辅王成霸",

因而《管子》反对宋钘、尹文提倡的“寝兵之说”和墨家鼓吹的“兼爱之说”:“寝兵之说胜,则险阻不守;兼爱之说胜,则士卒不战”(《立政》)。

《兵略训》重视“道”和“义”在战争中的作用,把是否符合道义作为判断战争性质的根据。作者认为“兵失道而弱,得道而强;将失道而拙,得道而工;国得道而存,失道而亡”,并认为“义”是一场战争自始至终都要遵守的准则:“故闻敌国之君,有加虐于民者,则举兵而临其境,责之以不义,刺之以过行”;“兵之来也,以废不义而复有德也”;“义兵之至也,至于不战而止”。那么什么是义?《淮南子·缪称训》曰:“道者,物之所导也;德者,性之所扶也;仁者,积恩之见证也;义者,比于人心而合于众适者也。故道灭而德用,德衰而仁义生。”义,就是合乎众人的心愿,是道在人心的体现。作者认为,当今是道灭德衰的衰世,恢复道德已不可能,但主张正义还是必须的。《淮南子》的重“道”与《孙子兵法》《孙膑兵法》一致,《孙子兵法·计篇》曰:“故经之以五事,校之以计而索其情:一曰道,二曰天,三曰地,四曰将,五曰法。道者,令民于上同意也,故可以与之死,可以与之生,而不危也。”孙子把“道”作为战争考虑的第一要事,“道”就是民众与国君的意愿相一致,也与《淮南子》“义”之“比于人心而合于众适”相合。《孙膑兵法·威王问》曰:“威王问九,田忌问七,几知兵矣,而未达于道也。”孙膑认为“达于道”才是知兵的最高境界。尚义与《管子》及《荀子》思想相通。《管子》强调义战,认为“行义,胜之理”(《幼官》),从事义战,方可“立于胜地”,“成功立事,必顺于理义。故不理不胜天下,不义不胜人”(《七法》)。《荀子·正论》曰:“汤武非取天下也,修其道,行其义,兴天下之同利,除天下之同害,而天下归之也。”《荀子·议兵》曰:“隆礼贵义者其国治,简礼贱义者其国乱。”需要说明的是,荀子兵论缺乏用兵和治军的具体探讨,不是其思想的核心,只是其政论的延伸。

《兵略训》认为战争的最高境界是不战、止战,曰:“大兵无创。”没有伤亡而使敌人屈服是战争最理想的结局。又曰:“故庙战者帝,神化者王。”所谓庙战,指战胜于朝廷庙堂之上;神化,指用精神感化。这与《孙子兵法》的“不战而屈人之兵”、《管子》的“至善不战”和《六韬》的“上战无与战”一致。《兵略训》作者清楚战争的危害性,主张慎战:“胜定而后战,铃县而后动。”①意思是一定要料定能胜才开战,审度权衡之后才行动。《孙子兵法》也注重慎战:“兵者,国之大事,死生之地,存亡之道,不可不察也。”(《计篇》)《管子》亦曰:“兵事者,危物也。”(《兵法》)《淮南子》主张备战:“故用兵者,先为不可胜,以待敌之可胜也。”(《诠言训》)战争发动之前,先壮大自己的力量。《淮南子》这句话来自《孙子兵法》之《军形篇》曰:“孙子曰:昔之善战者,先为不可胜,以待敌之可胜。不可胜在己,可胜在敌。”孙子备战思想见于多处,《九变篇》曰:“故用兵之

---

① 马宗霍云:“《淮南》书中‘权’‘钤’二字多通用。疑本文‘铃县’当作‘钤县’,‘钤’与‘铃’形近,传写笔误。‘钤县’犹‘铃县’也。《汉书·刑法志》‘日县石之一’,颜师古注引服虔曰:‘县,称也。’权然后知轻重,故曰‘权县’。权其轻重而后动,即孟子‘量敌而后进’之意。”见何宁撰:《淮南子集释》,中华书局1998年版,第1075页。

法,无恃其不来,恃吾有以待之;无恃其不攻,恃吾有所不可攻也。"《军形篇》又曰:"是故胜兵先胜而后求战,败兵先战而后求胜。"

二、制胜观

如何用兵以制敌取胜是兵学著作的核心内容,《兵略训》从多方面展开了论述。

第一,"兵之胜败,本在于政"。《淮南子·兵略训》云:"兵之胜败,本在于政。政胜其民,下附其上,则兵强矣。"又云:"修政于境内,而远方慕其德;制胜于未战,而诸侯服其威。内政治也。"《兵略训》认为"兵有三诋","修政庙堂之上,而折冲千里之外",是"用兵之上";"未至兵交接刃而敌奔亡",是"用兵之次";两军在战场上正面交接,导致流血千里,暴骸盈场,即使取得胜利,也是"用兵之下"。战争的胜负在战争之外,"修政于境内"达到"内治"是决定战争胜负的根本因素。如何才能内治?得民心!"因民之欲,乘民之力"(《兵略训》),"顺道而动,天下为向;因民而虑,天下为斗"(《兵略训》)。民心所向决定战争胜负。得民心就是得道,得道多助,战争就能取胜;得民心就能实现内治,实现内治就能"修政于庙堂之上而决胜于千里之外"。决定战争胜负的因素有很多:武器铠甲、车马粮草、天时、地利、将帅、属官、士兵等,但这些都是"佐胜者",非"必胜者"。"地广人众,不足以为强;坚甲利兵,不足以为胜;高城深池,不足以为固;严令繁刑,不足以为威。为存政者,虽小必存;为亡政者,虽大必亡。”(《兵略训》)此与《荀子·议兵》语调一致。《荀子·议兵》曰:“故坚甲利兵不足以为胜,高城深池不足以为固,严令繁刑不足以为威。由其道则行,不由其道则废。”《兵略训》反复讲的不是战略战术,而是实行仁政、修政庙堂之事,指出取天下并非靠“坚甲利兵”,而是靠清明政治,积德于民,“善守者无与御,而善战者无与斗,明于禁舍开塞之道,乘时势因民欲而取天下”(《兵略训》)。在战争与内政、民心的关系上,《淮南子》多承自儒家。《兵略训》云:“兵之所以强者,民也;民之所以必死者,义也;义之所以能行者,威也……故四马不调,造父不能以致远;弓矢不调,羿不能以必中;君臣乖心,则孙子不能以应敌。是故内修其政以积其德;外塞其丑以服其威;察其劳佚以知其饱饥。故战日有期,视死若归。”《荀子·议兵》亦云:“政修则民亲其上,乐其君,而轻为之死。”又曰:“臣所闻古之道,凡用兵攻战之本,在乎壹民。弓矢不调,则羿不能以中微;六马不和,则造父不能以致远;士民不亲附,则汤武不能以必胜也。故善附民者,是乃善用兵者也。故兵要在乎善附民而已。”此处《淮南子》明显是对《荀子》的袭用。

第二,“兵贵无形”。《淮南子》处处站在道家立场,时时不忘恃道而行。在《淮南子》作者看来,用兵就是道在战争中的运用。“所贵道者,贵其无形也”,因为“无形则不可制迫也,不可度量也,不可巧诈也,不可规虑也”,而“智见者人为之谋;形见者人为之功;众见者人为之伏;器见者人为之备”(《兵略训》)。你的智慧表现出来,人家就会用智谋对付你;你的行迹表现出来,人家就会以相应的行为来对付你;你的部队稍有暴露,人家就会打埋伏;你的器械装备一亮出来,人家就会做好充分的准备。所以,兵贵无形。兵贵无形也叫做“隐”。《兵略训》曰:“兵贵谋之不测也,形之隐匿也。出于不意,不可以设备也。”“善用兵者,上隐之天,下隐之地,中隐之人。”利用“大寒甚暑,疾风暴雨,大雾冥晦”来迷惑对方,隐匿自身,这是隐之天;利用“山陵丘阜,林丛险阻”来伏击敌人,这是隐之地;“蔽之于前,望之于后,出奇行陈之间,发如雷霆,疾如风雨”,这是隐之人。

要想做到无形,对将帅的要求就是“在中虚神,在外漠志,运于无形,出于不意”。在战术上要以静应躁,以后制先,以无形制有形,以无为应万变。《兵略训》反复阐述静、后、无形、无为相对于躁、先、有形和有为的优势。“静以合躁,治以待乱,无形而制有形,无为而应变,虽未能得胜于敌,敌不可得胜之道也。”守静不妄动,就不会暴露自己的行踪,这样即使不能战胜敌人,也不会被敌人战胜。《兵略训》进一步申述以静制动、以后应先的道理:“物未有不以动而制者也,是故圣人贵静。静则能应躁,后则能应先。”“虚静”“后”“无”这些明显带有道家色彩的词汇,成了兵家谨守的原则。“诸有象者,莫不可胜也;诸有形者,莫不可应也。是以圣人藏形于无,而游心于虚。”(《兵略训》)“藏形于无”,即不过早暴露我方的战略意图;“游心于虚”,让心神处于虚静之中。“藏形于无”,同时还特别针对将帅而言,不要轻易暴露个人的爱好、性情和质量。“夫仁勇信廉,人之美才也,然勇者可诱也,仁者可夺也,信者易欺也,廉者易谋也。将众者有一见焉,则为人禽矣。"即便是"仁勇信廉"这样的美德,一旦被敌人掌握,就有可能被敌人利用来达到其军事目的,更不消说将帅的弱点被敌人所掌握了。《孙子兵法·九变篇》也讲到这点:"将有五危:必死可杀也;必生可虏也;忿速可侮也;廉洁可辱也;爱民可烦也。凡此五者,将之过也,用兵之灾也。"所以,作者反复强调"无形"的重要性,因为"唯无形者,无可奈也"(《兵略训》),敌人不了解我方的行踪,便无可奈何,无法应对。"圣人藏于无原,故其情不可得而观;运于无形,故其陈不可得而经。无法无仪,来而为之宜;无名无状,变而为之象。"(《兵略训》)藏于无原、运于无形便是为将帅树立的最高指挥境界。《孙子兵法》也主张"无形"和"藏",《虚实篇》曰:"形人而我无形。"意思是让敌人暴露行迹而自己藏于无形。《军形篇》亦曰:"善守者藏于九地之下,善攻者动于九天之上。"《六韬》也主张"无形",《龙韬·军势》篇曰:"善胜敌者,胜于无形。"

第三,将卒上下一心。战争最重要的因素不是物,而是人;人最关键的是心,是人心中的斗志、勇气、精神面貌等因素。《兵略训》曰:"心疑则北,力分则弱。"作者撇开武器、粮草、城池等物质因素,直指人心,确见其深刻和睿智。将卒团结要如一人之"心"和"体","将以民为体,而民以将为心"(《兵略训》)。将卒一心,就能所向披靡,"良将之卒,若虎之牙,若兕之角,若鸟之羽,若蚈之足,可以行,可以举,可以噬,可以触,强而不相败,众而不相害,一心以使之也"(《兵略训》)。"故良将之用卒也,同其心,一其力。"(《兵略训》)良将用兵,能使将卒同心协力,使大家的力拧成一股绳,部队行动起来像一个有机整体,无人可挡。《孙子兵法·谋攻篇》也把“上下同欲者胜”列为可以预知胜利的五种情况之一。将卒上下一心就是集中兵力,因为集中兵力,不仅指数量的集中,更指心齐力协。其道理不言而喻,因为“夫五指之更弹,不若卷手之一挃;万人之更进,不如百人之俱至也”(《兵略训》)。在具体的作战中,作者并不赞成“以少胜多”,认为“‘少可以耦众’,此言所将,非言所战也”(《兵略训》),是对将帅如何带兵这一战略问题来说的,并不是指具体的每一次战斗。具体到战斗中,作者还是强调人多、齐心、合力,这样胜利的把握才更大。战场是死生存亡之地,《兵略训》不主张冒险死拼,也可见其慎战思想。对敌人则要善于“分人之兵,疑人之心”,分散敌人兵力,使敌军产生疑惑,从而军心不稳。这种思想与《孙子兵法》《孙膑兵法》一脉相承。《孙子兵法》之《虚实篇》曰:“故形人而我无形,则我专而敌分。我专为一,敌分为十,是以十攻其一也。”孙子也提倡集中优势兵力打击敌人,《谋攻篇》:“故用兵之法,十则围之,五则攻之,倍则分之,敌则能战之,少则能逃之,不若则能避之。”《孙膑兵法·宾主人之分》也主张分敌:“能分人之兵,能安(按)人之兵,则锱〔铢〕而有余。不能分人之兵,不能案(按)人之兵,则数负(倍)而不足。”

第四,贵势。《兵略训》认为“兵有三势”,即气势、地势和因势。气势,是一种压倒敌人而不被敌人压倒的一种气概,是“发于外而主于内”的一股精神力量,它是将士们内心情感、志气的积累,它的爆发必然壮志凌云、豪气冲天,“诚积逾而威加敌人”(《兵略训》)。地势,是占据险要有利地形。因势,则是利用敌人弱势和外界情况变化,将局势引向有利于自己的一方。气势,是主观的,是无形的;地势,是客观的,是有形的;因势,则是介于二者之间,是主观根据客观情况,对有形无形优势的综合利用。《兵略训》“贵势”,认为天时、地利、人和是战争中的重要因素,但“夫地利胜天时,巧举胜地利,势胜人”(《兵略训》),“所以决胜者,钤势也”(《兵略训》),势才是决定胜利的因素。《兵略训》认为“善用兵者,势如决积水于千仞之堤,若转员石于万丈之溪”,其比喻源自《孙子兵法》。孙子“贵势”,其论“势”之语有:

> 势者,因利而制权也。(《计篇》)
>
> 胜者之战民也,若决积水于千仞之溪者,形也。(《形篇》)
>
> 故善战者,求之于势,不责于人,故能择人而任势。任势者,其战人也,如转木石。木石之性,安则静,危则动,方则止,圆则行。故善战人之势,如转圆石于千仞之山者,势也。(《势篇》)
>
> 激水之疾,至于漂石者,势也;鸷鸟之疾,至于毁折者,节也。故善战者,其势险,其节短。势如彍弩,节如发机。(《势篇》)

孙膑也贵势,《吕氏春秋·不二》篇中有“孙膑贵势”的记述,孙膑“贵势”之论见于《孙膑兵法》多篇:

凡兵之道四，曰阵，曰势，曰变，曰权。察此四者，所以破强敌，取猛将也。（《势备》）

田忌曰："权、势、谋、诈，兵之急者耶？"孙子曰："非也。夫权者，所以聚众也。势者，所以令士必计也。谋者，所以令敌无备也。诈者，所以困敌也。可以益胜，非其急者也。"（《威王问》）

兵之胜在于选卒，其勇在于制，其巧在于势，其利在于信，其富在于亟归，其强在于休民，其伤在于数战。（《选卒》）

孙膑虽"贵势"，但认为势，同权、谋、诈一样，都是增加胜利的因素，但并非胜利的根本。

《管子》也重"势"，但非指兵学意义上的，而是指政治上君主的权势，如《明法》："尊君卑臣，非计亲也，以势胜也。"《七臣七主》："申主：任势守数以为常，周听近远以续明。"《君臣上》："国无常法，则大臣敢侵其势。"《法法》："凡人君之所以为君者，势也。故人君失势，则臣制之矣。"

第五，用谋。战争的每一步都意味着谋划。战争开始前要"庙算"，《兵略训》曰："凡用兵者，必先自庙战：主孰贤？将孰能？民孰附？国孰治？蓄积孰多？士卒孰精？甲兵孰利？器备孰便？故运筹于庙堂之上，而决胜乎千里之外矣。""庙算"一词出自《孙子兵法》，其《计篇》曰："故校之以计而索其情，曰：主孰有道？将孰有能？天地孰得？法令孰行？兵众孰强？士卒孰练？赏罚孰明？吾以此知胜负矣……夫未战而庙算胜者,得算多也;未战而庙算不胜者,得算少也。多算胜,少算不胜,而况于无算乎!吾以此观之,胜负见矣。"

谋算来自对战情的了解和把握。在双方交锋的过程中,要求将帅"独见独明",广泛了解敌情。"夫将者,必独见独知。独见者,见人所不见也;独知者,知人所不知也。见人所不见,谓之明;知人所不知,谓之神。神明者,先胜者也。"《管子》也强调战场上"知"的重要性,"为兵之道……存乎遍知天下,而遍知天下无敌"(《七法》),"早知敌则独行"(《兵法》)。《管子》提出"遍知"和"早知",《孙子兵法》则提出"先知",认为"明君贤将,所以动而胜人,成功出于众者,先知也"(《用间篇》)。要求对"我"对敌都要"知",提出"知己知彼,百战百胜"(《谋攻篇》)的著名论断。

将帅面对不同情况要因时变化,权变而行。《兵略训》曰:"仪表者,因时而变化者也。"战争本没有仪表、成规,如果非要寻找一定模式,那就是因时而变化。"因其饥渴冻暍,劳倦怠乱,恐惧窘步,乘之以选卒,击之以宵夜,此善因时应变者也。"(《兵略训》)具体到将帅身上,就要求"将军之心,滔滔如春,旷旷如夏,湫漻如秋,典凝如冬,因形而与之化,随时而与之移",将帅要根据战争情况,因时因地因形变化推移,才能取得战争的主动权,进而取得战争的最后胜利。《孙子兵法》也贵"因"尚"变",《作战篇》提出了"因粮于敌"的原则;《军争篇》曰:"无邀正正之旗,无击堂堂之陈,此治变者也。"

在战术上,用谋就意味着兵不厌诈,声东击西,以达到用兵如神的境地。《淮南子》战略战术思想与《孙子兵法》《孙膑兵法》《六韬》一脉相承。《兵略训》曰:“故用兵之道,示之以柔,而迎之以刚;示之以弱,而乘之以强;为之以歙,而应之以张;将欲西,而示之以东;先忤而后合,前冥而后明。若鬼之无迹,若水之无创。故所向非所之也,所见非所谋也。举措动静,莫能识也。若雷之击,不可为备。所用不复,故胜可百全。与玄明通,莫知其门,是谓至神。”《孙子兵法》曰:“兵者,诡道也。故能而示之不能,用而示之不用,近而示之远,远而示之近。利而诱之,乱而取之,实而备之,强而避之,怒而挠之,卑而骄之,佚而劳之,亲而离之,攻其无备,出其不意。”

具体战术主要有:第一,奇正相应。“奇正”指我国古代军队作战的变法和常法,“正”为正面作战、常法作战,“奇”为出其不意地攻击敌人。奇正相应,是将帅综合运用战争中的有利与不利情况,巧妙地处理“奇”“正”关系,以取得战争的最终胜利。《兵略训》曰:“故静为躁奇,治为乱奇,饱为饥奇,佚为劳奇。奇正之相应,若水火金木之代为雌雄也。善用兵者持五杀以应,故能全其胜;拙者处五死以贪,故动而为人禽。”《孙子兵法·势篇》:“凡战者,以正合,以奇胜。故善出奇者,无穷如天地,不竭如江海。终而复始,日月是也。死而更生,四时是也。声不过五,五声之变,不可胜听也;色不过五,五色之变,不可胜观也;味不过五,五味之变,不可胜尝也;战势不过奇正,奇正之变,不可胜穷也。奇正相生,如循环之无端,孰能穷之哉!”《孙膑兵法·奇正篇》亦曰:“刑(形)以应形,正也;无刑(形)而制刑(形),奇也。奇正无穷,分也。分之以奇数,制之以五行,斗之以□□……同,不足以相胜也,故以异为奇。是以静为动奇,失(佚)为劳奇,饱为饥奇,治为乱奇,众为寡奇。奇发而为正,其未发者,奇也。"《六韬》亦曰:"势因于敌家之动,变生于两陈之间,奇正发于无穷之源。"(《龙韬·军势》)这里,孙武和孙膑在论述奇正变化时,都提到了"五行",带有鲜明的齐文化特色,而《兵略训》也把奇正与五行相连,说"奇正之相应,若水火金木之代为雌雄",并提到"五杀""五死"概念,带有明显的齐学印记。

第二,避实击虚。《兵略训》曰:"虚实之气,兵之贵者也。"何谓虚实之气?"上下有隙,将吏不相得,所持不直,卒心积不服,所谓虚也。主明将良,上下同心,气意俱起,所谓实也。"(《兵略训》)即军队的斗志和勇气,上下同心、斗志昂扬就是实,否则就是虚。虚实之气是会变化的,就像光明会转向黑暗一样。"夫气之有虚实也,若明之必晦也。故胜兵者非常实也,败兵者非常虚也。"(《兵略训》)虚实之气是精神因素,是无形的,需要将帅具有"独见独知"的洞察力,才能知晓,并实现从虚到实的转化。"避实击虚"的思想在《孙子兵法》中首倡,其《虚实篇》曰:"夫兵形象水,水之形,避高而趋下;兵之形,避实而击虚。"《势篇》又曰:"兵之所加,如以碫投卵者,虚实是也。"《管子》提出了"释实而攻虚"的思想,《霸言》曰:"释实而攻虚,释坚而攻膬,释难而攻易。"

《兵略训》认识到"气"的重要性,曰:"胜在得威,败在失气。"主张用己之实,制敌之虚,"夫实则斗,虚则走,盛则强,衰则北"。《孙子兵法》早就提出激发士气对杀敌制胜的作用,《军争篇》曰:"善用兵者,避其锐气,击其惰归,此治气者也。"

《作战篇》曰:“故杀敌者,怒也。”即激起士卒的怒气,去杀敌。《孙膑兵法·延气》专门论“气”,曰:“合军聚众,务在激气。复徙合军,务在治兵利气。临境近敌,务在厉气。战日有期,务在断气。今日将战,务在延气。”《六韬》也重视“气”的作用,《武韬·文伐》曰:“纳勇士,使高其气。”《管子》四篇的“精气说”更把“气”提高到哲学的高度,为“避实击虚”的战略战术军事思想作了理论论证。“气”也是带有齐文化印记的概念,从《淮南子》虚实之气论和避实击虚的战术也可见其受齐文化的深刻影响。

三、治军观

兵家常言:“天时不如地利,地利不如人和。”要实现军队中的“人和”,就得有正确的治军观。军队中,将帅起主导作用,士卒是力量的源泉。治军包括对将帅素质的培养、对士卒的管理以及二者关系的处理,目的是提高军队的战斗力,争取战争的胜利。

首先,《兵略训》认为,对待士卒:一要“合之以文,齐之以武”。“兵之所以强者,民也……是故合之以文,齐之以武,是谓必取。”“合文齐武”的治军思想来自《孙子兵法·行军篇》:“故合之以文,齐之以武,是谓必取。”

二是赏信罚明。《兵略训》曰:“夫人之所乐者,生也;而所憎者,死也。然而高城深池,矢石若雨,平原广泽,白刃交接,而卒争先合者,彼非轻死而乐伤也,为其赏信而罚明也。”赏罚作为激励士兵作战的一种手段,为兵家所广泛认同。《孙子兵法·行军篇》曰:“卒未亲而罚之,则不服,不服则难用。卒已亲附而罚不行,则不可用。”提出赏罚要适时适度。《孙膑兵法·威王问》田忌问于孙膑曰:“赏罚者,军之急者也?”孙膑答曰:“非。夫赏者,所以喜众,令士忘死也;罚者,所以正乱,令民畏上也,可以益胜,非其急者也。”孙膑认为赏罚只是手段,并非兵家之根本。

三是君主和将领要爱民如子。《兵略训》曰:“上视下如子,则下视上如父;上视下如弟,则下视上如兄。上视下如子,则必王四海;下视上如父,则必正天下。”将帅遇事要身先士卒,平时能够与士兵同甘共苦。“故将必与卒同甘苦,俟饥寒,故其死可得而尽也。故古之善将者,必以其身先之。暑不张盖,寒不被裘,所以程寒暑也;险隘不乘,上陵必下,所以齐劳佚也;军食孰然后敢食,军井通然后敢饮,所以同饥渴也;合战必立矢射之所及,以共安危也。”(《兵略训》)爱民如子是齐兵家一贯强调的治军思想。《孙子兵法·地形篇》曰:“视卒如婴儿,故可以与之赴深溪;视卒如爱子,故可与之俱死。”孙子又提出爱要有度,勿使“爱子”变“骄子”:“厚而不能使,爱而不能令,乱而不能治,譬若骄子,不可用也。”(《地形篇》)主张爱与严相结合。《孙子兵法》还提出了“能愚士卒之耳目,使之无知”(《九地篇》),“犯之以事,勿告以言;犯之以害,勿告以利”(《九地篇》)的愚民政策,《兵略训》并未沿袭,从中可见其进步性。

四是君主和民还要互相满足对方的需求。《兵略训》曰:“主之所求于民者二:求民为之劳也,欲民为之死也。民之所望于主者三:饥者能食之,劳者能息之,有功者能德之。"君主若能满足人民的愿望,人民就能在战场上为君主视死如归。《兵略训》又曰:"是故上足仰则下可用也,德足慕则威可立也。"这句话来自《荀子·议兵》篇:"上足印,则下可用也,上不印,则下不可用也。"①

其次,《兵略训》还探讨了将帅的作用和素质。因为将帅是战略战术的制订者,在一定程度上,决定着战争的胜负和士兵的生死,所以中国古代战争一直强调将帅的素质。《兵略训》对将领的德行、性情、知识、操守都有严格要求,"将者必有三隧、四义、五行、十守"。三隧,就是"上知天道,下习地形,中察人情"。四义,就是"便国不负兵,为主不顾身,见难不畏死,决疑不辟罪"。五行,就是"柔而不可卷也,刚而不可折也,仁而不可犯也,信而不可欺也,勇而不可凌也"。十守,就是"神清而不可浊也,谋远而不可慕也,操固而不可迁也,知明而不可蔽也,不贪于货,不淫于物,不嚂于辩,不推于方,不可喜也,不可怒也"。《孙子兵法》早就认识到将领的作用,《作战篇》曰:"兵之将,民之司命,国家安危之主也。"《谋攻篇》曰:"夫将者,国之辅也。辅周则国必强,辅隙则国必弱。"也论及将帅的人品、性格对战争胜负的影响,《九变篇》曰:"故将有五危,必死可杀,必生可虏,忿速可侮,廉洁可辱,爱民可烦。凡此五者,将

---

① 根据王先谦《荀子集解》,见《新编诸子集成》,中华书局 1988 年版,第 270 页,"上不印",谢本作"上不足印",王先谦认为是后人妄加,依注文删"足"字。

之过也,用兵之灾也。覆军杀将,必以五危,不可不察也。"因而对主和将的性情有一定约束,《火攻篇》曰:"主不可以怒而兴师,将不可以愠而攻战。"

再次,除将、卒之外,《兵略训》还特别提出限制国君对军队的干扰。《兵略训》最后一段描述将帅受君命出征时的仪式,将帅说:"国不可从外治也,军不可从中御也。二心不可以事君,疑志不可以应敌。臣既以受制于前矣,鼓旗斧钺之威,臣无还请。愿君亦以垂一言之命于臣也。"意思即《孙子兵法·九变篇》明确提出的"君命有所不受"。《谋攻篇》还列举了君患于军的三种情况:"故君之所以患于军者三:不知军之不可以进而谓之进,不知军之不可以退而谓之退,是谓縻军;不知三军之事而同三军之政,则军士惑矣;不知三军之权而同三军之任,则军士疑矣。三军既惑且疑,则诸侯之难至矣。是谓乱军引胜。"力避君主对军队的干扰。

综合以上《淮南子·兵略训》的战争、制胜和治军思想,可以发现其强调的概念或理念主要有以下十一个:道、义、心、气、因、民、势、变、诈、阴阳和五行。

关于道,《兵略训》有四处论及,第一处在论述战争的性质时,说"兵失道而弱,得道而强",之后便讲了一大段"所谓道者"如何如何之类的话。第二处解释"所谓庙战者,法天道也;神化者,法四时也"之后,又跑到了道家的思路上去,说了一大段:"古得道者,静而法天地,动而顺日月,喜怒而合四时……"第三处讲战略原则"贵其无形"时,"所贵道者……未见其发,固已至矣"一大段又是道家的套话。第四处:"神莫贵于天,势莫便于地,动莫急于时,用莫利于人。凡此四者,兵之干植也,然必待道而后行。”正讲着兵道的天时、地利、人和与势,一下又拉回到道的框架中。可以说,尽管全篇讲兵学思想,但处处不离道,道就像是一根时明时暗的线,系连着全篇的思想。道是什么,又在哪里?道具体到战争中就是“义”,义就是合乎众人之心的道。

道不远人,人心便是载体,运用到战争中,道就是将卒的上下一心,道就是军队的虚实之气。作者撇开战争的武器、军资等硬件,直接抓住决定战争胜负的因素——“军心”和“士气”,这是战争中的软实力,但是战争所有因素中最关键的,因此,作者对“心”和“气”反复论述,文中说:“千人同心则得千人力,万人异心则无一人之用。”又曰:“良将之用卒也,同其心,一其力。”作者还强调作战时“人和”的重要性,要求将帅与士卒同甘共苦,同时要求将帅能明察军队虚实之气。

“因”也是《兵略训》反复强化的概念,文中有“因民欲”“因时而变化”“因形而与之化”“因势”。“因”的对象有时、地、形、民欲和势等。时、地、形、势都是指的外部环境、事态,“民欲”属人的内部因素,因民和因势两点是《兵略训》特别重视的:“兵之所以强者,民也”,“所以决胜者钤势也”。民,区别于“人”,在先秦社会,人与神相对,民与君、臣相对,民是一个政治概念,而人是一个总称。势,古字作“埶”,字形从“坴”从“丸”,“坴”为高土墩,“丸”为圆球,字面意思是圆球处于土墩的斜面即将滚落的情形。《孙子兵法》所说的“转圆石于千仞之山者,势也”,就是这个字的本义。“势”,就是从高处向低处演变的一种趋向和力量。民和势,一个是兵力基础,一个是外部事态,都是决定战争胜负的关键因素。内部善于因顺民心,外部善于因借战势,战争的胜算几率就会大大增加。势,本身包含"变"。无论是时、地、势,还是人心、士气,都处在变化中,所以战争中要时时注意各种因素的变化,善于灵活运用战术,出奇制胜,避实击虚,出其不意,攻其无备,即主张运用所谓的"诈"术。

另外,战国末年至汉初,阴阳五行思潮弥漫在政治、文化和社会生活等各个方面,也渗透到军事思想中,《兵略训》所说"明于星辰日月之云、刑德奇賌之数、背向之便","所谓天数者,左青龙,右白虎,前朱雀,后玄武",以及"持五杀①以应",皆是证明。

我们可以发现,《淮南子·兵略训》这几大关键词:道、义、心、气、因、民、势、变、诈、阴阳、五行具有鲜明的齐文化色彩。其中,道、因、民、变四概念是齐自姜太公立国以来的传统观念,姜太公确立了"因其俗,简其礼"的治国政策,根据齐地情况,变革周礼,顺应民心,发展经济。《太公》书是姜太公的治国思想,在《汉书·艺文志》中列在道家;齐桓公和管仲继承这一治国方针,又提出"礼义廉耻,国之四维""治国之道,必先富民"(《治国》)的主张,富国强兵和礼义廉耻并重,对内实行改革,对外"尊王攘夷",终成春秋首霸;后田氏代齐,原因也在于因顺民心,民"爱之如父母,归之如流水"(《左传·昭公三年》)。

---

① 金、木、水、火、土相生相克,克为"死""杀",故曰"五杀"。

"势",《老子》虽有"道生之,德畜之,物形之,势成之"(《老子》第五十一章)之语,但并没把"势"作为一个概念提出来单独论述,是《孙子兵法》首次论述了"势"的内涵及在战略战术中的作用;其后的《孙膑兵法》继承了孙武的"势"论;稷下学者慎到有"贵势"思想。三人虽在政治、军事等不同方面贵势,但都是齐文化培养的结果。同时,孙武一反春秋之前的仁义之战,明确提出了"兵不厌诈"的主张,并创造性地提出了"出奇制胜""避实击虚""出其不意,攻其不备"等战术,使兵权谋学一派蔚为大观,也加深了战国秦汉时人"齐人多智诈"的印象。齐人智诈这一地域文化特点在战国秦汉间是比较突出的,司马迁、班固、郦食其、韩信、邹阳等都说过"齐人多变诈"一类的话①。这种特点的形成原因近可在稷下学风中寻其端倪:齐宣王喜文学游说之士,礼遇稷下先生,让他们"不治而议论";远可追溯以兵权、奇计佐周文王倾商的齐太公。齐国产生的具有智诈特点的学术流派如兵权谋、纵横家、神仙方术等,以及一大批智谋

---

① 司马迁在《史记·货殖列传》中说:"齐带山海……其俗宽缓阔达,而足智,好议论。"班固在《汉书·地理志下》中也说,齐地"多好经术,矜功名,舒缓阔达而足智。其失夸奢朋党,言与行缪,虚诈不在情"。《汉书·郦食其传》记载刘邦的谋士郦食其分析当时的形势,就点出了"齐人多变诈"的特点。《汉书·韩信传》记载韩信在平齐之后,向汉王刘邦自请称王于齐,理由也是"齐夸诈多变,反复之国……今权轻,不足以安之,臣请自立为假王"。《汉书·邹阳传》记载,汉景帝、武帝时期的文学家邹阳总结不同的地域文化,说:"邹、鲁守经学,齐、楚多辩知。"《史记·三王世家》记载,汉武帝时,分封三子立国于齐、燕、广陵,帝各据其地风俗而在策书中予以劝勉。涉及齐国的文字为"齐地多变诈,不习于礼义"。

之人如淳于髡、叔孙通、娄敬、公孙弘、东方朔、主父偃等更是有力证明。心论和精气说，以《管子》四篇论述最为精辟、透彻。而阴阳五行思想是齐人驺衍的发明。

《兵略训》中这些齐文化的核心概念，综合起来就是齐稷下道家的特点：既有道家的静因之道和心气说，也有儒家的爱民思想，法家的法、术、势，以及阴阳五行家的阴阳、五行论。这与《论六家要旨》所概括的黄老道家吻合，那就是"其为术也，因阴阳之大顺，采儒墨之善，撮名法之要，与时迁移，应物变化"，"以虚无为本，以因循为用"。

综合《兵略训》的战争观、制胜观和治军思想，以及所突出强调的主要概念，都可反映《兵略训》与齐兵学著作的紧密联系，可看出其鲜明的齐文化特征，从而确证《兵略训》这篇军事专著属齐兵学系统。

“身”“乡”“家”“国”“天下”之同异
——由《管子》反观《大学》

张丰乾
（中山大学哲学系副教授）

一、朱熹的几个偏见

在“四书”体系中，《大学》处于奠基的地位，朱熹《大学章句序》概括说：

> 及周之衰，贤圣之君不作，学校之政不修，教化陵夷，风俗颓败，时则有若孔子之圣，而不得君师之位以行其政教，于是独取先王之法，诵而传之，以诏后世。若《曲礼》《少仪》《内则》《弟子职》诸篇，固小学之支流余裔，而此篇者，则因小学之成功，以著大学之明法，外有以极其规模之大，而内有以尽其节目之详者也。三千之徒，盖莫不闻其说，而曾氏之传独得其宗，于是作为传义，以发其意。及孟

子没而其传泯焉，则其书虽存，而知者鲜矣！

自是以来，俗儒记诵词章之习，其功倍于小学而无用；异端虚无寂灭之教，其高过于大学而无实。其他权谋术数，一切以就功名之说，与夫百家众技之流，所以惑世诬民、充塞仁义者，又纷然杂出乎其间。使其君子不幸而不得闻大道之要，其小人不幸而不得蒙至治之泽，晦盲否塞，反复沈痼，以及五季之衰，而坏乱极矣！

天运循环，无往不复。宋德隆盛，治教休明。于是河南程氏两夫子出，而有以接乎孟氏之传。实始尊信此篇而表章之，既又为之次其简编，发其归趣，然后古者大学教人之法、圣经贤传之指，粲然复明于世。

仔细分析起来，朱熹的论说充满学派偏见，与历史记载不符，且与他本人的相关论说自相矛盾。

其一，“只是仁之功”？

朱熹虽然承认“齐桓公时，周室微弱，夷狄强大，桓公攘夷狄，尊王室，‘九合诸侯，不以兵车’”，但又指责齐桓公是“以力假仁”者：

彝叟问：“‘行仁’与‘假仁’如何？”曰：“公且道如何是‘行仁、假仁’？”曰：“莫是诚与不诚否？”曰：“这个自分晓，不须问得。如‘由仁义行，非行仁义’处却好问。如行仁，便自仁中行出，皆仁之德。若假仁，便是恃其甲兵之强，财赋之多，足以欺人，是假仁之名以欺其众，非有仁之实也。故下文言'伯必有大国',其言可见。"又曰:"成汤东征西怨,南征北怨,皆是拯民于水火之中,此是行仁也。齐桓公时,周室微弱,夷狄强大,桓公攘夷狄,尊王室,'九合诸侯,不以兵车'。这只是仁之功,终无拯民涂炭之心,谓之'行仁'则不可。"(《朱子语类》卷五十三)

而《管子·小匡》记载:

桓公曰:"民居定矣,事已成矣,吾欲从事于天下诸侯,其可乎?"管子对曰:"未可。民心未吾安。"公曰:"安之奈何?"管子对曰:"修旧法,择其善者,举而严用之。慈于民,予无财,宽政役,敬百姓,则国富而民安矣。"(《管子·小匡》)

齐桓公认可了管仲的建议,采取了一系列"作内政而寓军令焉"的措施。同时,齐桓公也注重推行教育,以"居处为义好学,聪明质仁,慈孝于父母,长弟闻于乡里"为标准选拔和考核人才:

正月之朝,乡长复事,①公亲问焉,曰:"于子之乡,有居处为义好学,聪明质仁,慈孝于父母,长弟闻于乡里者,

① "令五家为比,使之相保;五比为闾,使之相受;四闾为族,使之相葬;五族为党,使之相救;五党为州,使之相赒;五州为乡,使之相宾。"(《周礼·地官·司徒》)

有则以告。有而不告,谓之蔽贤,其罪五。"有司已于事而竣。公又问焉,曰:"于子之乡有拳勇股肱之力,筋骨秀出于众者,有则以告。有而不以告,谓之蔽才,其罪五。"有司已于事而竣。公又问焉,曰:"于子之乡有不慈孝于父母,不长弟于乡里,骄躁淫暴,不用上令于乡者,有则以告。有而不以告,谓之下比,其罪五。"有司已于事而竣。于是乎乡长退而修德进贤。桓公亲见之,遂使役之官。(《管子·小匡》)

齐桓公同时也重视拳势勇猛、肌肉有力、筋骨出众的精英,明确表示乡长如果埋没各种人才,将分别有五种罪名加以惩处,而在管辖范围内出现对父母不慈孝、对乡里不友好、骄横烦躁滥用暴力、不服从法令的人没有及时报告,则视同为自比于德行低下的人,也有五种罪名建议惩处。对于能够修养德行,推举贤人的乡长,桓公则亲自接见,并授予其官职。相比于"君子之德风,小人之德草,草上之风,必偃"的说教,①桓公的思想周到具体,切实可行。可见朱熹所言"贤圣之君不作,学校之政不修,教化陵夷,风俗颓败"并非事实。而孔子对于管仲的德行与贡献也有中肯的评价。桓公也并非"以力假仁",而是看重

① 孔子之言是针对季康子"如杀无道,以就有道,何如"的问题而言,孔子特别提醒:"子为政,焉用杀?"(《论语·颜渊》)孔子是强调统治者的表率作用,而朱熹则发挥说:"为政者,民所视效,何以杀为? 欲善则民善矣。"认为民众一定会效法统治者,统治者追求善,民众就善良了。这显然是把问题简单化了。

"聪明质仁"。《管子·立政》强调:"大德不至仁,不可以授国柄。"《管子·幼官》则云:"身仁行义、服忠用信则王。"《管子·君臣下》亦言:"神圣者王,仁智者君,武勇者长,此天之道,人之情也。"这些思想未必就是齐桓公本人的思想,但是重视"仁",且同时突出"聪明""武勇"等德行,也是齐文化的重要内容是没有问题的;换言之,《管子》同样推崇"智、仁、勇"。

其二,终无拯民涂炭之心?

齐桓公不仅提倡慈孝,鼓励教育,重视人才,他自己担忧天下诸侯的安危,在推行仁爱方面也是发自内心的,大小诸侯用"仁"和"宽"来称许桓公。桓公和诸侯礼尚往来,"轻其币而重其礼",对诸侯"钧之以爱,致之以利,结之以信,示之以武",获得广泛信服;他还减免赋税,构筑工事,防范野蛮民族的暴力,劝勉华夏诸侯国,教化大有成就。远方的民众如向往父母般认可他,近处的民族则如流水般归顺于他:

> 恒公忧天下诸侯。鲁有夫人庆父之乱,而二君弑死,国绝无后。桓公闻之,使高子存之。男女不淫,马牛选具,执玉以见,请为关内之侯。而桓公不使也。狄人攻邢,桓公筑夷仪以封之。男女不淫,马牛选具,执玉以见,请为关内之侯,而桓公不使也。狄人攻卫,卫人出旅于曹,桓公城楚丘封之,其畜以散亡,故桓公与之系马三百匹,天下诸侯称仁焉。于是天下之诸侯知桓公之为己勤也,是以诸侯之归之也譬若市人。桓公知诸侯之归己也,故使轻其币而重其礼。故使天下诸侯以疲马犬羊为币,齐以良马报。诸侯

以缕帛布鹿皮四分以为币,齐以文锦虎豹皮报。诸侯之使,垂橐而入,攟载而归。故钧之以爱,致之以利,结之以信,示之以武。是故天下小国诸侯既服桓公,莫敢之倍而归之,喜其爱而贪其利,信其仁而畏其武。桓公知天下小国诸侯之多与己也,于是又大施忠焉。可为忧者为之忧,可为谋者为之谋,可为动者为之动。伐谭、莱而不有也,诸侯称仁焉。通齐国之鱼盐于东莱,使关市几而不正,壥而不税,以为诸侯之利,诸侯称宽焉。筑蔡、鄢陵、培夏、灵父丘,以卫戎狄之地,所以禁暴于诸侯也。筑五鹿、中牟、邺盖与牡丘,以卫诸夏之地,所以示劝于中国也。教之大成。是故天下之于桓公,远国之民望如父母,近国之民从如流水。(《管子·小匡》)

这其中或许有溢美之词,但指责桓公治国没有救民于生死涂炭之心则失于严苛——齐桓公更为看重的是对于民众日常生活的安顿和调节,面对诸侯的亲附和跟随,他没有颐指气使,而是广泛地落实忠诚。尤其难能可贵的是,桓公接受了管子和隰朋建议,停止射杀动物,并和管子订立盟誓:不对年长体弱者用刑,宽大处理,三次豁免之后再进行处罚;对于关卡只过问,而不征税;对于市场,只征税而不操控;对于山林水泊等资源,也根据时节开放或封闭而不征税。盟誓的内容以命令的形式发布:

管仲曰:“昔先王之理人也,盖人有患劳,而上使之以时,则人不患劳矣。人患饥,而上薄敛焉,则人不患饥矣。

人患死，而上不刑焉，则人不患死矣。如此而近有德，而远有色，则四封之内视君其犹父母邪。四方之外归君，其犹流水乎！”公辍射，援绥而乘。自御，管仲为左，隰朋参乘。朔月三日，进二子于里官，再拜顿首曰：“孤之闻二子之言也，耳加聪而视加明，于孤不敢独听之，荐之先祖。”管仲、隰朋再拜顿首曰：“如君之王也，此非臣之言也，君之教也。”于是管仲与桓公盟誓，为令曰：“老弱勿刑，参宥而友弊。关几而不正，市正而不布。山林梁泽以时禁发而不正也。”(《管子·戒第》)

朱熹似乎非常重视“动机”，但把“力”和“仁”对立起来，显然有失偏颇，与此相应的人物评判自然也会有失公允。

其三，孔子独取先王之法？

《管子》书中，对于“先王之法”的推崇和阐述比比皆是，仅以《枢言》的部分内容为例：

帝王者审所先所后，先民与地则得矣；先贵与骄则失矣。是故先王慎贵在所先所后。

城郭、险阻、蓄藏，宝也。圣智，器也。珠玉，末用也。先王重其宝器而轻其末用，故能为天下。

先王贵诚信，诚信者，天下之结也。

先王事以合交，德以合人。二者不合，则无成矣，无亲矣。

釜鼓满则人概之，人满则天概之，故先王不满也。

以上论说从“先王”的“所慎”“所贵”“所重”“所事”等角度，突出了执政者应该注意人口的繁衍、土地的储备、防务的加强，以及公共财富的积累而不要看重珠玉；同时，《管子》也批评“贵骄”，表彰“诚信”“圣智”，提倡“不满”，超越了狭隘的学派界限。《管子》一书不仅没有忽视“先王之法”，而且非常推崇，特意强调，并作出了具体阐述，可见作者、编者胸怀广阔，见识非凡。

二、言近用异:《大学》与《管子》

《大学》所言“八目”以“明明德于天下者”为主体，以“修齐治平”为目标，先后次序非常明确，而行文用了“先果后因”的论证方式：

> 古之欲明明德于天下者，先治其国；欲治其国者，先齐其家；欲齐其家者，先修其身；欲修其身者，先正其心；欲正其心者，先诚其意；欲诚其意者，先致其知；致知在格物。物格而后知至，知至而后意诚，意诚而后心正，心正而后身修，身修而后家齐，家齐而后国治，国治而后天下平。自天子以至于庶人，壹是皆以修身为本。其本乱而末治者，否矣。其所厚者薄，而其所薄者厚，未之有也！

这种论说方式明确了身、心、意、知、物与家、国、天下之间层层推延、一体递进的关系。

而《老子》书中,则强调身、家、乡、国、天下的各自独立性:

善建者不拔,善抱者不脱,子孙祭祀不辍。修之于身,其德乃真;修之于家,其德乃余;修之于乡,其德乃长;修之于国,其德乃丰;修之于天下,其德乃普。故以身观身,以家观家,以乡观乡,以国观国,以天下观天下。吾何以知天下之然?以此。(《老子》第五十四章)

《管子》在《汉书·艺文志》中被列入道家。其中关于身、家、乡、国、天下的关系,乃是强调相近的两重关系之间作为本末的区别:

欲为天下者,必重用其国。欲为其国者,必重用其民。欲为其民者,必重尽其民力。无以畜之,则往而不可止也;无以牧之,则处而不可使也。

地之守在城,城之守在兵,兵之守在人,人之守在粟。故地不辟则城不固。有身不治,奚待于人?有人不治,奚待于家?有家不治,奚待于乡?有乡不治,奚待于国?有国不治,奚待于天下?天下者,国之本也;国者,乡之本也;乡者,家之本也;家者,人之本也;人者,身之本也;身者,治之本也。故上不好本事,则末产不禁;末产不禁,民则缓于时事而轻地利;轻地利而求田野之辟、仓廪之实,不可得也。(《管子·权修》)

同样是对家、国、天下的关注,《管子》中的理论则是平行观察而又区别对待,在此基础上,又对其相互关系作出了具体阐述。

其一,末不可为本。

依据《管子·权修》所说,身、家、国、天下之间,递相为本,但是这并不意味着五者相互之间是层层推演的关系;相反,它们之间有“不可为”的界限:

以家为乡,乡不可为也;以乡为国,国不可为也;以国为天下,天下不可为也。以家为家,以乡为乡,以国为国,以天下为天下。毋曰不同生,远者不听;毋曰不同乡,远者不行;毋曰不同国,远者不从。如地如天,何私何亲,如月如日,唯君之节。(《管子·牧民》)

三个“毋曰”更是突出强调不要认为“远者”因为不同出生、不同乡里、不同国度而对其分离对抗。统治者应该像天地一样没有私心和偏好,君主平等看待远近民众的原则应该像日月一样明确、恒定。

其二,小大有别。

《管子》书中不仅从多个角度阐明家、乡、国、天下的不同地位,同时也指出它们的规模大小不可混淆:

谨于一家则立于一家,谨于一乡则立于一乡,谨于一国则立于一国,谨于天下则立于天下。是故其所谨者小,

则其所立亦小。其所谨者大，则其所立亦大。故曰：小谨者不大立。(《管子·形势解》)

从所严谨看待的对象大小来判定所确立目标的大小，并得出"小谨者，不大立"的结论，说明《管子》的最终着眼点是突破家、乡、国之限制的"天下"。

其三，王民一体，与天与人。

君主都关心安危祸福，《管子》书中也认为贤明的君主能够挽救天下的祸患，使得危机转为平安，但又强调救祸安危者，一定要以任用千万民众为条件，然后才能去行动。在日常的生活中，君主想要使得臣下竭尽所能而又和上级关系亲密，也一定要为天下谋取利益而除去祸害。这是比较常见的政治原则。但《管子》一书的特点在于天下、万物、父子以及各种生物并重，而不是孤立地突出君民关系。

《老子》云："静为躁君。"《大学》申论："知止而后有定，定而后能静，静而后能安。"二者都是从个人修养的角度，而管子则提出使民众安静闲适而不受打扰，没有劳苦的原则。《老子》云："我无为而民自化，我好静而民自正，我无事而民自富，我无欲而民自朴。"《管子》则把"我"明确为"上"，提出"上无事则民自试"，上层不制造事端，不巧立事由，不劳顿下级，民众就会自己为自己做事；君主确立度量，安排职分，明确原则，以这些措施来面向民众，而不是事先讲一套空话，民众就会遵循正道。正如祭祀用的抱蜀不讲话而庙堂已经修整好了。

天之道,满而不溢,盛而不衰。明主法象天道,故贵而不骄,富而不奢,行理而不惰,故能长守贵富,久有天下而不失也。故曰:持满者与天。

明主救天下之祸,安天下之危者也。夫救祸安危者,必待万民之为用也,而后能为之。故曰:安危者与人。

人主之所以使下尽力而亲上者,必为天下致利除害也。故德泽加于天下,惠施厚于万物,父子得以安,群生得以育。故万民欢尽其力而乐为上用。入则务本疾作以实仓廪,出则尽节死敌以安社稷,虽劳苦卑辱而不敢告也。此贱人之所以亡其卑也。故曰:贱有以亡卑也。

上无事而民自试①,抱蜀不言而庙堂既修。(《管子·形势》)

明主之治天下也,静其民而不扰,佚其民而不劳。不扰则民自循,不劳则民自试。故曰:上无事而民自试。

人主立其度量,陈其分职,明其法式,以莅其民,而不以言先之,则民循正。所谓抱蜀者,祠器也。故曰:抱蜀不言,而庙堂既修。(《管子·形势解》)

《管子》认为先王善于和民众结为一体,综合市井人员的言论,顺应人心,安顿本性,根据众人心思所聚焦的地方发布政令,因此,政令发出之后没有滞留,刑罚设立之后派不上用场。

① 《说文解字·言部》:“试,用也。”

但这并不是取消身、家、国、天下各自的独立特性，相反，也是根据国家的特性守卫国家，依照民众的特性守护民众。① 既然统治者能做到这样，民众就没有借口，没有条件为非作歹了。

> 先王之在天下也，民比之神明之德。先王善牧之于民者也。夫民别而听之则愚，合而听之则圣。虽有汤武之德，复合于市人之言。是以明君顺人心，安情性，而发于众心之所聚。是以令出而不稽，刑设而不用。先王善与民为一体。与民为一体，则是以国守国，以民守民也。然则民不便为非矣。(《管子·君臣上》)

由此可见，保持国与民各自的独立特性并分别守护它们，是与民众结为一体的前提。

其四，用道各异。

《管子》所言之道，在本体的意义上，没有具体的形象和固定的处所，超越于时间的往来和感官的认知，语言也难以表达，是万物生成变化，事情得失成败的根据，“扶持众物，使得生育而各终其性命”；在功用的意义上，人们虽然都在说“道”，但在家、乡、国、天下不同领域的人对道的应用各不相同。

> 夫道者，所以充形也，而人不能固。其往不复，其来不舍。谋乎莫闻其音，卒乎乃在于心。冥冥乎不见其形，淫

① 孔子所言“君君臣臣，父父子子”倒是和这一思想有接近之处。

淫乎与我俱生，不见其形，不闻其声，而序其成，谓之道。凡道无所，善心安爱。心静气理，道乃可止。彼道不远，民得以产。彼道不离，民因以知。是故卒乎其如可与索，眇眇乎其如穷无所。彼道之情，恶音与声。修心静音，道乃可得。道也者，口之所不能言也，目之所不能视也，耳之所不能听也，所以修心而正形也。人之所失以死，所得以生也。事之所失以败，所得以成也。故凡道无根无茎，无叶无荣。万物以生，万物以成，命之曰道。(《管子·内业》)

道之所言者，一也，而用之者异。有闻道而好为家者，一家之人也；有闻道而好为乡者，一乡之人也；有闻道而好为国者，一国之人也；有闻道而好为天下者，天下之人也；有闻道而好定万物者，天下之配也。道往者其人莫来，道来者其人莫往。道之所设，身之化也。持满者与天，安危者与人。失无之度，虽满必涸；上下不和，虽安必危。欲王天下而失天之道，天下不可得而王也。得天之道，其事若自然；失天之道，虽立不安。其道既得，莫知其为之；其功既成，莫知其释之。藏之无形，天之道也。疑今者察之古，不知来者视之往。万事之任也，异趣而同归，古今一也。(《管子·形势》)

道者，扶持众物，使得生育而各终其性命者也。故或以治乡，或以治国，或以治天下。故曰：道之所言者一也，而用之者异。

闻道而以治一乡，亲其父子，顺其兄弟，正其习俗，使民乐其上，安其土，为一乡主干者，乡之人也。故曰：有闻

道而好为乡者,一乡之人也。(《管子·形势解》)

《管子》非常重视“乡”的治理,并认为通晓大道来治理一乡,使其中的父子关系亲密,兄弟关系顺遂,习惯风俗端正,民众以愉悦之心对待上级,而在故土安静的生活。这样的“乡之人”是一乡的骨干。对于“乡”的看重,说明《管子》充分注意到在“家”和“国”之间,邻里和小区的地位不可替代。而《大学》所言的“修齐治平”,恰好缺了“乡”这一重要环节。

其五,一民心,用治本。

《管子》也认为政治的次序和伦理的差等应该理顺,同时强调度量衡和文字及交通应该规正。“至顺”和“至正”先王用以统一民心的原则和措施,体现在美德和好事上面,天子、诸侯、大夫、民众都应该让渡自己的德行于上级。

天子出令于天下,诸侯受令于天子,大夫受令于君,子受令于父母,下听其上,弟听其兄,此至顺矣。衡石一称,斗斛一量,丈尺一綧制,戈兵一度,书同名,车同轨,此至正也。从顺独逆,从正独辟,此犹夜有求而得火也,奸伪之人,无所伏矣,此先王之所以一民心也。是故天子有善,让德于天。诸侯有善,庆之于天子。大夫有善,纳之于君。民有善,本于父,庆之于长老。此道法之所从来,是治本也。(《管子·君臣》)

可见,《管子》从“道”和“法”的根本由来的层面探究治理的方法，非常重视政令的通顺和制度的统一；而在美好的德行和事迹方面，也指出有官职的人士应该归功于自己的上司；而民众则以父亲为依靠，获得年长有威望者的赏赐和祝贺；天子有好的言行，要礼让于上天。

其六，信始于为身，中于为国，成于为天下。

管子针对齐桓公所问“国君之信”的问题，把民众爱戴、邻国亲近、天下信任相提并论，以突出信用在各个领域的不可或缺。至于信用从何开始，管子则提出了“始于为身，中于为国，成于为天下”的过程，并对每个过程的具体要求做了阐发。

> 管仲朝，公曰：“寡人愿闻国君之信。”对曰：“民爱之，邻国亲之，天下信之，此国君之信。”公曰：“善。请问信安始而可？”对曰：“始于为身，中于为国，成于为天下。”公曰：“请问为身。”对曰：“道血气以求长年，长心，长德，此为身也。”公曰：“请问为国。”对曰：“远举贤人，慈爱百姓，外存亡国，继绝世，起诸孤，薄税敛，轻刑罚，此为国之大礼也。”（公曰：‘请问为天下。’）①法行而不苛，刑廉而不赦，有司宽而不凌，郁浊困滞，皆法度不亡，往行不来，而民游世矣。此为天下也。”(《管子·中匡》)

其中“道血气以求长年，长心，长德，此为身也”的说法颇为新颖，说明《管子》对于肉身的养护也非常重视，认为应该疏

① 括号内文字为笔者根据上下文语境所补。

导血气来求得年龄、心志、德行的绵长。

三、法象天道，久有天下

《大学》以“平天下”为目标，如前文所引，《管子》亦言“平治天下”。但《大学》始终关注于“天下”，而只引用了《太甲》之言“顾諟天之明命”，对“天道”则没有论及。而《管子》强调君主得天之道和失天之道的利害所在，由此引申出一系列“久有天下而不失”应该遵循的修身治国的理论：

其一，“得天之道，其事若自然；失天之道，虽立不安”（《管子·形势解》）。

其二，“上德而下功，尊道而贱物”（《管子·戒第》）。

其三，“法天象地”：“贵而不骄，富而不奢，行理而不惰。”（《管子·形势解》）

其四，“自去而因天下之智力”（《管子·形势解》）。

其五，观“三守”、察“三满”。

> 夫国大而政小者，国从其政。国小而政大者，国益大。大而不为者复小，强而不理者复弱，众而不理者复寡，贵而无礼者复贱，重而陵节者复轻，富而骄肆者复贫。故观国者观君，观军者观将，观备者观野。其君如明而非明也，其将如贤而非贤也，其人如耕者而非耕也。三守既失，国非其国也。地大而不为，命曰土满。人众而不理，命曰人满。兵威而不止，命曰武满。三满而不止，国非其国也。地大

而不耕,非其地也。卿贵而不臣,非其卿也。人众而不亲,非其人也。(《管子·霸言》)

其六,"知任""知器"。

天下乘马服牛,而任之轻重有制。有一宿之行,道之远近有数矣。是知诸侯之地,千乘之国者,所以知地之小大也,所以知任之轻重也。重而后损之,是不知任也。轻而后益之,是不知器也。不知任,不知器,不可谓之有道。(《管子·乘马》)

其七,知"天道之数,人心之变",行"七不"之策。

地大国富,人众兵强,此伯王之本也,然而与危亡为邻矣。天道之数,人心之变。天道之数,至则反,盛则衰。人心之变,有余则骄,骄则缓怠。夫骄者,骄诸侯,骄诸侯者,诸侯失于外。缓怠者,民乱于内。诸侯失于外,民乱于内,天道也,此危亡之时也。若夫地虽大而不并兼,不攘夺;人虽众,不缓怠,不傲下;国虽富,不侈泰,不纵欲;兵虽强,不轻侮诸侯,动众用兵必为天下政理,此正天下之本,而伯王之主也。(《管子·重令》)

其八,"治民有常道,而生财有常法"(《管子·君臣上》)。

四、天下治，家事成

“家”在《管子》中具有特别的意义。《管子》的社会理想体现在天下太平和家事成就两个方面。围绕这两个密切相关的方面，《管子》提出了一系列值得注意的理论：

其一，用圣人治天下，用媒人成家事。

> 明主之治天下也，必用圣人，而后天下治。妇人之求夫家也，必用媒而后家事成。故治天下而不用圣人，则天下乖乱而民不亲也。求夫家而不用媒，则丑耻而人不信也。故曰，自媒之女，丑而不信。（《管子·形势解》）

其二，执政者的重要禁忌：言可不复，行不可再。“言可不复”即所发表的言论离间了父子之间的亲情，疏忽了君臣相处的原则，对天下大众造成了危害。所以，不能被反复引用的言论，首先会伤害家庭关系，因此明智的君主不会讲说。在行为方面，假如君主自己举止端正，差使他人有礼貌，和别人交往讲道理，他自己所采取的行为就会成为天下人的法则和范式，人们都会担心不能重复他的行为。而不可复述的言论和不可模仿的行为是执政者的大忌。

> 人主出言，不逆于民心，不悖于理义。其所言足以安天下者也，人唯恐其不复言也。出言而离父子之亲，疏君

臣之道,害天下之众,此言之不可复者也,故明主不言也。故曰:言而不可复者,君不言也。

人主身行方正,使人有礼,遇人有信,行发于身而为天下法式者,人唯恐其不复行也。身行不正,使人暴虐,遇人不信,行发于身而为天下笑者,此不可复之行,故明主不行也。故曰:行而不可再者,君不行也。

言之不可复者,其言不信也。行之不可再者,其行贼暴也。故言而不信则民不附,行而贼暴则天下怨。民不服,天下怨,此灭亡之所从生也,故明主禁之。故曰:凡言之不可复,行之不可再者,有国者之大禁也。(《管子·形势解》)

其三,避免"百虑其家,不一图国"情况的发生。《管子》指出,君主昏庸,众大臣就会借助管理国政的重要职位攫取私利,并搜刮民众来积累自家财富。所以,要防止大臣"擅其利""富其家"。

明主之治也,明于分职而督其成事。胜其任者处官,不胜其任者废免。故群臣皆竭能尽力以治其事。乱主则不然,故群臣处官位,受厚禄,莫务治国者,期于管国之重而擅其利,牧渔其民以富其家。故《明法》曰:百虑其家,不一图国。(《管子·明法解》)

其四,爱民之道:"公修公族,家齐家族"。

桓公又问曰："寡人欲修政以干时于天下，其可平?"管子对曰："可。"公曰："安始而可?"管子对曰："始于爱民。"公曰："爱民之道奈何?"管子对曰："公修公族，家齐家族，使相连以事，相及以禄，则民相亲矣。放旧罪，修旧宗，立无后，则民殖矣。省刑罚，薄赋敛，则民富矣。乡建贤士，使教于国，则民有礼矣。出令不改，则民正矣。此爱民之道也。"(《管子·小匡》)

其五，作为行政组织的"家""乡""方""邑""国"，等等，其规模大小有明确记述。

方六里命之曰暴。五暴命之曰部。五部命之曰聚。聚者有市，无市则民乏。五聚命之曰某乡，四乡命之曰方，官制也。官成而立邑。五家而伍，十家而连，五连而暴，五暴而长，命之曰某乡，四乡命之曰都，邑制也。邑成而制事。四聚为一离，五离为一制，五制为一田，二田为一夫，三夫为一家，事制也。事成而制器。方六里为一乘之地也。一乘者，四马也。一马，其甲七，其蔽五，四乘，其甲二十有八，其蔽二十，白徒三十人奉车两，器制也。(《管子·乘马》)

分国以为五乡，乡为之师。分乡以为五州，州为之长。分州以为十里，里为之尉。分里以为十游，游为之宗。十家为什，五家为伍，什伍皆有长焉。(《管子·立政》)

其中,“家”可谓居于基层的行政组织,而不仅仅是生活单位。对于“家”的理解,也不能仅局限于“血缘”方面。正因为“家”的基础地位,所以“齐家”才特别重要。

把《大学》一篇和《管子》一书作比较,似乎比重失衡,但因为程朱在标榜四书系统之时,门户之见甚为坚厚,他们的偏见与科举结合起来,更是影响深远,故而有重点关注、条分缕析的必要。这些理论视野开阔,内容丰富而论述清晰,对研究哲学、政治、伦理、历史、军事、经济等理论意义和现实意义都非常重要,还需要进一步仔细考究。本文仅是抛砖引玉,请方家指正。

桓管变法与《管子》“礼法兼综”思想之形成

陈佩君
（中国文化大学哲学系助理教授）

前　言

汉初司马谈在《论六家要旨》中对先秦诸子思潮作了整理与评论，首先提出儒、墨、道、法、名、阴阳的“六家”之说。六家思想的立论基础与思维意向各异，但“同归而殊涂”，皆“务为治者也”（《论六家要旨》）。此所谓“治”，除有使天下得到治理的意义外，若就制度的改革方向而言，“在当时当然是法治”①。自子产“铸刑书”和晋“铸刑鼎”后，战国的变法改革运动在当时蔚为风潮。为了解决“礼崩乐坏”的既存问题，为了

① 王晓波：《道与法：法家思想和黄老哲学解析》，台湾大学出版中心2007年版，第203页。

确立起新的人文建构规范，各国统治者莫不“变法图强”，以达致富国强兵与一统天下之最终目标。

虽皆采取“变法”的策略，但各国对“法”的理论建构与实际运用则有“殊途”之处。例如，韩非曾说：“今境内之民皆言治，藏商、管之法者家有之。”（《韩非子·五蠹》）所谓“商、管之法”，分别指秦国商鞅变法而有的古《商君书》与齐国威、宣变法而形成的古《管子》书。① 这一段话不但描述了当时“法”治思潮的普遍流行，也喻示了齐、秦两地法治思潮实各有其不同的思维特点。其间最主要的差别，在于对旧有的“礼”的态度：《商君书》独重法，排斥礼治对人们的德化作用；《管子》书则礼法并举，虽强调法治，但不拒斥礼教与仁义道德，尝试着会通两者之所长。

专就齐地法治思潮的研究而言，在思想材料方面，《管子》书是最具代表性的著作。《管子》的成书问题相当复杂。汉人主张是管仲遗著，但书中记载了许多管仲身后之事，并以齐桓公的谥号称谓公子小白，显见《管子》书应非管仲亲著。至西晋傅玄对其作者与成书问题提出怀疑，宋代以后多接受叶适“《管子》非一人之笔，亦非一时之书”的论点。近代学界普遍认为《管子》非一人一时之作，今本《管子》是西汉初年广开献书时，经刘向删重补阙、编订而成，其中部分保存了管仲遗说或

---

① 学界基本主张，韩非之时的商、管之书内容未必同于今本。徐汉昌先生即指出：“《庄子》《韩非子》《吕氏春秋》均载管仲事迹与言论，然与见于今本《管子》者，文字有所不同，甚且有不见于今本《管子》者。”详见徐汉昌：《管子思想研究》，学生书局 1990 版，第 31，65 页。

齐国官方档案，但大抵是齐国稷下黄老思潮的汇编之作，是伴随着战国时代田齐变法的产物。而思想理论的文字化与系统建构，有其形成的过程，如果我们要进一步去追索稷下黄老学礼法并举的原因，就必须回到其历史条件与文化风俗中去探寻，尤其是从齐国“变法”的重要历史事件中去分析。依循这样的思路，要追溯田齐变法与稷下黄老治国理论的源头，就不能忽略“春秋始霸”齐桓公的变法运动所具有的指标性意义。齐桓公在管仲(约前725—前645)的辅佐下达成了春秋以降第一次成功的变法，其具体的操作方针与思维原则，对齐地法治思潮的发展产生了影响。因此，本文将以齐桓公变法运动的实质为基础，先探究《管子》“礼法兼综”思维的起源，继而就稷下黄老学者如何将“礼法兼综”理论化与系统化进行解析。

二、桓管霸业的哲学分析

（一）变法的原则：法先王与修旧法

据《国语·齐语》记载，齐桓公和管仲讨论治国之道时，管仲以效法“吾先王”“昔者圣人”“修旧法”来向齐桓公提出建言。“法先王”与“修旧法”可说是齐桓公变法的两项基本原则，且“先王”和“旧法”都有其特定的指谓对象。

“法先王”的“先王”为谁呢？管仲曾说：“昔吾先王昭王、穆王，世法文、武远绩以成名。”(《国语·齐语》)周昭王、周穆王、周文王与周武王正是管仲所称颂的“先王”或“昔者圣人”。为何管仲会如此尊崇周初的圣王呢？除了向往西周初期的太平治世外，也与管仲的出身有关。“吾先王”不仅止于管仲自许为周朝的子民的国家认同，亦包含了管仲为姬姓之后的身份与氏族认同。① 因此，作为齐国宰相的管仲，以效法周代圣王为名推动改革，其背后实有着恢复周初治世与周王室尊严的理想与愿景。也因此，齐桓公的霸业虽然久长，却始终在“尊王攘夷”的旗帜下，于名义与道义上维护周天子的尊严。

“修旧法”的“旧法”亦有其针对性，指的正是三代以来的庞大治国传统——“礼”。“殷因于夏礼”，“周因于殷礼”(《论语·为政》)，“礼”是三代以来稳定整个天下秩序的重要规范与制度。然而，周平王东迁后，“周文疲弊”与“礼崩乐坏”，维系国纲的“礼”制已逐渐失效，政治、社会、经济层面都产生重大的变革，迫使春秋时人不得不去反思“礼”的适用性与有效性问题，也自然地兴起了“修旧法”以符合时变的要求。

“修旧法”，其实就是“变法”，亦即针对旧有的“礼”制进行检讨，“择其善者而业用之”(《国语·齐语》)，就其不善者而修正之。“修”字揭示了对周礼革新的要求与应时而变的一面，而“修”中有“择”，表现出承袭周礼优良传统的一面。

从“法先王”与“修旧法”，便可窥知齐桓公变法对于周礼

---

① 黎翔凤指出，《管子·小匡》作“周昭王、穆王”，因为管仲乃姬姓之后，与周同一祖先。参见黎翔凤撰：《管子校注》，中华书局 2004 年版，第 398 页。

的基本态度,不在全盘否定,而是采取批判性的继承原则。①从历史现实的条件来分析,此时周礼的根基虽已松动却仍盘根错节,且仍需顾虑其他强国的感受,因此,齐国的改革乃在周礼的基础上,因应着现实的需求来提出新的改革方案。

那么,齐国改革的主要方向为何呢？史载:

> 遂修旧法,择其善者而业用之,遂滋民,与无财,而敬百姓。(《国语·齐语》)

---

① 在此以"四民分居"的行政组织改革为例进行说明。《国语·齐语》载:

桓公曰:"成民之事若何?"管子对曰:"四民者,勿使杂处,杂处则其言咙,其事易。"公曰:"处士、农、工、商若何?"管子对曰:"昔圣王之处士也,使就闲燕;处工,就官府;处商,就市井;处农,就田野。"

管仲说"四民分居"是效法"昔圣王"的办法,因为在西周即有"士人夫不杂于工商"(《逸周书·程典》),工商"出乡不与士齿"(《礼记·王制》)的旧制。但西周士与工商不杂处的规范,其实是出于阶级划分的考虑,管仲则不然。管仲主张"士、农、工、商四民者,国之石民也"(《管子·小匡》),对于四民一视同仁,认为它们同为国家核心的组成族群。他"四民分居"的办法,不是依照"身份贵贱"来划分,而是依其"职业别"来划分不同的居住区域,这和周礼旧制有着根本的差异。其目的在于通过适当的环境与学习对象,使人们"少而习焉,其心安焉,不见异物而迁焉",自然地达致"其父兄之教不肃而成,其子弟之学不劳而能"(《国语·齐语》)的成效。如此一来,"士之子恒为士""工之子恒为工""商之子恒为商""农之子恒为农"(同上),四民安居乐业,专业知识得以传承下去,国家也因而获得安定。

管仲的"四民分居"的办法,一方面保留了旧制的名称与框架,比较不会遭到既有贵族体系的反对;另一方面运用偷换概念的手法,建构出符合时代潮流与改革方向的新内涵。

修旧法，择其善者，举而严用之，慈于民，予无财，宽政役，敬百姓，则国富而民安矣。（《管子·小匡》）

由“滋民、与无财、敬百姓、国富而民安”可知，齐国“修旧法”基本上是出于经济考虑，呈现出齐国变法运动的实利价值取向。齐桓公与管仲的变法运动之所以受到后世的称颂，经济改革的成功也是一项重要的因素。胡寄窗先生曾指出：“在现存《管子》七十六篇中有三分之二以上都涉及经济问题；有将近二分之一主要是研究经济。这在先秦著作中是绝无仅有的现象。”①而何以《管子》书如此重视经济问题？《管子·治国》说：“凡治国之道，必先富民；民富则易治也，民贫则难治也。”要“富国”，就必先“富民”。齐桓公采纳管仲的建言，进行了全面性的大改革，取得了“通货积财，富国强兵”（《史记·管晏列传》）的高度成效，使齐国成为实力雄厚的泱泱大国，为齐桓公争霸奠定了良好的基础。

“正德、利用、厚生”（《尚书·大禹谟》）是为政最重要的三件事，桓管变法的经济改革，主要解决的是“利用”“厚生”的问题，但对于“正德”，齐国并未提出新的办法，这可能反映了在道德教化层面，齐国仍沿用并倚重周礼的传统。例如桓公救燕，燕庄公欲亲送桓公入齐境，桓公曰：“非天子，诸侯相送不出境，吾不可以无礼于燕。”（《史记·燕世家》）又如葵丘之会时，

① 胡寄窗：《管子经济学说（摘录）》，见司马琪主编《十家论管》，上海人民出版社2008年版，第264页。

周天子感念齐桓公匡复周王室有功，故令孔宰赐桓公胙，并特别免除年事已高的桓公的下拜之礼，但齐桓公仍接受管仲“为君不君，为臣不臣，乱之本也”（同上）之建言，依礼下拜而后登堂受礼，皆为其例。

尔后，至战国时期各国皆戮力于变法图强之际，齐国仍延续了齐桓公与管仲的变法精神，和“无教化，去仁爱，专任刑法”（《汉书·艺文志》）的三晋法家与秦法家不同，齐法家虽重法治，却不偏废礼治，通过对周礼的承袭与革新，呈现出齐地特有的“礼法兼综”的法治思维。

（二）称霸的原则：先德后兵与尊王攘夷

作为一方之霸，如何上对周天子、下待诸侯国，如何外抗夷狄、恢复天下秩序，是齐国不能回避的问题。

在齐国内部，齐桓公与管仲对于“争霸”的策略，分别有着“竞于兵”和“竞于德”（《管子·大匡》）的分歧主张。据《管子·大匡》的记载，每当齐桓公想加强军力征伐不服时，管仲就会表示反对意见，因为“内政之不修，外举义则不信”（同上），是以管仲采取了“先德后兵”的策略。先稳固内政，再伺机而动，“择其淫乱者而先征之”（同上）。

争霸虽不免“竞于兵”，但齐国基本上是从“竞于德”的立场出发的。当诸侯国间发生矛盾冲突的时候，“拘之以利，结之以信，示之以武”（《国语·齐语》），当夷狄入侵时，则兴亡国、继绝嗣。管仲“先德后兵”的争霸策略，使诸侯国心悦诚服，不但将齐桓公推上盟主大位,同时也重建了周礼的道德观念和秩序。[①] 是以孔子曾盛赞曰:"桓公九合诸侯,不以兵车,管仲之力也。"(《论语·宪问》)"不以兵车"即蕴含了注重道德教化之义,这也启迪了尔后稷下黄老"先德后刑"(《管子·势》)、"刑德并用"思维体系的构成。

管仲与齐桓公对于"争霸"的目的与实质,本有着不同的认知。姬姓管仲所想望的,是让齐桓公成为"以诛无道,以屏周室"(《国语·齐语》)的"霸主",以期恢复周初的治世与维持周王室的尊严。齐桓公则不然,齐桓公所理解的"霸主",就是要具有号令诸侯、征伐不服的实质能力,因而其执政之初常不理会管仲谏言,执意出兵。经历过一翻矛盾与取舍,最终齐桓公采纳了管仲"尊王攘夷"的政策以回应天下无主、华夷之争的时局。所谓"尊王",即尊崇周天子之位,天子无力便由霸主受王命代行,内求华夏民族之团结;所谓"攘夷",即攘却外族之扰,外抗夷狄以维护中土之国的主体性。"以'尊王攘夷'为号召,把中原华夏诸国归集到齐国的旗帜之下,完成齐桓公的'霸业';另一方面也是通过'尊王攘夷'的活动,在一定程度上尽量恢复周代的社会秩序。"[②]既维护了齐国的利益、达成齐桓公的愿望,也顾及了周王室与各国的尊严,对后来继起的霸主起了良好的示范作用。

---

① 张力先生认为管仲"先修明内政,使齐国成为诸侯的楷模,然后以德、义、信使诸侯归服,并重建周代的道德观念和秩序"。参见张力:《管仲评传》,四川大学出版社2005年版,第124页。

② 张力:《管仲评传》,四川大学出版社2005年版,第145页。

其实齐国“尊王攘夷”的思维，有其历史渊源，《左传·僖公四年》载管仲之语曰：

> 昔召康公命我先君大公曰：“五侯九伯，女实征之，以夹辅周室！”赐我先君履，东至于海，西至于河，南至于穆陵，北至于无棣。

周初姜太公以军功封齐，可说是西周初创时期的军事支柱。周成王为稳定政局，赐予太公“五侯九伯，实得征之”的征伐特权。齐国虽具有征伐特权，但其征伐的权力仍是“自天子出”，是“代”天子征伐，而非“僭越”，可说是“尊王”的表现；齐太公征伐的对象，乃不臣服于周的东夷诸国，此即“攘夷”的实践。管仲这一段话，揭示了齐桓公之争霸，在于仿效齐太公代天子征伐的旧例，虽不免“挟天子以令诸侯”，但对周王室始终以君臣之礼事之，其基本立场不在建立新的政权，而是在辅弼王室的前提下增进齐国的权力与利益。

胡家聪先生曾精辟地指出：“‘尊王’与‘攘夷’是一致的。”①在当时的情境中，要“攘夷”，就必须要“尊王”。在名义上保留周天子“天下共主”的地位，以凝聚华夏各国的向心力；在周天子的号令下，各国暂时放下利害关系，团结起来共同抵御外侮，解决华夷之争的民族危机。“攘夷”借由“尊王”之名来凝聚共识，“尊王”透过“攘夷”的共同目标而实现。

---

① 胡家聪：《管子新探》，中国社会科学出版社1995年版，第198页。

东周的社会变革是由于周天子的式微而引发的,缺乏军事、财力上的后盾,要维持道义上的共主地位是困难的。管仲要张稳"尊王攘夷"的旗帜,使齐桓公成为像姜太公那样"夹辅周王"的霸主,一方面要安定海内外的局势,另一方面要恢复周礼的道德观念和秩序,诚属不易,因而受到孔子高度的评价:"管仲相桓公,霸诸侯,一匡天下,民到于今受其赐。微管仲,吾其被发左衽矣。"(《论语·宪问》)

(三)争霸的立场:王与霸之间

齐桓公的变法运动与争霸之路,是春秋以来的首次尝试,且获得了极其成功的成果。若要进一步去辨析齐桓公变法争霸的立场,可以分由形式上和实质上两个面向来探讨。从形式上来分析,齐国"法先王""尊王攘夷"的政策,维护了周王室"天下共主"的地位与华夏民族的存续,虽然居功厥伟,却并未僭越称王、代周而兴,而始终以周室之臣自居。另一方面,从实质上来看,齐国作为诸侯盟主,掌握了号令天下的真正权力,但从条约订定的内容来看,多属经济协议,且以有利于齐国工商业发展为目的,呈现出"予之为取"(《管子·牧名》)、"义于名而利于实"(《韩非子·外储说左上》)的辩证思维与霸术谋略。

齐桓公与管仲的霸业影响了整个天下,但若深入探寻其称霸的根本,无论形式上或实质上,在响应"天下"问题时,并未真正放眼整个"天下",而主要是由"齐国"的立场去思维,这突显出桓管霸业的局限性,无怪乎荀子虽然肯定桓公霸业的成就，却只给予“霸道”而非“王道”的评价。[①]

三、桓管治国策略的理论化

《管子》一书既保留了桓管遗制与宣威变法的具体措施，更表现出齐国的思辨精神与思想体系。就法治思潮的发展而言，以“礼法兼综”作为齐国与《管子》法治思想特色的观点，几成定论。“礼法兼综”不只是一个抽象的哲学命题或治国原则，它实际发生在齐国的历史之中，齐桓公出自因应时变的要求，推动变法运动，对周礼做出进一步的反思。“修旧法”的革新思维，不在全面扬弃既有制度，且恰恰相反地建立在周礼架构之上。齐桓公革新之“法”，与周人既有之“礼”的关系是不能切割开来看的。这样的思维，在《管子》中得到了抽象化、概念化与系统化的理论说明。本节的工作，在于思辨地解析《管子》“礼法兼综”的法治思想何以能够形成的理论基础。

（一）礼法之间

1. 礼、法字义探源

（1）神性意涵

根据汤勤先生词源学方法的考察，“事神致福”[②]的

---

① 详参《荀子》之《仲尼》《王霸》二篇。
② 《说文》：“礼，履也。所以事神致福也。”

“礼”,和“解触不平”①的“法”,其初始含义都充满了神性。②“礼”字最早出现于殷商的卜辞,原指礼器,王国维在《观堂集林·释礼》中对“礼”字的原型作了一番考证,指出“奉神人之事,通谓之礼”③,人们(主要是统治者贵族阶级)有意识地用玉器表达对上帝的敬意,以祈愿天命的护佑。“灋”是“法”的古字,是一种本性中具有辨别是非曲直、能触不平之能力的神兽,④当人们发生冲突时,便透过“灋”做一公正的评判,“灋”是先民分判对错的标准。殷商时期“礼”“法”运用范围虽不相同,但其字源所蕴含的神性意义,共同揭示了民智未开的先民们,尝试追寻超人类的力量来解决人类问题的思维模式。在这个意义上,礼、法同源,都带有原始社会的印记,但相较于指向“天人之际”的礼,处理“人际之间”的法,实更具社会性与现实性。

---

① 一般认为“法”字是“灋”的省文。《说文》:“灋,刑也。平之如水,从水;廌,所以触不直者,去之,从去。法,今省文。灋,古文。”

② 汤勤:《“礼”与“法”:由神化到世俗化》,载《复旦学报(社会科学版)》2008年第3期。

③ 王国维:《观堂集林·释礼》,中华书局1994年版,第291页。

④ 《说文》“廌”条下说:“解廌,兽也,似牛,一角,古者决讼,令触不直。”《后汉书·舆服志》说:“獬豸神羊,能别曲直,楚王尝获之。”王充《论衡·是应》篇亦有类似说法“觟鯱,一角之羊,性知有罪。皋陶治狱,其罪疑者,令羊触之,有罪则触,无罪则不触。斯盖天生一角圣兽,助狱为验,故皋陶敬羊,起坐事之。”汤勤先生认为,“解廌”“獬豸”“觟鯱”实为同一物,虽然它是牛、是鹿尚无定论,但它是一种本性中具有辨别是非曲直、能触不平之能力的神兽。

（2）社会性意涵

随着民智日开，周初“人文的转向”①，使礼、法由神化走向了世俗化的阶段，突出了礼、法的社会功能及其在人事上的意义。《礼记·表记》分析殷、周两代的差异云：

> 殷人尊神，率民以事神，先鬼而后礼，先罚而后赏。尊而不亲，其民之敝，荡而不静，胜而无耻。周人尊礼尚施，事鬼敬神而远之，近人而忠焉。其赏罚用爵列。亲而不尊，其民之敝，利而巧，文而不惭，贼而蔽。

殷周之际“人文的转向”，就在“事鬼神”的宗教信仰与“尊礼尚施”的人文建构之间。周人将殷人注重天神意志的意识形态，转向至人道与人文建构的关怀。这是一个重要的转向，彰显出周初以“人”为主体的理性自觉。

若就礼、法的来源与社会功能来看，他们的根源同样源自上古习俗，在功能与目的上也具有一致性——“定分止乱”。②周人的“法”之内涵与“刑”相近，如《国语·鲁语上》：“尧能单均刑法以仪民。”此时“法”尚未脱离“礼”，而是作为“礼”的辅助工具。礼、法早已并行于三代的实际政治社会生活之中，并没有后来儒家、法家相互攻讦的情形。

---

① 陈来：《古代宗教与伦理：儒家思想的根源》，生活·读书·新知三联书店1996年版，第5页。

② 张林祥：《〈商君书〉的成书与思想研究》，人民出版社2008年版，第189页。

至春秋战国时期，为了解决“周文疲弊”“礼崩乐坏”的问题，“法”的意义逐渐被突显了出来，如齐桓公的“修旧法”，已从制度、法度层面去诠释，不再局限于刑罚。至《管子》，“法”更具备了“礼”般“定亲疏，决嫌疑，别同异，明是非”（《礼记·曲礼》）的意义与规模，如：

> 法度者，万民之仪表也。（《管子·形势解》）
>
> 法者，天下之程序也，万事之仪表也。（《管子·明法解》）
>
> 法者，天下之仪也。所以决嫌疑而明是非也，百姓所县命也。（《管子·禁藏》）

“法”不再附庸于“礼”，而是扩大至全国性的规章制度的规模，成为另一种新的人文建构的思索根基。

2. 礼法关系

（1）礼法差异

礼、法的究极目的皆在“定分止乱”，但两者之间仍有着必须去厘清的差异。首先，就施用对象与层面而言，“礼”虽是周人治国的庞大体系，但“礼不下庶人”（《礼记·曲礼上》），其施用的主要对象是贵族统治阶级，是贵族阶层行动举止、待人接物的行为规范。“法”则是春秋战国时期，因应着礼崩乐坏、宗法制度瓦解而新兴的治国体制，其施用对象扩大至整个天下，“天下之程序也，万事之仪表也”，成为统治者一民、使下、施行赏罚的客观标准。

再者，就礼、法思维的内在本质来看，“礼”的实质是“德”，指向人之为人的本质，强调主体的道德修养，故孔子曰：“不学礼，无以立。”（《论语·季氏》）而“法”的实质为何呢？马王堆帛书《经法·道法》：“道生法，法者，引得失以绳，而明曲直是非者也。”《管子·七法》曰：“尺寸也、绳墨也、规矩也、衡石也、斗斛也、角量也，谓之法。”《管子》以衡量器物喻法的思维，若从历史背景而言，应当和齐国重视工商业的发展有关；若进一步从哲学思维来看，则呈现出“以物为法”（《管子·心术上》）的思维倾向。不同于“礼”之以“德”为实质而强调“人”作为道德主体的反身性，它展现出另一种思维意向——由“国”（或“国君”）的角度去思虑，指向君主统治整个天下的实用与客观意义，是以突出了“法”的客观性、公正性、恒常性与可操作性，及“富国强兵”的现实目的。

（2）礼法相辅

《管子·形势解》曰：“法度者，万民之仪表也。礼义者，尊卑之仪表也。”一语道出了礼、法外延的同与异。礼义与法度同具仪表之性质与作用，其间的差别在于，“法”规范的是全民的行为，较规范“尊卑”贵贱等级秩序的“礼”更具普遍性。春秋战国时期齐国的社会变动，表现为“法”地位的上升，并得到了传统“礼治”社会的认可，但始终未能完全取代礼，礼、法仍然各自有着自己的适用空间，是以礼法先后的问题，在《管子》中有着“礼出于法”（《权修》）及“法出于礼”（《正世》）两种矛盾的主张。这些矛盾的主张反映了《管子》中不同家派的思维，但不论是哪一种主张，都不再把礼与法对立起来，而是看见了两者在目的取向上的一致性。诚如白奚先生所言：

> 《管子》的主流思想是法家，"法"被称为"天下大仪""天下之至道"，要求"君臣上下贵贱皆从法"，但同时又承认"礼"对于治理国家也是至关重要的、必不可少的。《五辅》曰："上下有义，贵贱有分，长幼有等，贫富有度，凡此八者，礼之经也"，肯定了礼对于维护等级秩序的重要意义。《牧民》称礼、义、廉、耻为"国之四维"，即维护国家统治的四大绳索，在其他篇章中也常可见到礼与仁、义、乐等并列的情况。可见《管子》所谓礼，从广义上讲实包括礼、义、仁、乐、廉、耻等儒家提倡的道德规范，礼法并用，实质上也可以说是儒法并用。①

春秋战国时期存在着"法治"与"礼治"之争，儒、法两家曾因而针锋相对、争论不休。但实际上，当时成文法的另一种功能正是对礼治的一种补充，并没有因为成文法的制订而对礼治产生太多不利影响，两者并非根本对立的统治体系。"法"制的建立，来自于"礼"制的转型。礼法之间的一体性在稷下黄老学派，乃至后代政权"阳儒阴法"的实践中，都有着鲜明的体现。

① 白奚：《稷下学研究：中国古代的思想自由与百家争鸣》，生活·读书·新知三联书店1998年版，第230页。

（二）礼法兼综的理论根据

1. 礼法出于道

（1）天道与人事的双向关系

《老子》第三十八章说：

> 失道而后德，失德而后仁，失仁而后义，失义而后礼。夫礼者，忠信之薄而乱之首。前识者，道之华而愚之始。是以大丈夫处其厚，不居其薄；处其实，不居其华。故去彼取此。

面对“周文疲弊”与“礼崩乐坏”的社会现实，《老子》以“失”的方式，为周的人文建构作一导源，指出自然的“道”乃周“礼”的根基，发展出圣人之治应当在领会形上之道的基础上，重新建立起新的人文建构的治国思维与方向。至稷下黄老学派，依循着《老子》的思维与齐国礼法兼综的政治传统，重新展开了以“道”为根基去整合与融贯各家所长，以建立新的人文建构的尝试。《管子·心术上》说：

> 虚无无形谓之道，化育万物谓之德。君臣父子人间之事谓之义。登降揖让，贵贱有等，亲疏之体，谓之礼。简物小大[①]一道，杀僇禁诛谓之法。

---

① “大”，通行本作“末”。丁士涵云：“‘末’疑‘大’字之误。”据改之。参见黎翔凤撰：《管子校注》，中华书局2004年版，第762页。

此段文字呈现出“道—德—义—礼—法”的双向推衍关系。一方面,和《老子》一样,通过“道←德←义←礼←法”的脉络追寻人文制度的根源——自然的道;另一方面,“道→德→义→礼→法”的言说次第,将自然的道逐步地落实于人事处理之中,每降转一层,人文的处置就更加具体也更具规范性。

而和《老子》不同的是,《老子》以“失”方式言说天道层层降转于人事的同时,也批判了过度人为所产生的僵化体制,故言“去彼取此”,具有返本归源的价值取向。稷下黄老不言“失”,直接陈述天道落实于人事的历程在每一阶段所起的作用,在“此”的基础上整合了“彼”,具体表现为“以道整合礼法”,呈现出向社会性倾斜的发展意向。从《老子》到稷下黄老,对于典章制度必要性的看法出现了辩证的转折,由批判解构到重新确立。

(2)礼法的形上基础与实践可能

“虚无无形”的“道”是一切存在的形上根据,其功能是“化育万物”之“德”,道以德的方式停留于万物之中,故曰“德者道之舍”;道以德的形式停留于万物之中,则内化为万物的本质之德,故曰“道之与德无间”。就道物关系而言,道停留之处构成了万物的本质之德,因着道与德无间,道与物亦无间。而从《心术上》“道—德—义—礼—法”的论述序列来看,道以德的方式停留之处,不只是万物,还包含了义、礼、法等人文价值与人文制度,故曰“道满天下,普在民所”。形上之道,因为德的中介,而与一切形下的事物产生内在联系,道不只是万物的存在根据,也是一切人文价值与人文建构的价值根源。

而何以“德”这一概念,能够同时蕴含自然的本质之德与人文价值之德的意涵呢?首先,这和“德”的概念名称为周人所广泛使用与重视、是诸子的共同文化渊薮相关。再者,至春秋战国时代,“德”被重视天道的道家与侧重人文的儒家共同使用,各自突出了“德”概念所不同面向的意涵与价值。在儒家思想体系中,德是所有人伦德目的总称,也是礼乐规范的内在本质,德与礼是内在本质与外在形式的关系;在道家的思想体系中,德则是万物分受于道的本质之德,道与德是总体与部分、一与多、共相与特殊的关系。稷下黄老之所以择取了“德”作为中介,运用的正是道家哲学中,道与德之总体与部分、共相与分殊的关系,将儒家具有人文性意涵的人伦之德和道家自然的本质之德的概念,共同收摄于作为总体与共相的“道”的范畴之中,突出了黄老兼采各家所长的特质。如此一来,本质之德和人伦之德都是总体的“道”的部分展现;“德”具备本质之德与人伦之德的双重意涵,因而能成为天道与人事、自然与人文的中介。

形上之道,通过德的中介,得以内化于人的自然本质与礼法的人文建构之中。这固然是稷下黄老为因应时变而撷取礼法思想所作的尝试,但另一方面,也从理论上为礼法存在的合理性与实践可能提供了形上的价值根源。这再一次反映出,黄老在整合各家所长以因应时变的时候,始终持守着道家基本的立场与原则,并非杂章乱凑,而是有着融贯的考虑。

总体来说,稷下黄老学派在“道”的根基之上,整合融贯儒家与法家之所长,借由“德”的中介,赋予既有的“义”

"礼""法"等概念形上根据,以展开新的人文价值与人文建构的论述。在这样的前提下,"可以说,稷下道家是将礼、法等视为道的延伸。在道的准则下,倡导法制与礼义教化的作用"①。

2. 礼:道之因顺人情的一面

前引《心术上》在"德"之后谈到"义"与"礼"时说:

> 君臣父子人间之事谓之义。登降揖让,贵贱有等,亲疏之体,谓之礼。

这一段的解文说:

> 义者,谓各处其宜也。礼者,因人之情,缘义之理,而为之节文者也。故礼者,谓有理也,理也者,明分以谕义之意也。故礼出乎义,义出乎理,理因乎宜者也。

"义"所涉及的,不只是君臣上下之位的政治伦理,还包括父子之间的家庭伦理,其目的在借由尊卑、贵贱、亲疏的身份与名分之确立,重新建立起自我与他者之间"各处其宜"的关系,以达致国家整体性的秩序与和谐,从无道乱世恢复成有道治世。

次者,由"义"而"礼"。《管子·内业》篇谈论到诗、礼、乐

① 陈鼓应:《管子四篇诠释:稷下道家代表作》,三民书局 2003 年版,第 144 页。

之作为外铄式的陶冶主体内在德性的辅助工具,这是礼之于治身的意义。[1] 反观这段文本的脉络,礼则具有作为具体的人文建构与社会规范的意涵,显现出礼之于治国层面的意义。其目的在于,将由"义"所建立的合宜有序关系,"加以制度化、固定化,并通过一定的仪节把它表现出来和得到感情上的认同,于是产生出'礼'"[2]。

在周文的体系中,礼是一套遍及文化、政治、教育、宗教等各领域的重要人文制度,涵盖了自我与他者的互动过程中各种情境的处事仪则。《老子》虽然对礼有着"夫礼者,忠信之薄而乱之首。前识者,道之华而愚之始"(《老子》第三十八章)的批判,但《老子》的批判,主要是针对礼"攘臂而扔之"之强制性、束缚性将造成人的异化的一面来说的;《老子》并不反对"忠信""仁义""孝慈""正臣"[3]等人伦常情之真情实感的一面。也因此,稷下黄老在"道"的根基上,尝试着重新展开"礼"的建构之际,便特别指出"礼"应该要"因人之情",不能一味地借助外在的强制性规范去制约人行,而需留心人内在的真情实感的价值与意义,才不会导致人伦关系的失序与异化。

---

① 《管子·内业》:"凡人之生也,必以平正,所以失之,必以喜怒忧患,是故止怒莫若诗,去忧莫若乐,节乐莫若礼,守礼莫若敬,守敬莫若静。内静外敬,能反其性,性将大定。"

② 丁原明:《黄老学论纲》,山东大学出版社 1997 年版,第 153 页。陈丽桂也说:"'礼'是应对进退的仪度,人际行为的润饰。"参见陈丽桂:《战国时期的黄老思想》,联经出版事业公司 1991 年版,第 143 页。

③ 郭店丙本《老子》第十八章:"故大道废,安有仁义;六亲不和,安有孝慈;邦家昏□,[安]有正臣。"

“因人之情”的提出，可视为对于礼崩乐坏的时代背景的反思。而这样的反思，和主张解构与扬弃异化礼教的庄子学派不同，表现出重构礼乐的意向。其实，对于礼乐之重建的反思，不只出现在黄老思潮之中，也有发自儒家本身“道（按：人道）始于情”（《性自命出》）的反省之声。

“礼”除了“因人之情”，也要“缘义之理”，又，“礼出乎义，义出乎理，理因乎宜者”。也就是说，人之情感的流露与发显，会随着不同的情境与不同的自我与他者的关系而有所改变。因此，礼的重构，必须配合不同情境中，上下尊卑贵贱之间，不同身份（义）的合理性（理）去设定，才能重新确立一套兼顾人伦身份与情理，又合乎时宜（宜）的新的礼教制度。

必须特别指出的是，在道层层降转而具现为礼的过程中，实际上还存在着一个比较隐晦但具有关键性的概念，那就是基于“理因乎宜”而呈现出来的“时变”的概念。道本身虽然不变，但如何具现“道”则可以有不同的考虑与展现形式。稷下黄老学者借此指引着统治者，应当以“道”为根基，依据“时变”的客观情势，来衡量该如何重新展开对于“礼”的合宜重构。因此，“礼”的重新施设，在具现了“道”“因顺人情”之一面的同时，也呈现出合乎“时变”的时代精神。

3. 法：道之客观规律的一面

关于“法”，《管子》书中常将“道”与“法”并举，甚至将

“道”“法”融为一体，以阐发治国之道应“以道为体，以法为用”①的道理。如前引《心术上》说：

简物小大一道，杀僇禁诛谓之法。

这一段的解文说：

法者，所以同出不得不然者也。故杀僇禁诛以一之也，故事督乎法，法出乎权，权出乎道。

另外，《白心》中说：

然而天不为一物枉其时，明君圣人亦不为一人枉其法。天行其所行，而万物被其利，圣人亦行其所行而百姓被其利，是故万物均，既夸众矣。是以圣人之治也，静身以待之，物至而名自治之。正名自治之，奇身名废，名正法备，则圣人无事。

《心术上》在“道”的根基之上，重新展开了“道→德→义→礼→法”之由形上天道而形下人事的发展方向，将天道层层降转地具现、落实于人事之中。可知“法”的提出，是在意识到单

① 白奚：《稷下学研究：中国古代的思想自由与百家争鸣》，生活·读书·新知三联书店1998年版，第226页。

凭“礼”尚无法维持“义”的情况之下而发展出来的。由于“因人情”的“礼”具有主观情感的成分在其中，因此，可能会有受到主观情志影响，而无法维持“义”的时候。在这种时候，便需要借由客观的“法”的“‘杀刃禁诛’的手段，使大小事物各自得到恰当的定位，而一归之于‘道’”①，故曰“简物小大一道，杀僇禁诛谓之法”。由此可以窥知，“法”的公布与执行，与“因人之情”的“礼”不同，“法”的执行不带主观情感的成分，“不得不然”而具有客观性，“同出”②而具有适用于一切参差不齐的事物的普遍性。“法”一旦订定与公布，便不能任意改易，所以“明君圣人亦不为一人枉其法”。反过来说，也唯有在维持“法”的客观性、普遍性与公正性的前提下，才能够做到“简物小大一道”。

而关于“法”的来源问题，存在着“道—权—法—事”的双向关系——“道→权→法→事”，是道向社会性倾斜的层层降转与具现；“道←权←法←事”则在指出道是法的根源与形上根据，这一点，也表现在前引《白心》篇中“天……明君圣人”的言说形式之上。也就是说，“道生法”，“法”之作为人类社会客观性与普遍性的共同规范，正是取法于“道”之作为一切存在的总规律与总原理的特性。学者们对“道生法”的诠释有着基

① 陈鼓应：《管子四篇诠释：稷下道家代表作》，三民书局2003年版，第143页。

② 郭沫若云：“此释‘简物小大一道’。‘出’谓参差，‘同出’谓统一其参差。《白心》篇‘难言道术，须同而出’，‘而’犹其也，与此同义。”今从之。转引自黎翔凤撰：《管子校注》，中华书局2004年版，第773页。

本的共识,并多在"道生法"的基础上去看"权"的中介地位,也因此,多注重"道""权""法"之间的同构型,而将"权"诠释为具有客观性、普遍性、公正性的"权衡标准"。① 这样的诠释固然有其道理,但本文认为,居于"道"与"法"的中介的"权",除了作为"权衡标准"的意涵之外,实际上也隐含着"权变"的意谓在其中。如此,才能在具现"法"之作为"道"的客观规律的一面时,呼应时代潮流拟定法律规章,体现"圣人与时变而不化,从物而不移"(《内业》)的原则与智慧。

总体来说,在"道—德—义—礼—法"的序列中,稷下黄老学派在以"道"为本的前提下,整合与融贯了道家、儒家、法家的思想精华,并因循"时变"的需求,以"礼"落实"道"之因顺人情的一面,以"法"具现"道"之客观规律的一面。

结　语

王国维曾说:"中国政治与文化之变革,莫剧于殷周之际……殷、周间之大变革,自其表而言之,不过一姓一家之兴亡与都邑之转移……而自其里言之,则其制度文物与其立制之本意,乃出于万世治安之大计。"②到了两周之际,虽然没有改朝换代,但政治、社会,乃至生产方式与经济上的变动之剧烈,相

① 如陈鼓应:《管子四篇诠释:稷下道家代表作》,三民书局 2003 年版,第 142 页;白奚:《稷下学研究:中国古代的思想自由与百家争鸣》,生活·读书·新知三联书店 1998 年版,第 226 ~ 237 页。

② 王国维撰:《古史新证》,湖南人民出版社 2010 年版,第 35 页。

较于殷周之际,可谓有过之而无不及。如何使天下得“治”,成为各国有志之君与有志之士必然要思虑的核心课题。春秋初期各国变法主事者的不同策略,反映出各地域文化因应各自社会现实条件的独特思维。齐桓公与管仲作为战国变法运动的先驱,可以说是从实质层面推行“变法”的第一人,虽然因为历史条件的限制,未能完成对于周礼的全面反思,但他们的变法措施与革新之道,确实是后来战国时代齐国“礼法兼综”之法治思想的先驱。通过稷下黄老学者的努力,借由“以道整合礼法”的方式,“礼法兼综”从具体实务提升到抽象理论的层次,建构出齐国独具风姿的法治体系。

含藏与因循:“袭明”所见《老子》治道的变迁

苗　玥
(北京大学哲学系博士)

一、“反智论”与道家

作为子学的公共议题,“知”的观念遍及经籍与史册。道家之于“知”的否定言说,确乎存在相当程度的廓清,一如老学的“绝智弃辩”“明白四达,能毋以知乎”,庄学的“离形去知”“知也者,争之器也”,黄老学者慎到的“弃知去己”,以及稷下道家的“去智与故”等。我们也习惯于将道家的这一立场称作“反智”抑或“反知”。

在余英时先生那里,“反智”一词较早地用于论述中国思想史和中国政治传统,我们于是得见一种学统和政统意义上的“反智”。仅就道家而言,余先生尤其在反智性(及理性)和反知识(分子)的意义上,谈论那种作为政治传统的“反智”。其核心观点是，作为一种态度，而非一种学说或理论，道家的“反智”不但因道家的“尚自然”，从而意味着摒弃人文，而且也因老学的愚民说和黄老帛书的“一道”论，从而象征着帝王的至上权力和施于臣民的压制。①

事实上，余先生在以“知识分子”定义“智”的意涵时，这种做法本身，已然预设了“智”作为某种正面价值的属性。可以说，这里“智”的给定，所依据的仍然是儒家的语境，而不是道家的问题意识。如若不然，这里至少应当追问，道家为什么“反智”，而不仅仅是说道家“反智”。② 况且，这种道家的形象，与历史上有关道家，尤其是黄老道家政治形态的记述截然相反，诚如司马谈《论六家要旨》所言，道家“指约而易操，事少而功多”，“群臣并至，使各自明也”。有鉴于此，我们不禁追问，道家话语中“知”的观念与其所倡行的治道之间，究竟存在着怎样的关联？在“反智性”的道家这里，一种正向的“知”的表述是什么，道家又于其间铺陈了怎样的政治形态？余先生以老子为始作俑者，那么，上述问题的答案，或许可以首先在《老子》

① 余英时：《反智论与中国政治传统——论儒、道、法三家政治思想的分野与汇流》，见胡适等著《中国哲学思想论集 · 总论篇》，牧童出版社 1976 年版，第 107 ~ 150 页。不止于此，韦政通先生也曾接续说，作为“反对尚贤的一个釜底抽薪的办法”，以及“由反激情绪而产生的一种态度”，老子的反智（性）“有着强烈的反知识分子的倾向”。韦政通：《中国思想史》，水牛出版社 1980 年版，第 154，158 页。

② 王中江：《秩序、制度与贤能：黄老学为什么反智的一个内在追寻》，见陈鼓应主编《道家文化研究》第二十九辑，生活 · 读书 · 新知三联书店 2015 年版，第 3 ~ 53 页。

文本中寻绎。

二、“明”与“知智之辨”

严格说来,“知”的议题之于道家,葆有相当的复杂性和层次感。道家既不是一味地“反知”,也没有一味地“反智”。上引黄老帛书《经法》一篇,不仅言说了某种“见知之道”“见知之稽”,也还正向地倡行一种“公”意,说“无私者智,至智者为天下稽”。《老子》中更有所谓“知人者智,自知者明”(第三十三章)的讲法。甚至,今本《老子》第十八章的“慧智出,有大伪”一句,也不曾出现在郭店楚墓竹简《老子》丙组的相同段落之中。

在语文学上,“知”与“智”声韵并同而互通。新近出土的早期《老子》文本,或以“知”,或以“智”的单一样貌出现,并不存在如今本中“知”“智”二字共存与分属的用例。然而,在思想史的视域中,先秦道家又确实存在一种意义上的“知智之辨”,这种“知智之辨”指的是,道家在语词的表象上之于“知”(抑或“智”)的否定,也同时意味幽深地旨在传达一种道家意义上的“智”,它较多地以“明”的观念见诸文本。

今本《老子》“明”的十二次出现,其中三次是以“曰明”的形式,是在哲学范畴的意义上的界说,其中两次又都以“知”为称。它们分别是第十六章的“复命曰常,知常曰明”(帛书乙本作“复命常也,知常明也”),以及第五十五章的“知和曰常,知常曰明”(郭店本、帛书甲本作“和曰常,知和曰明”,帛书乙本作“和曰常,知常曰明”)。河上公注释“归根第十六”时称,“能知道之所常行,则为明”。我们说,《老子》文本中的“明”,首先即一个广义的认知范畴。文中不仅以“知”规范其疆界,也继而在一种显明的认知意义上以“见小曰明”(第五十二章)界说它。《文子·道德》说:“执一者,见小也,见小故能成其大也。……一也者,无适之道也,万物之本也。”在《文子》这里,所谓“见小”,无非是指“见道”或“执道”,《老子》文本也不止一次以“小”称“道”,如第三十二章说“道常无名,朴虽小”,第三十四章说“常无欲,可名于小”。据此,“见小”的语义似乎也与“知常”“袭常”相当。

不止于此,《老子》第十章今本作“明白四达,能无为乎”,参酌帛书乙本和汉简本,此句原作“明白四达,能毋以知乎”。关于这处异文,《文子·道原》有“真其实知,而不以曲故自持,恢恢无心可谋。明白四达,能无知乎?”的讲法,《淮南子·道应训》也有如下的转引:“故老子曰:‘明白四达。能无以知乎!’”由此可见,这一章的“明白四达”也是专门针对道家意义上的“智”的情状的描摹,“明”与“知”两范畴间具有更普遍的关联。进而,结合《老子》诸章,这里提及的“不以曲故自持”,其实正是对于“无以知”“毋以知”,乃至“无知”的解释,具体地说,道家意义上的“智”旨在消除那种溢出限度之外的知巧和思虑,《韩非子·解老》说:“故视强则目不明,听甚则耳不聪,思虑过度则智识乱。”与此同时,我们也有必要重提第三十三章的“知人者智,自知者明”,这里的“智”虽然并不意味着某种绝弃,但也不尽是道家意义上的“智”。不同于一般性的外在认知,道家意义上的“智”、道家话语中的“明”,在相当的程度上指示一种向内且之于自身的维度。或许正因如此,王弼以降的诸多注释,无不标示“明”超“智”之上的层次性,而并不以两者相并列。

三、“袭明”的两种解释路径

然而,这或许还不是《老子》文本中“明”的全貌,文中除却视“明”为哲学范畴的界说与限定之外,还有与“明”相关的“袭明”“微明”乃至“袭常”等复合词,它们所从属的章节更在治道的语境中响应着如上所示的反智诸问题。这些复合词也使我们得见,道家的“知智之辨”、道家话语中的“明”,不单只是认知的范畴,它无论如何关涉着道家“道德之意”的思想旨趣。这其中,尤以“袭明”为枢纽。

是以圣人常善救人,故无弃人;常善救物,故无弃物,是谓袭明。(今本)

是以声人恒善怵人,而无弃人,物无弃财,是胃愧明。(帛书甲本)

是以圣人恒善怵人,而无弃人,物无弃财,是胃曳明。(帛书乙本)

故圣人恒善怵人,而无弃人,物无弃财,是谓欲明。(汉简本)

《老子》第二十七章的不同抄本之间在“袭明”这里多有异文，帛书甲本作“愧明”，帛书乙本作“曳明”，汉简本作“欲明”。汉简整理者释读“欲”字为“愧”字，原因在于“《说文·心部》：‘愧，习也’，‘习’‘袭’音义皆近常通用，‘愧’‘习’为同义换用；‘欲’（喻母屋部）、‘曳’（喻母月部）音近可通”，故而，“‘欲’应读为‘愧’”[①]。马王堆帛书整理者在“愧明”下注曰：“愧，乙本作曳，通行本作袭。《苍颉篇》：‘愧明也。’”[②]高明先生的《帛书老子校注》则直接将“愧”与“曳”读作“袭”，说：“‘愧’‘曳’‘袭’古音相同，此亦当从今本读作‘袭明’”。[③] 另有一种字形的隶定，以为甲本写作“忡明”，并且认为今本《老子》之“袭明”，乃是由“忡明”之误而来，帛书《老子》当为古貌，进而依据《集韵·真韵》的“忡，忧也”以及“曳，拖也，也作困顿”，将此处的“忡明”解释为困顿、忧思的明智。[④] 徐梵澄先生的《老子臆解》虽也提及此说，可仍据通行本考订其为“袭”，并着重说：“据《五音集韵》，忡，音申，忧也。于此无当。”[⑤]我们说，《淮南子·道应训》转引此章即作：“故老子曰：‘人无弃人，物无弃物，是谓袭明。’”此处直接读作“袭明”或许也未尝不

---

① 北京大学出土文献研究所：《北京大学藏西汉竹书（贰）》，上海古籍出版社2012年版，第157页。

② 国家文物局古文献研究室：《马王堆汉墓帛书〔壹〕》，文物出版社1980年版，第15页。

③ 高明撰：《帛书老子校注》，中华书局1996年版，第365页。

④ 尹振环：《帛书老子与老子术》，贵州人民出版社2000年版，第89页。

⑤ 徐梵澄：《老子臆解》，中华书局1988年版，第39页。

可。然而我们说,这里的关键其实在于,“袭明”一词究竟应当如何解释?

尚且不论以上基于困顿、忧思的认同与反对,这里也还交织着两种不同的声音。河上公章句称,“圣人善救人物,是谓袭明大道”。诚然他在“袭明”与“道”之间构筑了关联,但“袭明”之意为何还是不得其解。王弼注释至此也并未正面地触及“袭明”之意,可是他用“因物自然”统摄全章尤其重要。所谓“因物自然”,在王弼这里,既指“因物之性,不以形制物也”,又指“辅万物之自然而不为始”,与之相反的则是“自任其智”的“虽智大迷”。因而,我们或许可以将“袭”对释为“因”。事实也是如此,奚侗《老子集解》称:“袭,因也,见《礼记·中庸》‘下袭水土’郑注。‘明’即十六章及五十五章‘知常曰明’之‘明’。‘袭明’谓因顺常道也。”上引徐梵澄先生《老子臆解》也直言:“兹仍订其为‘袭’,因也。”“‘袭明’,因人之明也。明亦智也。因袭乃道家之一术,所以用世者……犹巨匠之无弃材,视凡材无不可用者;在木因其材,在人则袭其明。”然而,徐先生并未以“虽智大迷”为反面义,并说“‘是谓眇要’或‘要妙’,摄全章之旨,即‘袭明’”,这是他与王弼注的差异所在。但无论如何,我们在“是谓袭明”一句的注释中,首先得见一条因循的线索。而这条线索的起点或许可以追溯至《文子·自然》一篇有关“故人无弃人,物无弃材”的转引,所谓“老子曰:‘知而好问者圣,勇而好问者胜。乘众人之智者,即无不任也;用众人之力者,即无不胜也……故圣人举事,未尝不因其资而用之也……圣人兼而用之,故人无弃人,物无弃材’”。《淮南子·道应训》的“故曰：圣人之处世，不逆有伎能之士。故老子曰：‘人无弃人，物无弃物，是谓袭明’”也与之相近，因循之意流淌于其间。

但不止于“因循”，“袭明”的注释传统中也还含括了另外一种解释的可能，一条“含藏”的路径。吴澄注《老子》时称：“袭者，如以外衣掩蔽其内衣。倘救人救物之功彰彰而明，天下皆见其救之，不谓之善救矣。必使无救之之迹，掩蔽其所可见，而众莫能知，故曰‘袭明’。”我们说，这里的以“掩蔽”释“袭”，一方面有取于辞书所见“袭”字的本意，《释名·释衣服》说：“褶，袭也，覆上之言也。”另一方面，它似乎也合于《老子》第二十二章的“不自见故明”、第二十四章的“自见者不明”乃至第四十一章的“明道若昧”，此处的“见”常读如“现”。至关重要的是，此一路径更密集地出现在《老子》第五十二章“袭常”的注释中。

> 见小曰明，守柔曰强。用其光，复归其明。无遗身殃，是为习常。（今本）
>
> 见小曰明，守柔曰强。用其光，复归其明。毋遗身殃，是谓袭常。（帛书本）

对此，吴澄在一贯的意义上说：“是谓能掩藏常光之用，以复归常明之体，故曰‘袭常’。”甚至，在吴澄这里，《老子》第三十六章的“是谓微明”，也葆有这种含藏的意味，他这样讲道：“视不可见曰微，微明者，微其明也，谓匿其可见者而使之不可见，犹前章言‘袭明’也。”在此之前，林希逸在《老子鬳斋口义》中曾说：“袭者，藏也。常者，不易也。袭常者，言藏其用而不穷也。常，或作裳，非。”朱谦之先生的《老子校释》也基于作为外表之智慧的“光”，与作为内在之智慧的“明”的分疏，认为“同有韬光匿明之意”的“袭明”与“袭常”，“似同而实异也”，且“袭常”一词也因其“和光同尘，光而不耀，是韬藏其光”而义同于《庄子·齐物论》所谓“葆光”。高明先生转引此说时，也尝言：“朱氏释‘袭常’乃韬光匿明之意，颇有见地，甚贴切《老子》本义。”但是，不同于林希逸未曾限于“袭常”的本意，从而赋予“袭者，藏也”以更周遍的意涵。朱先生这里则自觉地经由“常”即古“裳”字，以及《释名·释衣服》的“裳，障也；所以自障蔽也”，以辞书义标示注释的合理性。而这种“袭明”与“袭常”的“似同而实异”，在徐梵澄先生那里则意味着以因循注释“袭明”，而以含藏注释“袭常”，如其所言，“‘袭’，藏也。‘袭常’，藏于常道也”。

其实，今本的“是为习常”更早地见于《韩非子·主道》一篇，高明先生已然指明这一点，认为“韩非此论乃为《老子》‘用其光，复归其明，毋遗身殃，是谓袭常’作一具体诠释”。倘若我们也在这种广义的注释传统的意义上理解它的话，我们说，这里所谓的“君主御臣下之术”，并不是如余英时先生所说的“摧残智性或压制知识分子”，而是包含有相当程度的“因循”的意味，因为文本自身曾这样说道，“故有智而不以虑，使万物知其处；有贤而不以行，观臣下之所因”，以及“群臣守职，百官有常，因能而使之，是谓习常”。不止于此，张舜徽先生曾引高延第"袭,因也;常,常道;因其自然,道之常也"之说,尽管张先生仍附加按语,认为此章"言人君当掩情匿端,以愚白处,所谓大智若愚也",但"袭常"的注释中也确乎并存有上述两种解释路径,这应当是毋庸置疑的。(知常与袭明:"袭"本身或许即意味着"明")

四、《老子》的治道变迁

那么,在含藏与因循的交织中,我们又该如何抉择它们孰是孰非呢?坦白地讲,这其间其实并不存在对与错的问题,毕竟,两种解释的路径都有其合情合理的依据,倘若我们尝试在它们中判定真值,恐怕不仅是徒劳,更不甚公允。当然,我们这样讲,也不仅仅是如上所示地、单纯地梳理并铺陈它们的不同,而是意在说明,如此这般的不同不仅象征着《老子》文本自身含括的两种可能的治道路径,也象征着经由老学延展、分化出的道家思想的不同趋向,这里指的是老庄之学与黄老之学。甚至,我们也可以说,注释传统之于"袭明"以及"袭常"的两种解释,似乎都既没有逾越"道家"这一思想共同体的疆界,也正是基于老子以降,道家的治道变迁而进行的演绎。当我们借助注文理解经文的时候,或许也应当自觉于这种作为注释底色的思想源流。

正如朱谦之先生在《老子》第五十二章与《庄子·齐物论》之间的对读,认为"袭常"义同于"葆光"。《老子》文本也确乎借由光的意向性,象征某种道家意义上的"智"。这种道家意义上的“智”,或许就其自身而言可以模拟于光,但它又有意识地与这种光芒保持距离,不论是隐藏还是遮蔽,它表象上往往为某种幽昧和晦暗裹挟,外在展露的是一种收敛、归藏的气质。事实上,倘若我们将这种抽象的描摹,具象并关联于道家“道德之意”的思想旨趣的话,那么我们说,这里所说的便不是一些纯思的虚无,而正是道家“知道”“体道”的境界,当然,也更是体道之人的人格形态。可以说,这种愚人相和婴儿相,甚至“无知”相,普遍地存在于《老子》,尤其是《庄子》的文段中。除朱先生援引的《老子》第四、五十六章的“和其光,同其尘”,第五十八章的“光而不耀”外,这种“无知”相、这种含藏于幽昧中的光明也同时勾勒如下:

> 古之善为士者,微妙玄通,深不可识。(第十五章)
>
> 我愚人之心也哉,沌沌兮!俗人昭昭,我独昏昏;俗人察察,我独闷闷。(第二十章)
>
> 不欲琭琭如玉,珞珞如石。(第三十九章)
>
> 含德之厚,比于赤子。(第五十五章)
>
> 是以圣人方而不割,廉而不刿,直而不肆,光而不耀。(第五十八章)
>
> 是以圣人被褐怀玉。(第七十章)

除却混沌的隐喻外,它在《庄子》中则多以不知、恶(乎)知、莫知、何知、庸讵知、安知、焉知、孰知等否定形态见诸文本。并且,这种人格形态的勾勒在道家的政治话语中,更是一种存在于圣人与百姓的社会关系中的述说，一种治道层面的述说。正因如此，道家言辞中间流淌着所谓的“反智”。但它警惕的是那种智识、知巧的分辨和意志的滥用，以及圣人的自我炫耀的过分彰显，上举《老子》的“无知”相便几乎都是以“圣人”作为主语的。道家在此设置的限度其实无关乎百姓，含藏也仅仅意味着圣人的无为。

如果说，含藏的这条解释路径是在圣人自身的人格形态这一面上，诠释道家无为的治道原则，是属于老庄道家的某种通见的话，那么，黄老道家之于治道的理解，则尤其注重因循的一面。诚如上文所言，这里指的是圣人对待百姓的态度。而因循作为黄老道家的精义，又不仅因为司马谈所著《论六家要旨》评述诸子学时说：“道家无为，又曰无不为，其实易行，其辞难知。其术以虚无为本，以因循为用……虚者道之常也，因者君之纲也。”蒙文通先生在《略论黄老学》中指出：“‘虚无为本’是南北道之所同，故同称道家。而‘因循为用’则是北方道家所独有之精义。可以说黄老之精华即在此，其最后起而能压倒百家亦在此。”也还因为从战国后期的《韩非子》到秦汉之际的《吕氏春秋》《淮南子》，再到西汉的《老子》注释本《老子河上公章句》，乃至曹魏时期的王弼《道德真经注》，在这一广义的《老子》解释史中，“因循”之意也往往存在于“无为”的注释中。譬如《吕氏春秋·任数》：“因者，君术也；为者，臣道也。为则扰矣，因则静矣……故曰君道无知无为，而贤于有知有为，则得之矣。”《淮南子·原道训》：“所谓无为者，不先物为也；所谓无不为者，因物之所为。所谓无治者，不易自然也；所谓无不治者，因物之相然也。”

含藏与因循，不仅是存在于《老子》“袭明”“袭常”注释中的两条路径，也间接地构成理解“无为”的双重结构，以及道家治道的不同趋向，象征着老子以降道家思想的变迁。我们当然可以说，含藏与因循二者无疑是纽结在一起的，只有含藏才能因循，或者，只有因循才能含藏。基于理论的完备性而言，确实如此，但它们侧重的要点又不尽相同，分析这种不同的意义在于，它历史地述说着思想生成的进程，一个演变和累积的进程。如果说，在老庄道家那里，一种政治的原则可以仅就圣人自身而言的话，那么，在黄老道家那里，这种政治原则更有必要在圣人与百姓的关系中展开。

论《管子》与“管子学派”

黄一洲

（北京大学哲学系博士）

《管子》的稷下性质一直存在两种不同的看法：一是以顾颉刚、郭沫若、冯友兰为代表，认为《管子》是稷下多种思想编凑而成，甚至把《管子》归为杂家。二是“管子学派”（或“管仲学派”）的提法，认为《管子》是齐国稷下学宫的中坚力量，为推崇、发扬管仲思想的“管子学派”所作，不能把《管子》简单地看成多种思想的杂凑而成，《管子》有其独特的内在体系和发展规律。专门论证“管子学派”的主要有张岱年、余敦康、胡家聪诸位先生，以及日本学者金谷治等。①“管子学派”的提法带来了研究《管子》的新思路与新问题——关注《管子》的整体性研

① 余敦康在《论管仲学派》中有“管仲学派”的提法。张岱年先生在《管子的〈心术〉等篇非宋尹著作考》经过对比论证，认为“《心术》等非宋、尹著作，而是依托于管仲名下的管子学派的作品”。持此看法的还有金谷治、于时化的《稷下学与〈管子〉》，胡家聪的《论〈管子〉书系学派著作》以及宣兆琦、王雁的《〈管子〉三论》等。

究，放在更广阔的齐文化背景下考察《管子》，分析管仲变法以来制度与思想的革新，展现了在“道”“法”之间，各种思想观念不断被诠释演绎的过程。《管子》成书漫长复杂，其思想跨度从管仲变法到战国末期，“管子学派”的提出及其研究方法更为符合早期文献形成与思想史发展的规律。前辈学者已经有了初步的成果，但“管子学派”概念的界定，它的性质与传承，与稷下学宫和《管子》的关系，所关切的根本问题，以及如何进入思想史的研究等都有待进一步深入探索。

一、“家”与“学派”

“管子”指管仲，明确指出了与管仲的密切关系，《管子》保留了管仲遗说（或称管仲遗制）和齐国早期史料，与管仲的关系是明确的。关键在于如何界定“学派”？这里需要从“家”与“学派”的使用说起。先秦文献对学术的划分经常使用“百家”之说①。先秦文献的学术分类与评论，需要放在具体的语境中

---

① 打开先秦至汉初的子书，最常见的是“百家”。比如《荀子·儒效》：“百家之说，不及后王，则不听也。”《荀子·解蔽》：“今诸侯异政，百家异说。”《荀子·正名》：“是故邪说不能乱，百家无所窜。”《荀子·成相》：“复慎、墨、季、惠，百家之说诚不详。”《庄子·秋水》也说：“公孙龙问于魏牟曰：龙少学先王之道，长而明仁义之行；合同异，离坚白；然不然，可不可；困百家之知，穷众口之辩；吾自以为至达已。”《庄子·天下》也说：“其数散于天下而设于中国者，百家之学时或称而道之。……犹百家众技也，皆有所长，时有所用。……悲夫！百家往而不反，必不合矣！”参考李锐：《战国秦汉时期的学派问题研究》，北京师范大学出版社2011年版，第9～12页。

考虑。[1] 其中,至少有三种情况:指有明确师承关系的,如《庄子·天下》中的“相里勤之弟子五侯之徒”;非师承关系,只是把思想归旨相同或相近的放在一起评述,如《庄子·天下》中的“彭蒙、田骈、慎到”,《荀子·非十二子》中的“墨翟、宋钘”;归纳具体人物的核心思想,并以“子”指代某家,如《尸子·广泽》及《吕氏春秋·不二》。到了汉代,学术分类与评述更加明确和系统化,典型的说法就是司马谈《论六家要旨》把先秦诸子分成了“六家”。之后《别录》《七略》到《汉书·艺文志》,广罗文献,分门别类,有了“九流十家”之说,真正开始系统地梳理学术的源流。从《论六家要旨》和《汉书·艺文志》来看,“家”与先秦时期所讲的“百家”在内涵上已经有所不同,《论六家要旨》分为阴阳、儒、墨、名、法、道德六家的标准是思想宗旨,其中并没有出现具体的人物。《论六家要旨》:“夫阴阳、儒、墨、名、法、道德,此务为治者也。”也就是说其分类的对象是政治思想。《汉书·艺文志》则不同,其分类的对象是文献,“家”的用法最容易混淆,同一个“家”字出现了两种用法,并且是上下级的关系。诸子略中十家的“家”是第一层级分类,每一类下的著作则是第二级分类。例如,“儒家”的“家”是第一

① 李锐指出:“在先秦时期,表示思想团体的‘家’至少有两种意涵,一种是针对有学术师承、学术渊源的学派而言的;一种是针对有相近的学术宗旨、学术兴趣、学术问题的学者群而言的,有可能有直接的师弟子关系,也可能没有师承渊源,或者是私淑弟子,也可能是同倡某一学说。后者的外延较前者宽泛。”李锐:《战国秦汉时期的学派问题研究》,北京师范大学出版社2011年版,第12页。

层级,而“右儒五十三家”的“家”则是第二层级。第一层级的“家”,李锐认为相当于“种”,第二层级的“家”则对应先秦的“百家”。① 对比《汉书·艺文志》和《论六家要旨》,诸子略中的“九流十家”与“六家”的用法是相近的,都是以学术宗旨为归类原则而不论是否有师承关系,但两者学术立场与内容又有所不同。从学术立场上看,《论六家要旨》倾向于道家,《汉书·艺文志》则推崇儒家;从内容上看,《汉书·艺文志》的九流十家比《论六家要旨》的六家包含的范围更广。②

梳理了早期学术史中“家”的用法,再来对应近现代以来所使用的概念。今天在称“某家”的时候,如果没有特别的说明,“家”一般都在抽象的意义上使用。但在论述具体思想的时候,往往使用的是“学派”。例如,孔子、七十二子、孟子、荀子一般都说属于“儒家”,但其中又有各种不同的派系。道家亦然,老、庄、黄老,甚至杨朱、列子都被归于“道家”。但这样泛泛的归类容易忽略思想的独特性甚至产生混淆,比如孟、荀的思想就非常不同,孟子一派与荀子一派是各有传承的。简言之,在使用“家”的时候,意义往往比较宽泛而抽象,把某人或某派归于哪家,主要看如何理解其思想旨归。“家”的使用往

① 李锐:“刘歆‘九流十家’之‘流’和‘家’的意义等同于‘种’,应当看作‘百家’上面一层的纲目名称。”李锐:《战国秦汉时期的学派问题研究》,北京师范大学出版社2011年版,第21页。

② 例如,《论六家要旨》中的道家就是黄老学,而《汉书·艺文志》中的道家还包括了老庄。这是因为前者评述的对象是政治思想,后者评述的物件是文献。所以《汉书·艺文志》比《论六家要旨》更加系统化了。

往大而无当,但“学派”不同,“学派”是非常具体的,“学派”与先秦所称的“子”是对应的,借用李学勤先生的说法:“秦以前古籍,称‘某子’者,常是一个学派历代传流的作品。”管仲在先秦时期就已经被称为“管子”,而托以“管子”的文献至少在韩非之前就相当流行了。这说明“管子学派”的形成与发展是有其自身的规律的,在先秦思想史上的意义举足轻重。因此,本文倾向于使用“学派”而不是“家”来尝试研究《管子》。

二、“管子学派”与“齐法家”

《管子》中保留了管仲遗说以及大量“管子学派”的思想文献。今天所见之《管子》是经过刘向整理之后发展而来的,所含篇幅庞杂,往往让人无所适从。我们先看历代主要著录对《管子》的归类。

《史记正义》中提到刘歆《七略》曰:“《管子》十八篇,在法家。”

《汉书·艺文志》:“《筦子》八十六篇。名夷吾,相齐桓公,九合诸侯,不以兵车也,有《列传》。”归在道家类。

《隋书·经籍志》:“《管子》十九卷,齐相管夷吾撰。”与《商君书》《慎子》《韩子》等均归在法家类。

《旧唐书·经籍志》:“《管子》十八卷,管夷吾撰。”与《商子》《慎子》《申子》《韩子》同归于法家类。

《新唐书·艺文志》:“《管子》十九卷,管仲著。”“杜佑《管氏指略》二卷。”“尹知章注《管子》三十卷。”与《商子》《慎子》

《韩子》同归于法家。

《宋史·艺文志》："《管子》二十四卷，齐管夷吾撰。"与《商子》《慎子》《韩子》同归于法家类。

《崇文总目》："《管子》十八卷，管夷吾撰。"又著录："《管子》十九卷，唐国子博士尹知章注。"

《四库全书总目》："《管子》二十四卷（大理寺卿陆锡熊家藏本）。旧本题管仲撰。"认为"非一人之笔，亦非一时之书"，归于法家类。

除《汉书·艺文志》把《管子》归为道家类之外，历代官家著录均把《管子》归为法家，并与《商子》《申子》《慎子》《韩非子》同属。历代著录对文献思想的归类框架基本沿袭了《汉书·艺文志》，而又有所不同。这里可以清楚地看到，"家"都是广泛意义的抽象的分类，不同著录对"家"理解不同，则对思想文献的归类就会不一样。《汉书·艺文志》认为诸子均出于王官，"道家者流，盖出于史官"。也许在《汉书·艺文志》看来，《管子》主要内容是史官传统的"君人南面之术"。《管子》中保留了许多管仲遗说和齐国史料，常以齐桓管仲对话的形式表达思想。并且，黄老道德之意在《管子》中占据了理论性的主导地位。道家和法家两种不同的归类，实质都是对"家"的不同理解。今天看来，管、商、慎、申、韩之间的思想是有其共同主题的，例如都重视法治与公私之辨，尊君重势，经营权谋，等等。但仔细分析，他们又属于不同的系统，又有各自的思想特点，例如管比商、韩更重视礼的教化与轻重之术；《管子》的尊贤与心术也是慎到一派中所否定和没有的；韩非则对管、商之法和慎子一派的言论均有所批判。又如,《管子》中“牧民”作为一个核心概念,也不见于先秦其他文献。因此,以“家”为言,对于文献的整体性质可以先做一个大的归类,对“家”的理解不同归类就会不同。如果要具体分析某个思想传统,就不能被“家”的固有观念所束缚。

“管子学派”的提法常常与“齐法家”联系在一起。余敦康先生认为“管子学派”产生于齐文化,与鲁文化的孟荀学派(儒家学派)、三晋文化的商韩学派(法家学派)各自“创立了一套完整的社会政治思想和哲学思想体系”。张岱年先生认为:“依托管仲、以管子名义著书立论的学者,可以称为管子学派。管子学派是战国时代齐国法家的一派。”把“管子学派”与“慎到学派”同归为齐法家,以区别商鞅、申不害代表的三晋法家。胡家聪先生认为:“《管子》书客观上是一个整体,以齐法家政治思想为主导,有其深层次的统一体系和脉络。”余先生主要从三大文化系统进行划分,把“管子学派”看做是齐文化背景下产生的思想传统。张、胡两位先生都用了“齐法家”的说法,实际上对之前笼统概念上的“家”做出了更明确的界定。诸位先生对“家”的划分是放在来源于不同的文化系统中考虑的,这些都是对笼统的“家”的观念的一种突破性尝试。问题在于,如若《管子》许多篇章为“管子学派”所著,其能成为一个有思想传统的学派,只论证了它主要来源是继承了齐文化背景下主要反映了“法”的思想是不够的。观今本《管子》,成篇年代与思想成分都非常复杂,不仅与《孟子》《荀子》《韩非子》等明显具有学派性质与思想特色的著作不同,且有异于《吕氏春秋》

以“十二纪”为纲要，有意识、有组织地进行了思想的统筹。《管子》中虽然有八大分组，但是分组始于何时何人，又是以什么标准划分的，这些都还不太明确。而且，《管子》中诸篇之间的思想联系和差异也是需要进一步研究的。一般认为，《管子》中的篇章大部分成于战国齐稷下学宫时期，这恰好又是诸子思想切磋交流最为密切的时候，文化的交互融合已经突破了地域的隔阂。因此，“管子学派”在面临新的历史挑战中法的精神如何不断地被塑造，思想观念又有了哪些新的发展等一系列问题，都需要放在道法之间对《管子》诸篇的相互关系和思想性质做一个较为综合性的考察，才能把握“其深层次的统一体系和脉络”①。

三、“管子学派”与稷下学宫

刘向校编后的《管子》八十六篇，现存七十六篇。刘向在整理当时所见的管子书，主要有宫中秘藏、官府藏书以及私人藏书三大来源，刘向看到的“管子书”不止一个版本，而且互相之间既有区别，又有重复的地方。② 由此可见，以“管子”命名

---

① 胡家聪：《论〈管子〉书系学派著作》，载《管子学刊》1997 年第 3 期。

② 三个来源：一、“中书”“中管子书”宫中秘藏的书。二、“太史书”等官府藏书。三、私人藏书，如“太中大夫卜圭书”“臣富参书”“射声校尉立书”等。《叙录》中说：“所校雠中管子书三百八十九篇，太中大夫卜圭书二十七篇，臣富参书四十一篇，射声校尉立书十一篇，太史书九十六篇，凡中外书五百六十四，以校除复重四百八十四篇，定著八十六篇。”

的篇章及著作在当时是非常流行的。“管子书”的流行至少始于韩非之前,《韩非子·五蠹》:“今境内之民皆言治,藏商、管之法者家有之。”司马迁也说:“吾读管氏《牧民》《山高》《乘马》《轻重》《九府》①,及《晏子春秋》,详哉其言之也。既见其著书,欲观其行事,故次其传。至其书,世多有之,是以不论,论其轶事。”《韩非子》的引用以及司马迁所提到的篇章,都主要集中在经言与轻重部分,这是非常值得注意的,这些篇章很可能代表了这个学派较早的思想传统。《史记·管晏传》言:“管子既任政相齐,以区区之齐在海滨,通货积财,富国强兵,与俗同好丑。故其书称曰:‘仓禀实而知礼节,衣食足而知荣辱,上服度则六亲固。’‘四维不张,国乃灭亡’。下令如流水之原,令顺民心。’故论卑而易行。俗之所欲,因而予之;俗之所否,因而去之。其为政也,善因祸而为福,转败而为功,贵轻重,慎权衡。”刘向《叙录》基本沿袭此说法,点出了《管子》的主要内容:第一,重视民生国本。第二,礼法并重。第三,注重经济政策。第四,善于权变。目的是“通货积财,富国强兵”,说到底就是“君人南面之术”。这些思想基本与司马迁提到的篇章的主题相符。用《管子》中的话语,分别可以对应“牧民”“四维”“以法治国”“时变”“轻重”等思想,并在道法之间展开论述。这些主题贯彻了《管子》各个部分而自成体系,善于政治权谋与制度建设,这在先秦思想中非常独特。这反映了“管子学派”继承了管仲变法的思想传统,在新的时代背

① 《轻重》《九府》还是“《轻重》九府”存在争论。依据刘向言“九府书民间无有”作《九府》更为恰当。

景下又激发了制度与思想的新变革。这些新的变革主要是在战国时期齐稷下学宫完成的。

稷下学宫与“管子学派”的关系，张岱年、胡家聪、王德敏、宣兆琦以及日本学者金谷治等诸位先生均有撰文论述。主要有三个观点：第一，《管子》为稷下“管子学派”推崇管仲思想的群体所作，非简单的稷下作品总汇。① 第二，“管子学派”为稷下主流，他们一方面坚持自己固有的思想传统，另一方面积极吸取了传入齐国的各种思想，并作出重新的诠释。② 第三，稷下学宫的“管子学派”主要是总结经验、整理桓管史料轶事、提出建议以为齐宣王称帝作准备。这些都以文字形式形成的论著，托以管仲之名，统称为“管子”书。③ 需要特别注意的是，这

① 张岱年《稷下学宫的历史意义》：“《管子》书各篇作者可能属于稷下‘七十六人’之中，但《管子》决不是七十六人著作的总汇。我认为《管子》一书是稷下学宫中推崇管仲的学者撰写的，可称为‘管子学派’的著作汇编，而不是稷下著作的总汇。”张岱年：《稷下学宫的历史意义》，载《管子学刊》1994 年第 1 期。

② 金谷治《稷下学与〈管子〉》：“事实上，在上千人的学士中，包括着这种流动的游说家及其弟子。但是，作为稷下学，更重要的是土著之士，是土著之士的思想。他们从频繁往来的游说家们的主张中受到了强烈的刺激和各种各样的影响，维护扎根于齐国风土的固有思想，并使之成熟了。他们与分别具有明确的主张，并努力于宣传的游说家的花哨言行不同，而进行着一种扎实的、持续的活动。同时，他们又是跳出稷下的范围，与土著的民间思想相交流的产物。”金谷治：《稷下学与〈管子〉》，载《管子学刊》1989 年第 3 期。

③ 胡家聪《论〈管子〉书系学派著作》：“稷下学推崇先驱者管仲并弘扬管仲遗说的‘管子学派’，或总结经验、撰成论文，或面对现实、提出建议，或整理桓、管史料及轶事，或为齐宣王准备称帝造舆论，百余年间陆续撰成了许多论著，涵容丰富，思想精深，统称为《管子》书，实系百家争鸣中的学派著作（个人均不署名，这是当时的学风）。胡家聪：《〈管子〉书系学派著作》，载《管子学刊》1997 年第 3 期。

里说的是稷下学宫的“管子学派”,但既然称之为学派,则并非横空出世,也非无故消失的,整个学派的传承发展必须有一个合理的解释。王德敏、宣兆琦等学者试图给出一个更为广义的“管子学派”,把稷下学宫作为“管子学派”发展到鼎盛的一个阶段。这个广义的“管子学派”分成四个时期:肇始于管仲、发展于晏婴、鼎盛于稷下学宫、延续到汉初。这个说法的意义在于,一方面回答了“管子学派”延续发展的问题,另一方面也对《管子》中的篇章非一时一人之作,既具有多种思想倾向性又有内在的统一性,做出了一个可能的解释。这也比较符合早期文献形成和思想史发展的规律。如若按此说法,则“管子学派”上至春秋下至西汉,其历史跨度之长在先秦思想史上绝无仅有。一个学派如果经历了如此漫长的发展,不可能不分流,不可能一成不变,这与“儒分为八,墨离为三”一样,是思想发展的必然规律。特别是到了稷下学宫,“管子学派”关切的根本问题已经和管仲变法时期有了本质差别。管仲变法是为了“攘狄存周”,变法实质是改制,是对礼的调整。而战国时期,周室进一步衰落,田齐取代了姜齐,各国称霸,则面临更为严峻的挑战。这些都促使“管子学派”对固有的思想传统必须做出符合时代的新诠释。例如,法地位的不断提升,法的精神不断发掘和塑造,以及王霸之道和革命思想观念的出现,都是不同于管仲变法时期的思想创造。而在这种各派思想碰撞特别激烈的时期,对传统的重新诠释是必然呈现出多样性的,这种多样性本身也和“管子学派”的官学性质分不开。所谓“管子学派”的官学性质主要表现在三个方面:第一,管仲及其追随者都是齐国政要，不存在私学的传承。① 也只有齐国的实际执政者，才最可能接触到诸多与齐桓管仲相关的言论与历史文献，才会出现托名管仲的著作。第二，这个统治阶层有统一的意识形态，甚至可以说代表了齐国主流意识形态。这个意识形态虽然随着时代所关切的根本问题不同而有所发展，但基本是通过发展演绎管仲遗说，不断诠释塑造形成的。第三，作为齐国的统治集团必然遍及各个不同领域，他们主要目的不是著书立说而是富国强兵，因此其言论具有很强的政治实践性，并且善于制度的构建。他们各有所职亦各有所长，所以在诠释管仲思想时就会出现不同的倾向。稷下学宫又正好汇聚了各种不同思想，加之“管子学派”本身的官学性质，两者的交互碰撞，所以形成了《管子》“内容非常驳杂”，而又“进行了折中的融合，在整体上是统一”的特点。

四、《管子》各篇思想性质及其内在关系

《管子》的八大分组虽然并非全无道理，特别是经言部分，一般认为篇章早出，且具有纲领的性质，包含了管仲遗说。但另一方面分组的来源和意义不甚明确，为刘向所编还是始于刘

---

① 宣兆琦、王雁《〈管子〉三论》：“管仲学派的第一批成员是那些官人百吏及其弟子们，他们学习和传授管仲学说的目的不是著书立说，而是‘持（侍）王公’、‘取禄秩’，故而管子学自始就是一门官学，这也是管仲学派成员佚名的原因所在。”宣兆琦、王雁：《〈管子〉三论》，载《管子学刊》2002 年第 2 期。

向之前莫衷一是，且一些篇章的归类也匪夷所思。今本《管子》概貌始于刘向的收集整理是没有异议的，然而《管子》中各个篇章的形成是复杂而漫长的过程。《管子》不同于《吕氏春秋》《淮南子》有统一的编撰体系，这在客观上造成了任何的分组都有其局限性。这里尝试根据文献体例和主要问题进行重新划分，是希望站在另一种视角对固有的八大分组进行一些打破，围绕道法的问题从思想史上尝试分析各篇内在的联系和发展规律。

一	《牧民》(解亡)、《形势》(有解)、《权修》、《立政》(有解)、《乘马》《七法》、《版法》(有解)、《五辅》《枢言》、《八观》、《法禁》	结构完整、自成体系，从思想上看综合性较强，其中包含了管仲遗制。
	《重令》、《法法》、《明法》(有解)、《任法》、《君臣上》、《君臣下》、《正》、《正世》	结构完整，主要围绕“法”的问题。法治观念更加完善，法的精神和人文理性进一步发展。
	《侈靡》《七臣七主》《禁藏》	内容驳杂，可能有错简，但各部分所论主题与前面属同一性质。
二	《宙合》、《心术》(上、下)、《白心》、《内业》、《九守》、《水地》、《势》	抽象的哲学议论性较强，主题偏向于黄老道德之意。试图把法治的观念，法的精神内在于道德之中。

（续表）

三	《幼官》《幼官图》《四时》《五行》	以四时五行为框架，偏向于四时五行思想。道德、法治与四时五行的结合形成了一种新的说理体系。
四	《大匡》《中匡》《小匡》《霸形》《封禅》	齐桓、管仲对话的形式，不成体系，但文献史料有所本，其中包含了管仲遗说（遗制），思想主旨与第一组基本相同。
四	《戒》《小称》《四称》《小问》《桓公问》	桓管问答体，不成体系。桓管对话及轶事多有假托和改造，用以表达新的思想。
五	《匡乘马》《乘马数》《事语》《海王》《国蓄》《山国轨》《山权数》《山至数》《地数》《揆度》《国准》，以及《轻重》诸篇	轻重之术。其中包含了管仲遗制，道法问题以讨论轻重之术的形式发展。
六	《霸言》《问》《治国》《地图》《地员》《参患》《制分》《九变》《入国》《度地》《弟子职》	实践性、知识性较强且涉及治理国家的各个领域，包含管仲遗制，善于制度创建。

上表的分类是根据文献体例和思想问题两方面划分的，这并不是说要做一个截然的分判，而是在进入思想史分析之前，打破八大分组的束缚。

第一组文献主要有以下特点:第一,基本都自成体系,有一贯的行文逻辑。《侈靡》与《七臣七主》是由于错简而显得零散,但其思想主题仍然是一贯的。其中,包括了管仲遗说,如军政寓于内政、四民分业、乘马之制等都与管仲遗制密切相关。篇章内容围绕道法、刑名、牧民、四维展开,主要涉及尊君、民本、礼乐教化、以法治国等思想。第二,这些篇章的文体主要都是议论文,逻辑条理明晰,诸如《牧民》《立政》《版法》《明法》等篇章均有解文另独立成篇。经解体的形式也证明了这些思想是有明确的传承关系的。第三,从成篇年代来看,一方面思想来源较早,另一方面有意识地进行了体系化的整理,可能主要在稷下学宫完成。这些篇章的某些部分同时也涉及黄老道德之意、阴阳五行思想与轻重思想。这正好体现了稷下"管子学派"对于各种思想的吸收并整合到自身的思想体系中的特点。第四,这组文献反映了法的地位和法的精神,是一个在思想史中不断被提升和塑造的过程。例如,从《枢言》的"法出于礼"到《任法》的"仁义礼乐者皆出于法",正好体现了法脱胎于礼后逐渐占据主导地位的过程。

第二组形而上的思辨性较强,一般认为属于道家文献或者说是黄老学。第一,这些篇章的黄老道德之意是明显的,但仔细分析其中的思想具有独特性,例如与马王堆帛书相较,《管子》中的黄老文献不仅重视道法还重视仁、义、礼;《管子》的尊贤、心术也与田、慎的非圣、去知旨趣相异。第二,这些篇章中的主术与心术、论及法治与礼乐教化都可以与第一组文献建立思想关系。例如,《枢言》中已经有"气"的思想但较为简单,而《内业》的精气说进一步构建了一套形而上的理论。第三,尽管这组文献的思想来源可能并非齐地,但是文献的成篇有齐地改造的痕迹。例如,《水地》篇学者考证可能来源于殷文化的宋国,但是篇中的水本原论的构建受到了黄老学道论的影响。而仔细分析篇中出现的"故人皆服之,而管子则之,人皆有之,而管子以之。是故具者何也,水是也,万物莫不以生"之句"管子"的托名说明了此篇成文与"管子学派"的再次创作不无关系。第四,这组文献集中反映了把法的精神内在于道德之意的思想意图。道德与法的结合,使法有了形而上的依据,一方面道论有了与老庄不同的思想发展路径,另一方面法的精神通过道论进一步挖掘升华。

第三组文献的特点是以四时五行为框架,把天道观和政治哲学结合起来。这样庞大且较为完整的四时五行体系构建集中于《管子》,且后起《吕氏春秋》《淮南子》,在先秦文献中为首见。《四时》《五行》《幼官》《幼官图》的思想与《月令》以及长沙子弹库楚帛书均可建立联系。① 实际上,四时五行的框架尽

---

① 李曦认为:"《幼官》是以历法为骨干的。但它和《吕氏春秋·十二纪》《礼记·月令》不同,是属于两个系统的历法。"《四时》《五行》又是改造《幼官》而成。李零则从节气上考察了《幼官图》与楚帛书明堂图式,对《幼官图》进行文字与图像对应的复原。李曦:《就管仲遗著问题与胡家聪先生商榷》,载《管子学刊》1988 年第 1 期。李零:《〈管子〉三十时节与二十四节气——再谈〈玄宫〉和〈玄宫图〉》,载《管子学刊》1988 年第 2 期。

管给我们展示了非常不同的理论特色和文本形态，但在思想上仍然围绕道法展开。《管子》中四时五行的理论体系，一方面可能与稷下阴阳思想如驺衍、驺奭之徒的活动相关，很可能包括了阴阳家的遗说，另一方面主要还是由齐地“管子学派”完成的，因为从内容上看，四时五行的框架下主要还是阐述治理天下的原则，法治与礼义的构建，其思想主旨在《牧民》诸篇中均可找到联系。这些篇章的作者也许与执掌齐国天文历法的“羲和之官”有关，他们站在自己的视角，吸收了当时的阴阳五行思想，在制度与思想上做出了新的诠释。在四时五行的思想框架中来展现道法问题，是思想史上一个开创性的发明。这很可能是黄老学思潮中四时与刑德的渊薮。同时，法的精神在四时五行框架中的体现和塑造也是非常独特的。

第四组文献文体上以齐桓管仲对话形式展开，或是涉及桓管轶事。这些篇章与议论文性质的篇章不同，基本上是一段对话讨论一个思想主题，从全篇来看并不成体系。其中，又可以分成两种情况：第一，《大匡》《中匡》《小匡》《霸形》与《国语·齐语》所载齐桓管仲之事基本相符。“匡”字之义，皆可与《左传》《逸周书》参照。且马王堆帛书《春秋事语》中的“齐桓公与蔡夫人乘舟”“鲁桓公与文姜会齐侯于乐”与《大匡》中记载相近。再观其思想主题，民本思想、以法治国、重视礼义教化与轻重之术、军政寓于民政等，与《牧民》诸篇的主线是一致的。这些篇章，一方面在史料上有所本，另一方面根据文献史料而阐发具有自身的思想特色，作者很可能与“管子学派”中有史官身份的人物相关。这些篇章包含许多管仲遗制,如《小匡》的“叁国五鄙”“作内政而寓军令”“相地而衰征”“三选”等。第二,《戒》诸篇对齐桓管仲之事多有改造发挥。而这种改造发挥是根据所要阐发的思想形成的,例如《戒》中塑造了齐桓公东游之事来说明出游是为了体恤民情而非玩乐,事情本身虽找不到依据,但塑造是为了突出重视民生的主旨。这些篇章并非讲史实,也不是发挥史料文献的思想,而是通过有意的塑造来表达思想。同时,这些思想的主旨往往与《牧民》等篇又是一贯的,托名齐桓管仲与思想主旨的一致性,说明这些作者正是齐地的“管子学派”。

第五组对应《管子》八大分组中的“轻重”组。《管子》中“轻重”占据约三分之一的篇幅,且主题较为明确。马非百《管子轻重篇新诠》专门对“轻重”类进行了注释与研究。马氏的主要观点是《轻重》诸篇与《管子》其他各篇不是一个体系,是王莽时代人所作。但进一步推究其把《轻重》诸篇思想晚推至汉代,且认为与其他篇章没有关系是靠不住的。第一,“轻重”为司马迁所提及并且非常重视。从历史考虑,齐国立国之初,地处海滨,在政治上就有利用鱼盐之利以通有无,重视商业的传统。对于商业活动的重视,在古代农业社会为主的背景下,齐国的政治思想是具有独特性的,到了管仲变法时期,这个特点更为明显,“轻重”是管仲变法的重要内容之一,《史记·管晏列传》言:“以区区之齐在海滨,通货积财,富国强兵。”“贵轻重,慎权衡。”均说明轻重之术是齐国由来已久的传统。第二,在马氏之前，胡寄窗先生从整体上考虑认为尽管《管子》非一人一时之作，但其中“轻重”思想始于管仲，为齐国推崇管仲的学者继承发展，“轻重”理论体系的建立大约于战国中期完成。《轻重》诸篇思想总体上是一致的，个别的差异只能证明其非成于一时，而对整体思想并无妨碍。① 马氏之后有学者在细节上进行了考虑，如胡家聪先生明确指出：“《轻重》这组文献不作于汉代，实作于田齐，出于管子学派的轻重家学者。”又如李学勤通过与出土文献的比较，认为《轻重》诸篇为战国末期《管子》一系学者的作品。第三，《轻重》诸篇尽管可以自成体系但与《管子》其他篇章的关系是密切的，并非马氏所认为的完全割裂。②《轻重》诸篇与《牧民》《侈靡》《乘马》等关系不言而喻，更与君权集中、以法治国甚至四时五行理论都有密切的关

① 胡寄窗《中国经济思想史》上册，第十章《管子经济学说》：“《管子》非一人一时所作，已成定论。《管子》书的基本经济概念的奠基者是管仲。管仲死后，齐国遵其教者数百年，他相齐四十年的经济言论与措施曾经广泛流传。一些崇奉他的经济思想的学者将他的言行用文字记载下来。这些记载基本上保持了原来的轮廓，但也在某种程度上结合己意及新的经济情况加以发挥。大约到战国中期，其全部体系即已完成。”“这些思想家们都能遵奉一些共同的指导原则，故能构成一套较为统一的思想体系。”矛盾只是“说明《管子》非一人一时所作”胡寄窗：《中国经济思想史》，上海人民出版社1998年版，上册，第288，367页。

② 李学勤在《〈管子〉“乘马”释义》对“乘马”一词所包含的古代军赋制度的考证中，指出：“《轻重》的不少基本思想还是与包括《乘马》在内的《经言》一脉相承，轻重家乃管子这一学派的继续和发展。当然，从《经言》到《轻重》，思想已有很大甚至根本的变化，最后成为《盐铁论》反映的桑弘羊学说所本。” 李学勤：《〈管子〉“乘马”释义》，载《管子学刊》1989年第1期。

系。从《侈靡》《乘马》篇名上就看出它们与经济相关。[①]《管子》的“轻重”思想包含了天道观与人性论，涉及法治与牧民，重农而不抑商，讲求时变，融会了各种思想而在整体上具有一贯性。轻重之术与道论、法治、四时五行进行了有意识结合，如《轻重己》中的道论和因时明显来源于黄老学。[②] 道法问题以轻重之术的形式发展，法的精神在轻重之术中的塑造，在先秦思想史上也是独一无二的。

最后一组文献集中于政治实践与规章制度，内容大多技术性较强。《管子》中集中出现的技术性的文字，这在先秦思想史上也非常独特。蒙文通就说《管子》“详于制度”，《管子》主要关注礼乐规章制度、天文地理、城邑建设、水利工程等与治国民生息息相关的各个方面，这与墨家更侧重于科学技术与逻辑

---

① 其他如《轻重甲》中出现“仓廪实，则知礼节。衣食足，则知荣辱”之句明显来源于《牧民》，且其进一步说明人民富足要靠“轻重之家”来实现，轻重与牧民之间的关系是非常紧密的。又如《轻重丁》认为，要保护农业与民生有两个方面需要做好，一是政令得以实施，君王有令行禁止的权威。二是善于利用轻重之术。再如《轻重己》不仅有形而上的道论，还有四时五行的框架以作为立说的理论依据。这些都说明，《轻重》诸篇虽多为具体经济政策，以及利用商业活动的权谋之术，但并非如傅玄所说是鄙俗的。

② 《轻重己》：“清神生心，心生规，规生矩，矩生方，方生正，正生历，历生四时，四时生万物。圣人因而理之，道遍矣。”“清”或作“精”，这句话完全可以与精气说，与《管子》四篇核心观念相联系。“精神”，此处指天地精神，“心”不是人心，不是一般意义上的心，可以理解为天地之心。精神就是天地之心，天地是活泼的且遵循着一定运行规律。而这个“心”的特点就是有规矩，即有规律，有理性，有秩序。这个秩序首先表现为四时。有了四时的交替秩序，才有万物的繁衍。这些就是“道”的体现，圣人就是理解了这样的天地法则，并且能够根据这种法则来构建人类社会的秩序。

非常不同。值得注意的是,《管子》中技术性内容与其他部分的思想理念是紧密相关的,牧民、法治、四时五行、礼乐之教、轻重以及心术主术等诸多观念均以制度建设的形式表现出来。如《治国》《九变》《入国》围绕实现法治的物质基础,民本与农本的思考,强调公私之辨,打破原有的贵族垄断;《度地》水利防害背后有宏观的政治设计,把水政、军政与民政相结合的思想与《乘马》《小匡》的理念相同,与管仲变法"作内政而寓军令"一脉相承。《度地》中的四时框架,天灾可通过制度建设、行政措施来避免伤害的思想,亦见于《四时》《七臣七主》。[①]《地员》中类似地质学、植物生态学的内容是放在农本与民本的思想观念中展开的,并且试图运用五行的框架构建模型,把经验总结到理论的高度。这些篇章的文字,往往把思想来源追溯至管仲并托以管仲之名论之,其思想来源于管仲变法并保留有管仲遗制,例如《入国》的"九惠之教"就与管仲遗制相关。这些应当是齐地推崇管仲思想的学者创作完成。这些作者的身份很可能与执政齐国且专业性质极强的官员相关。目前对于《管子》中技术的研究,多侧重于具体的考证而对思想理念传承与发展的分析相对匮乏。道术之间——技术与思想之间的互动关系是还有待深入研究的问题。

总之,《管子》并非简单的杂凑之作,也很难用某家来概括定义,使用"管子学派"并加以界定更为开放广阔,更易于放在

① 《四时》中体现了天灾与人祸是联系在一起的。《七臣七主》认为,天灾带来损失归根到底是人祸。

思想史视野下进行研究。围绕“道法”问题可以对《管子》展开多面向的研究，法的地位不断提升，法的精神不断地被挖掘和塑造，是在一个长期的、各种思想切磋交流过程中形成的。这些都能在《管子》中找到思想发展的线索，也符合古代文献形成和思想发展的规律。

图书在版编目(CIP)数据

齐文化与稷下学论丛 / 郑开主编. -- 济南 : 齐鲁书社,2018.9

ISBN 978-7-5333-4025-4

Ⅰ. ①齐… Ⅱ. ①郑… Ⅲ. ①稷下学派—研究— Ⅳ. ①B229.95

中国版本图书馆 CIP 数据核字(2018)第 201364 号

齐文化与稷下学论丛

QIWENHUA YU JIXIAXUE LUNCONG

郑　开 主编

主管单位 山东出版传媒股份有限公司
出版发行 齐鲁书社
社　　址 济南市英雄山路 189 号
邮　　编 250002
网　　址 www.qlss.com.cn
电子邮箱 qilupress@126.com
营销中心 (0531)82098521　82098519
印　　刷 山东金坐标印务有限公司
开　　本 880mm×1230mm　1/32
印　　张 12.5
插　　页 2
字　　数 260 千
版　　次 2018 年 9 月第 1 版
印　　次 2018 年 9 月第 1 次印刷
印　　数 1-1500
标准书号 ISBN 978-7-5333-4025-4
定　　价 **48.00 元**